A escrita da história

Novas perspectivas

Peter Burke (Org.)

A escrita da história
Novas perspectivas

Tradução de

Magda Lopes

editora unesp

Título original em inglês: *New Perspectives on Historical Writing*

Praça da Sé, 108

01001-900 – São Paulo – SP
Tel.: (0xx11) 3242-7171
Fax: (0xx11) 3242-7172
www.editoraunesp.com.br
www.livrariaunesp.com.br
atendimento.editora@unesp.br

CIP-BRASIL. Catalogação na fonte
SINDICATO NACIONAL DOS EDITORES DE LIVROS, RJ

E73

A escrita da história: novas perspectivas / Peter Burke (org.); tradução de Magda Lopes.
São Paulo: Editora Unesp, 2011.
368p.

Inclui índice
ISBN 978-85-393-0095-2

1. Historiografia. I. Burke, Peter, 1937-.

11-0927. CDD: 907.2
CDU: 82-94

Editora afiliada:

Asociación de Editoriales Universitarias de América Latina y el Caribe

Associação Brasileira de Editoras Universitárias

Sumário

Abertura: a nova história, seu passado e seu futuro[1]

*Peter Burke**

Mais ou menos na última geração, o universo dos historiadores se expandiu a uma velocidade vertiginosa.[2] A história nacional, dominante no século XIX, atualmente tem de competir com a história mundial e a história regional (antes deixada a cargo de "antiquários"[3]

1 Com referência à nomenclatura utilizada neste volume, desejo registrar meus agradecimentos às professoras Maria Lígia Prado e Maria Helena Capelato, docentes de História da Universidade de São Paulo, pelo inestimável auxílio na tradução dos termos específicos, quase todos neologismos ou expressões adaptadas da linguagem comum. Sua contribuição foi fundamental para a clareza do texto. (N.T.)

* Docente de História Cultural da Universidade de Cambridge e membro do Emmanuel College.

2 Este ensaio deve muito a discussões com Raphael Samuel durante muitos anos; a Gwyn Prins e a várias gerações de estudantes do Emannuel College, em Cambridge; e mais recentemente a Nilo Odália e à participante audiência em minhas conferências na Universidade Estadual de São Paulo, em Araraquara, em 1989.

3 No século XVII, vários estudiosos – posteriormente chamados de "antiquários" (*antiquarians*) – começaram a coletar documentos antigos visando à comprovação de fatos históricos. A partir dessa atividade – o "antiquarianismo" – iniciaram uma contestação à realeza, pregando um maior poder ao parlamento, o que provocou sua perseguição durante o reinado de Carlos I. Contrapunham-se aos historiadores da época, que não verificavam a veracidade dos fatos e limitavam-se ao relato da história da nobreza. (N.T.)

amadores) para conseguir atenção. Há muitos campos novos, frequentemente patrocinados por publicações especializadas. A história social, por exemplo, tornou-se independente da história econômica apenas para se fragmentar, como alguma nova nação, em demografia histórica, história do trabalho, história urbana, história rural e assim por diante.

Mais uma vez, a história econômica dividiu-se em antiga e nova. A nova história econômica dos anos 1950 e 1960 (agora de meia-idade, se não mais velha) é suficientemente conhecida para necessitar aqui de uma discussão.[4] Tem havido também uma mudança, entre os historiadores econômicos, de uma preocupação com a produção para uma preocupação com o consumo, mudança esta que cria uma dificuldade crescente na separação entre a história econômica e a história social e cultural. A história do gerenciamento é um interesse recente, mas fica obscura se não se dissolvem as ligações entre a história econômica e a administrativa. Outra especialização, a história da publicidade, abarca a história econômica e a história da comunicação. Atualmente, a verdadeira identidade da história econômica está ameaçada por uma proposta de controle de um empreendimento jovem, mas ambicioso: a história do meio ambiente, às vezes conhecida como eco-história.

A história política também está dividida, não apenas nas chamadas escolas de grau superior e elementar, mas também entre os historiadores preocupados com os centros de governo e aqueles interessados na política em suas raízes. O território da política expandiu-se, no sentido de que os historiadores (seguindo teóricos como Michel Foucault) estão cada vez mais inclinados a discutir a luta pelo poder na fábrica, na escola ou até mesmo na família. Entretanto, o preço de tal expansão é uma espécie de crise de identidade. Se a política está em toda parte, será que há necessidade de história

4 Para um exemplo famoso (e discutível), ver R. W. Fogel e S. Engerman, *Time on the Cross*, Boston, 1974. Há uma avaliação criteriosa da posição atual da história econômica em D. C. Coleman, *History and the Economic Past*, Oxford, 1987.

política?[5] Os historiadores culturais estão diante de um problema similar, na medida em que se afastam de uma definição estreita mas precisa de cultura, em termos de arte, literatura, música etc., para uma definição mais antropológica do campo.

Neste universo que se expande e se fragmenta, há uma necessidade crescente de orientação. O que é a chamada nova história? Quanto ela é nova? É um modismo temporário ou uma tendência de longo prazo? Ela irá – ou deverá – substituir a história tradicional, ou as rivais podem coexistir pacificamente?

O presente volume é destinado a responder a essas questões. Um exame abrangente das variedades da história contemporânea não deixaria espaço para mais do que uma discussão superficial. Por isso, tomou-se a decisão de concentrar a atenção em alguns movimentos relativamente recentes.[6] Os ensaios sobre esses movimentos estão preocupados, pelo menos implicitamente, com muitos dos mesmos problemas fundamentais. Pode ser útil confrontar de início esses problemas e situá-los no contexto de mudanças de longo prazo na escrita da história.

O que é a nova história?

A expressão "a nova história" é mais bem conhecida na França. *La nouvelle histoire* é o título de uma coleção de ensaios editada pelo renomado medievalista francês Jacques Le Goff. Le Goff também auxiliou na edição de uma maciça coleção de ensaios de três volumes acerca de "novos problemas", "novas abordagens" e "novos objetos".[7] Nesses casos está claro o que é a nova história: é uma história *made*

5 J. Vincent, *The Formation of the British Liberal Party*, Londres, 1966.

6 Outras variedades são examinadas em J. Gardiner, *What is History Today?*, Londres, 1988.

7 J. Le Goff (ed.), *La nouvelle histoire*, Paris, 1978; J. Le Goff, P. Nora (ed.), *Faire de l'histoire*, Paris, 1974, 3v. Alguns dos ensaios desta coleção estão disponíveis em inglês: J. Le Goff, P. Nora (eds.), *Constructing the Past*, Cambridge, 1985.

in France, o país da *nouvelle vague* e do *nouveau roman*, sem mencionar *la nouvelle cuisine*. Mais exatamente, é a história associada à chamada *École des Annales*, agrupada em torno da revista *Annales: économies, societés, civilisations*.

O que é essa *nouvelle histoire*? Uma definição categórica não é fácil; o movimento está unido apenas naquilo a que se opõe, e as páginas que se seguem irão demonstrar a variedade das novas abordagens. É por isso difícil apresentar mais que uma descrição vaga, caracterizando a nova história como história total (*histoire totale*) ou história estrutural. Por isso pode ser o caso de se imitar os teólogos medievais, diante do problema de definir Deus, e optar por uma *via negativa*; em outras palavras, definir a nova história em termos do que ela não é, daquilo a que se opõem seus estudiosos.

A nova história é a história escrita como uma reação deliberada contra o "paradigma" tradicional, aquele termo útil, embora impreciso, posto em circulação pelo historiador de ciência americano Thomas Kuhn.[8] Será conveniente descrever este paradigma tradicional como "história rankeana", conforme o grande historiador alemão Leopold von Ranke (1795-1886), embora este estivesse menos limitado por aquele que seus seguidores. (Assim como Marx não era um marxista, Ranke não era um rankeano.) Poderíamos também chamar este paradigma de a visão do senso comum da história, não para enaltecê-lo, mas para assinalar que ele tem sido com frequência – com muita frequência – considerado *a* maneira de se fazer história, em vez de ser percebido como uma dentre várias abordagens possíveis do passado. Em prol da simplicidade e da clareza, o contraste entre a antiga e a nova história pode ser resumido em seis pontos.

1. De acordo com o paradigma tradicional, a história diz respeito essencialmente à política. Na ousada frase vitoriana de Sir John Seeley, catedrático de História em Cambridge, "História é a política passada: política é a história presente". A política foi admitida para

8 T. S. Kuhn, *The Structure of Scientific Revolutions*, Nova York, 1961.

ser essencialmente relacionada ao Estado; em outras palavras, era mais nacional e internacional, do que regional. No entanto, não incluía a história da Igreja como uma instituição e também o que o teórico militar Karl von Clausewitz definiu como "a continuação da política por outros meios", ou seja, a guerra. Embora outros tipos de história – a história da arte, por exemplo, ou a história da ciência – não fossem totalmente excluídos pelo paradigma tradicional, eram marginalizados no sentido de serem considerados periféricos aos interesses dos "verdadeiros" historiadores.

Por outro lado, a nova história começou a se interessar por virtualmente toda a atividade humana. "Tudo tem uma história", como escreveu certa ocasião o cientista J. B. S. Haldane; ou seja, tudo tem um passado que pode em princípio ser reconstruído e relacionado ao restante do passado.[9] Daí a expressão "história total", tão cara aos historiadores dos *Annales*. A primeira metade do século testemunhou a ascensão da história das ideias. Nos últimos trinta anos nos deparamos com várias histórias notáveis de tópicos que anteriormente não se havia pensado possuírem uma história, como, por exemplo, a infância, a morte, a loucura, o clima, os odores, a sujeira e a limpeza, os gestos, o corpo (como apresentado por Roy Porter, p.291), a feminilidade (discutida por Joan Scott, p.63), a leitura (discutida por Robert Darnton, p.199), a fala e até mesmo o silêncio.[10] O que era previamente considerado imutável é agora encarado como uma "construção cultural", sujeita a variações, tanto no tempo quanto no espaço.

---

9 J. B. S. Haldane, *Everything has a History*, Londres, 1951.

10 P. Ariès, *Centuries of Childhood*, trad. de R. Baldick, Londres, 1962; P. Ariès, *The Hour of Our Death*, trad. de H. Weaver, Londres, 1981; M. Foucault, *Madness and Civilisation*, trad. de R. Howard, Londres, 1967; E. Le Roy Ladurie, *Times of Feast, Times of Famine*, trad. de B. Bray, Nova York, 1971; A. Corbin, *The Fouland the Fragrant*, tradução, Leamington, 1986; G. Vigarello, *Concepts of Cleanliness*, tradução, Cambridge, 1988; J. C. Schmitt (ed.), *Gestures*, publicação especial, *History and Anthropology* 1, 1984; R. Bauman, *Let Your Words be Few*, Cambridge, 1984.

O relativismo cultural aqui implícito merece ser enfatizado. A base filosófica da nova história é a ideia de que a realidade é social ou culturalmente constituída. O compartilhar dessa ideia, ou sua suposição, por muitos historiadores sociais e antropólogos sociais ajuda a explicar a recente convergência entre essas duas disciplinas, citadas mais de uma vez nas páginas que se seguem. Este relativismo também destrói a tradicional distinção entre o que é central e o que é periférico na história.

2. Em segundo lugar, os historiadores tradicionais pensam na história como essencialmente uma narrativa dos acontecimentos, enquanto a nova história está mais preocupada com a análise das estruturas. Uma das obras mais famosas da história de nossa época, o *Mediterranean*, de Fernand Braudel, rejeita a história dos acontecimentos (*histoire événementielle*) como não mais que a espuma nas ondas do mar da história.[11] Segundo Braudel, o que realmente importa são as mudanças econômicas e sociais de longo prazo (*la longue durée*) e as mudanças geo-históricas de muito longo prazo. Embora recentemente tenha surgido alguma reação contra este ponto de vista (discutido adiante na p.335) e os acontecimentos não sejam mais tão facilmente rejeitados quanto costumavam ser, a história das estruturas de vários tipos continua a ser considerada muito seriamente.

3. Em terceiro lugar, a história tradicional oferece uma visão de cima, no sentido de que tem sempre se concentrado nos grandes feitos dos grandes homens, estadistas, generais ou ocasionalmente eclesiásticos. Ao resto da humanidade foi destinado um papel secundário no drama da história. A existência dessa regra é revelada pelas reações a sua transgressão. Quando o grande escritor russo Alexandre Pushkin estava trabalhando em um relato de uma revolta de camponeses e de seu líder Pugachev, o comentário do czar Nicolau

---

11 F. Braudel, *The Mediterranean and the Mediterranean World in the Age of Philip II*, trad. de S. Reynolds, 2.ed., Londres, 1972-3, 2v.

foi que "tal homem não tem história". Nos anos 1950, quando um historiador britânico escreveu uma tese sobre um movimento popular na Revolução Francesa, um de seus examinadores perguntou-lhe "Por que você se preocupa com esses bandidos?"[12]

Por outro lado (como mostra Jim Sharpe, p.39), vários novos historiadores estão preocupados com a história vista de baixo;[13] em outras palavras, com as opiniões das pessoas comuns e com sua experiência da mudança social. A história da cultura popular tem recebido bastante atenção. Os historiadores da Igreja estão começando a estudar sua história vista tanto de baixo, como de cima.[14] Os historiadores intelectuais também têm deslocado sua atenção dos grandes livros ou das grandes ideias – seu equivalente aos grandes homens – para a história das mentalidades coletivas ou para a história dos discursos ou "linguagens", a linguagem da escolástica, por exemplo, ou a linguagem forense (cf. com o ensaio de Richard Tuck, mais adiante na p.279).[15]

4. Em quarto lugar, segundo o paradigma tradicional, a história deveria ser baseada em documentos. Uma das grandes contribuições de Ranke foi sua exposição das limitações das fontes narrativas – vamos chamá-las de crônicas – e sua ênfase na necessidade de basear a

---

12 O nome do examinador era Lewis Namier. R. Cobb, *The Police and the People*, Oxford, 1970, p.81.

13 Optamos pelas expressões "história vista de baixo" e "história vista de cima" para as originais *history from below* e *history from above*, para as quais os historiadores franceses utilizam as expressões *histoire vue d'un haut* e *histoire vue d'un bas*. Embora uma tradução literal, pareceu-nos a mais adequada aos propósitos dos autores, qual seja a do estabelecimento da perspectiva do historiador ao narrar a história. (N.T.)

14 E. Hoornaert et al., *História da Igreja no Brasil: ensaio de interpretação a partir do povo*, Petrópolis, 1977.

15 J. G. A. Pocock, "The Concept of a Language", em *The Language of Political Theory* (ed.), A. Pagden, Cambridge, 1987. Cf. D. Kelley, "Horizons of Intellectual History", *Journal of the History of Ideas*, 48, p.143-69, 1987, e "What is Happening to the History of Ideas?", *"Journal of the History of Ideas?" Journal of the History of Ideas* 51, p.3-25, 1990.

história escrita em registros oficiais, emanados do governo e preservados em arquivos. O preço dessa contribuição foi a negligência de outros tipos de evidência. O período anterior à invenção da escrita foi posto de lado como "pré-história". Entretanto, o movimento da história vista de baixo por sua vez expôs as limitações desse tipo de documento. Os registros oficiais em geral expressam o ponto de vista oficial. Para reconstruir as atitudes dos hereges e dos rebeldes, tais registros necessitam ser suplementados por outros tipos de fonte.

De qualquer modo, se os historiadores estão mais preocupados que seus antecessores com uma maior variedade de atividades humanas, devem examinar uma maior variedade de evidências. Algumas dessas evidências são visuais, outras orais (ver Ivan Gaskell e Gwyn Prins, p.243 e 165, respectivamente). Há também evidência estatística: dados comerciais, dados populacionais, dados eleitorais etc. O ponto alto da história quantitativa foi provavelmente os anos 1950 e 1960, quando alguns entusiastas afirmaram que apenas os métodos quantitativos eram confiáveis. Houve uma reação contra tais afirmações, e de certa forma também contra os métodos, mas o interesse em uma história quantitativa mais modesta continua a crescer. Na Grã-Bretanha, por exemplo, foi fundada em 1987 a Associação para a História e Computação.

5. De acordo com o paradigma tradicional, memoravelmente enunciado pelo filósofo e historiador R. G. Collingwood, "Quando um historiador pergunta 'Por que Brutus apunhalou César?' ele quer dizer 'O que Brutus pensou, o que fez que ele decidisse apunhalar César?'".[16] Esse modelo de explicação histórica foi criticado por historiadores mais recentes em vários campos, principalmente porque ele falha na avaliação da variedade de questionamentos dos historiadores, com frequência preocupados, tanto com os movimentos coletivos, quanto com as ações individuais, tanto com as tendências, quanto com os acontecimentos.

16 R. G. Collingwood, *The Idea of History*, Oxford, 1946, p.213 s.

Por que, por exemplo, os preços se elevaram na Espanha no século XVI? Os historiadores econômicos não concordam em sua resposta a essa questão, mas suas várias respostas (em termos de importações de prata, crescimento da população etc.) estão muito distantes do modelo de Collingwood. No famoso estudo de Fernand Braudel sobre o Mediterrâneo do século XVI, publicado pela primeira vez em 1949, apenas a terceira e última parte, dedicada à história dos acontecimentos, faz perguntas remotamente semelhantes às de Collingwood, e mesmo aí o autor apresenta um tipo muito diferente de resposta, enfatizando os constrangimentos do seu protagonista, o Rei Felipe II, e a ausência de influência do rei sobre a história de sua época.[17]

6. Segundo o paradigma tradicional, a História é objetiva. A tarefa do historiador é apresentar aos leitores os fatos, ou, como apontou Ranke em uma frase muito citada, dizer "como eles realmente aconteceram". Sua modesta rejeição das intenções filosóficas foi interpretada pela posteridade como um presunçoso manifesto à história sem tendências viciosas. Em uma famosa carta a seu grupo internacional de colaboradores da *Cambridge Modern History*, publicada a partir de 1902, seu editor, Lord Acton, insistiu com eles que "o nosso Waterloo deve ser tal que satisfaça do mesmo modo a franceses e ingleses, alemães e holandeses" e que os leitores deveriam ser incapazes de dizer onde um colaborador iniciou e outro continuou.[18]

Hoje em dia, este ideal é, em geral, considerado irrealista. Por mais que lutemos arduamente para evitar os preconceitos associados a cor, credo, classe ou sexo, não podemos evitar olhar o passado de um ponto de vista particular. O relativismo cultural obviamente se aplica, tanto à própria escrita da história, quanto a seus chamados objetos. Nossas mentes não refletem diretamente a realidade. Só percebemos o mundo através de uma estrutura de convenções, esquemas e estereótipos, um entrelaçamento que varia de uma

17 Braudel, 1949.

18 Citado em *Varieties of History*, ed. F. Stern, Nova York, 1956, p.249.

cultura para outra. Nessa situação, nossa percepção dos conflitos é certamente mais realçada por uma apresentação de pontos de vista opostos do que por uma tentativa, como a de Acton, de articular um consenso. Nós nos deslocamos do ideal da Voz da História para aquele da heteroglossia, definida como "vozes variadas e opostas" (adiante, p.344).[19] Por isso, foi muito apropriado que este volume tomasse a forma de uma obra coletiva e que seus colaboradores falassem línguas maternas diferentes.

A história rankeana era o território dos profissionais. O século XIX foi a época em que a história se tornou profissionalizada, com seus departamentos nas universidades e suas publicações específicas, como a *Historische Zeitschrift* e a *English Historical Review*. A maior parte dos principais novos historiadores são também profissionais, com a notável exceção do falecido Philippe Ariès, que gostava de descrever a si próprio como "um historiador domingueiro". Uma maneira de descrever as realizações do grupo dos *Annales* é dizer que eles mostraram que a história econômica, social e cultural pode atingir exatamente os padrões profissionais estabelecidos por Ranke para a história política.

Seja como for, sua preocupação com toda a abrangência da atividade humana os encoraja a ser interdisciplinares, no sentido de aprender a colaborar com antropólogos sociais, economistas, críticos literários, psicólogos, sociólogos etc. Os historiadores de arte, literatura e ciência, que costumavam buscar seus interesses mais ou menos isolados do corpo principal de historiadores, estão agora mantendo com eles um contato mais regular. O movimento da história vista de baixo também reflete uma nova determinação para considerar mais seriamente as opiniões das pessoas comuns sobre seu próprio passado do que cos-

19 Tirei a expressão do famoso crítico russo Mikhail Bakhtin, em seu *Dialogic Imagination*, trad. de C. Emerson e M. Holquist, Austin, 1981, p.xix, 49, 55, 263, 273. Cf. M. de Certeau, *Heterologies: Discourse on the Other*, trad. de B. Massumi, Minneapolis, 1986.

tumavam fazer os historiadores profissionais.[20] O mesmo acontece com algumas formas de história oral (adiante, p.165). Neste sentido, também a heteroglossia é essencial à nova história.

Quanto é nova a nova história?

Quem inventou – ou descobriu – a nova história? A expressão é às vezes utilizada para os desenvolvimentos ocorridos nos anos 1970 e 1980, período em que a reação contra o paradigma tradicional tornou-se mundial, envolvendo historiadores do Japão, da Índia, da América Latina e de vários outros lugares. Os ensaios deste volume focalizam este período em particular. É claro, no entanto, que muitas das mudanças ocorridas na escrita da história nestas duas décadas são parte de uma tendência mais antiga.

Para muitas pessoas, a nova história está associada a Lucien Febvre e a Marc Bloch, que fundaram a revista *Annales* em 1929 para divulgar sua abordagem, e na geração seguinte, a Fernand Braudel. Na verdade, seria difícil negar a importância do movimento para a renovação da história, liderado por esses homens. Todavia, eles não estavam sozinhos em sua revolta contra os rankeanos. Na Grã-Bretanha dos anos 1930, Lewis Namier e R. H. Tawney rejeitaram ambos a narrativa dos acontecimentos para alguns tipos de história estrutural. Na Alemanha, por volta de 1900, Karl Lamprecht tornou-se impopular, expressando seu desafio ao paradigma tradicional. A desdenhosa expressão *histoire événementielle*, "história centralizada nos acontecimentos", foi inventada nessa ocasião, uma geração antes da época de Braudel, Bloch e Febvre.[21] Expressa as ideias de um grupo de estudiosos concentrados em torno do grande sociólogo francês Emile Durkheim e sua revista *Année Sociologique*, publicação que ajudou a inspirar os *Annales*.

---

20 Ver quase todos os ensaios do *History Workshop Journal*.

21 Cf. P. Burke, *The French Historical Revolution*, Cambridge, 1990, p.113.

Mesmo a expressão "a nova história" tem uma história própria. O primeiro uso da expressão por mim conhecido data de 1912, quando o estudioso americano James Harvey Robinson publicou um livro com este título. O conteúdo correspondia ao título: *História*, escreveu Robinson, "inclui todo traço e vestígio de tudo o que o homem fez ou pensou desde seu primeiro aparecimento sobre a terra". Em outras palavras, ele acreditava na história total. Em relação ao método, "A Nova História" – estou novamente citando Robinson – "vai servir-se de todas aquelas descobertas que estão sendo feitas sobre a humanidade pelos antropólogos, economistas, psicólogos e sociólogos".[22] Este movimento para uma nova história não foi bem-sucedido nos Estados Unidos, na época, mas o entusiasmo americano mais recente pelos *Annales* torna-se mais inteligível, se recordarmos essa experiência local.

Não há uma boa razão para se parar em 1912 ou mesmo em 1900. Tem sido recentemente argumentado que a substituição de uma história antiga por uma nova (mais objetiva e menos literária) é um tema recorrente na história da escrita da história.[23] Tais afirmações foram feitas pela escola de Ranke no século XIX, pelo grande estudioso beneditino Jean Mabillon, que formulou novos métodos de crítica da fonte no século XVII, e pelo historiador grego Políbio, que denunciou alguns de seus companheiros como meros retóricos, cento e cinquenta anos antes do nascimento de Cristo. No primeiro caso, pelo menos, a reivindicação da novidade foi consciente. Em 1867, o grande historiador holandês Robert Fruin publicou um ensaio chamado "A Nova Historiografia", uma defesa da história científica, rankeana.[24]

---

22 J. H. Robinson, *The New History*, Nova York, 1912; cf. J. R. Pole, "The New History and the Sense of Social Purpose in American Historical Writing", 1973, reeditado em seu *Paths to the American Past*, Nova York, 1979, p.271-98.

23 L. Orr, "The Revenge of Literature", *New Literary History*, 18, p.1-22, 1986.

24 R. Fruin, "De Nieuwe historiographie", reeditado em seu *Verspreide Geschriften* 9, Haia, 1904, p.410-18.

Também remontam a um longo percurso as tentativas de escrever uma história mais abrangente que aquela dos acontecimentos políticos. Foi na segunda metade do século XIX que a história econômica se estabeleceu na Alemanha. Em 1860, o estudioso suíço Jacob Burckhardt publicou um estudo de *The Civilization of the Renaissance in Italy*, concentrado na história cultural e descrevendo mais as tendências do que narrando os acontecimentos. Os sociólogos do século XIX, como Auguste Comte, Herbert Spencer – sem mencionar Karl Marx – eram extremamente interessados pela história, mas desprezavam os historiadores profissionais. Estavam interessados nas estruturas, não nos acontecimentos, e a nova história tem um débito para com eles, que frequentemente não é reconhecido.

Eles, por sua vez, têm um débito para com seus antecessores, que frequentemente não reconhecem; os historiadores do Iluminismo, entre eles Voltaire, Gibbon (apesar da observação que citei antes), Robertson, Vico, Möser e outros. No século XVIII houve um movimento internacional para a escrita de um tipo de história que não estaria confinada aos acontecimentos militares e políticos, mas relacionada às leis, ao comércio, à *manière de penser* de uma determinada sociedade, com seus hábitos e costumes, com o "espírito da época". Na Alemanha em particular houve um vivo interesse pela história mundial.[25] Estudos da história das mulheres foram publicados pelo escocês William Alexander e por Christoph Meiners, professor da Universidade de Göttingen (um centro da nova história social no final do século XVIII).[26]

Assim, a história alternativa discutida neste volume tem uma ancestralidade razoavelmente longa (ainda que os antepassados pudessem não reconhecer seus descendentes). O que é novo não é sua existência, mas o fato de seus profissionais serem agora extremamente numerosos e se recusarem a ser marginalizados.

---

25 M. Harbsmeier, "World Histories before Domestication", *Culture and History*, 5, p.93-131, 1989.

26 W. Alexander, *The History of Women*, Londres, 1779; C. Meiners, *Geschichte des weiblichen Geschlechts*, Hanover, 1788-1800, 4v.

Problemas de definição

O propósito deste volume não é celebrar a nova história (a despeito dos colaboradores concordarem que pelo menos alguns de seus tipos são valiosos, realmente necessários), mas estabelecer seus pontos fortes e fracos. O movimento de mudança surgiu a partir de uma percepção difundida da inadequação do paradigma tradicional. Esta percepção da inadequação só pode ser compreendida se olharmos além do âmbito do historiador, para as mudanças no mundo mais amplo. A descolonização e o feminismo, por exemplo, são dois movimentos que obviamente tiveram grande impacto sobre a escrita histórica recente, o que fica bastante claro nos capítulos de autoria de Henk Wesseling e Joan Scott. No futuro, é provável que o movimento ecológico tenha cada vez mais influência sobre a forma como a história é escrita.

Na verdade, ele sempre inspirou vários estudos. A famosa monografia de Braudel sobre o Mediterrâneo chamou a atenção, quando foi pela primeira vez publicada em 1949, pela quantidade de espaço dedicado ao ambiente físico – terra e mar, montanhas e ilhas. Atualmente, entretanto, o quadro de Braudel parece curiosamente estático, porque o autor não considerou de modo sério as maneiras pelas quais o ambiente foi modificado pela presença do homem destruindo florestas, por exemplo, para construir as galeras que aparecem com tanto destaque nas páginas de *The Mediterranean*.

Vários autores têm apresentado uma eco-história mais dinâmica. William Cronon escreveu um belo estudo a respeito da Nova Inglaterra colonial, focalizado nos efeitos da chegada dos europeus sobre as plantas e as comunidades animais da região, observando o desaparecimento de castores e ursos, cedros e pinheiros-brancos, e a crescente importância dos animais de pasto de origem europeia. Em uma escala bastante diferente, Alfred Crosby discutiu o que ele chama de "a expansão biológica da Europa" entre 900 e 1900 e o lugar das doenças europeias, abrindo caminho para o estabelecimento bem-sucedido das "Neo-Europas", da Nova Inglaterra à Nova Zelândia.[27]

Do mesmo modo, por razões internas e externas, não é fora de propósito falar da crise do paradigma tradicional da escrita da história. Todavia, o novo paradigma também tem seus problemas: problemas de definição, problemas de fontes, problemas de método, problemas de explicação. Esses problemas irão reaparecer nos capítulos específicos, mas pode ser importante neste momento apresentar uma breve discussão de todos eles.

Os problemas de definição ocorrem porque os novos historiadores estão avançando em território não familiar. Como normalmente fazem os exploradores de outras culturas, eles começam com uma espécie de imagem negativa daquilo que estão procurando. A história do Oriente tem sido percebida pelos historiadores ocidentais como o oposto de sua própria história, eliminadas as diferenças entre o Extremo Oriente, a China e o Japão etc.[28] Como observa mais adiante Henk Wesseling (p.99), a história mundial tem sido com frequência encarada – pelos ocidentais – como o estudo das relações entre o Ocidente e o resto, ignorando as interações entre a Ásia e a África, a Ásia e a América etc. Mais uma vez, a história vista de baixo foi originalmente conceitualizada como a inversão da história vista de cima, com a "baixa" cultura no lugar da cultura erudita. No decorrer de sua pesquisa, contudo, os estudiosos tornaram-se cada vez mais conscientes dos problemas inerentes a essa dicotomia.

Por exemplo, se a cultura popular é a cultura "do povo", quem é o povo? São todos: o pobre, as "classes subalternas", como costumava chamá-las o intelectual marxista Antonio Gramsci? São os analfabetos ou os incultos? Não podemos presumir que as divisões econômicas, políticas e culturais em uma determinada sociedade necessariamente

---

27 W. Cronon, *Changes in the Land*, Nova York, 1983; A. W. Crosby, *Ecological Imperialism*, Cambridge, 1986.

28 Há alguns comentários perspicazes sobre este problema em E. Said, *Orientalism*, Londres, 1978.

coincidam. E o que é educação? Apenas o treinamento transmitido em algumas instituições oficiais como escolas ou universidades? As pessoas comuns são ignorantes ou simplesmente têm uma educação diferente, uma cultura diferente das elites?

Evidentemente não deveria ser suposto que todas as pessoas comuns têm as mesmas experiências, e a importância de distinguir a história das mulheres daquela dos homens é enfatizada por Joan Scott (p.65). Em algumas partes do mundo, da Itália ao Brasil, a história do povo é com frequência chamada "a história do dominado", assim assemelhando as experiências das classes subordinadas no ocidente àquelas das colonizadas.[29] No entanto, as diferenças entre essas experiências também necessitam ser discutidas.

A expressão "história vista de baixo" parece oferecer uma escapatória a essas dificuldades, mas gera problemas próprios. Ela muda seu significado em contextos diferentes. Uma história política vista de baixo deveria discutir os pontos de vista e as ações de todos que estão excluídos do poder, ou deveria lidar com a política em um nível local ou popular? Uma história da Igreja vista de baixo deveria encarar a religião do ponto de vista do leigo, seja qual for a sua condição social? Uma história da medicina vista de baixo deveria se preocupar com os curandeiros em oposição aos médicos, ou com as experiências dos pacientes e os diagnósticos de doença?[30] Uma história militar vista de baixo deveria lidar com o Agincourt ou o Waterloo do soldado comum, como fez John Keegan tão memoravelmente, ou deveria concentrar-se na experiência civil da guerra?[31] Uma história da educação vista de baixo deveria deslocar-se dos ministros e teóricos da educação para os professores comuns, como fez Jacques Ozouf, por exemplo, ou deveria apresentar as escolas do

---

29 E. De Decca, *1930: o silêncio dos vencidos*, São Paulo, 1981.

30 Cf. R. Porter, "The Patient's View: Doing Medical History from Below", *Theory and Society*, 14, p.175-98, 1985.

31 Sobre os soldados comuns, ver J. Keegan, *The Face of Battle*, Londres, 1976.

ponto de vista dos alunos?[32] Uma história econômica vista de baixo deveria focalizar o pequeno comerciante ou o pequeno consumidor?

Uma razão para a dificuldade de definir a história da cultura popular é que a noção de "cultura" é algo ainda mais difícil de precisar que a noção de "popular". A chamada definição "opera-house" de cultura (como arte erudita, literatura erudita, música erudita etc.) era restrita, mas pelo menos era precisa. Uma noção ampla de cultura é central à nova história.[33] O Estado, os grupos sociais e até mesmo o sexo ou a sociedade em si são considerados culturalmente construídos. Contudo, se utilizamos o termo em um sentido amplo, temos, pelo menos, que nos perguntar o que *não* deve ser considerado cultura?

Outro exemplo de uma nova abordagem que gerou problemas de definição é a história da vida cotidiana, *Alltagsgeschichte*, como a chamam os alemães. A expressão em si não é nova: *la vie quotidienne* era o título de uma série lançada pelos editores franceses Hachette nos anos 1930. O novo é a importância dada à vida cotidiana nos escritos históricos contemporâneos, especialmente desde a publicação do famoso estudo de Braudel da "civilização material" em 1967.[34] Outrora rejeitada como trivial, a história da vida cotidiana é encarada agora, por alguns historiadores, como a única história verdadeira, o centro a que tudo o mais deve ser relacionado. O cotidiano está também nas encruzilhadas de abordagens recentes na sociologia (de Michel de Certeau a Erving Goffman) e na filosofia (seja ela marxista ou fenomenológica).[35]

---

32 J. Ozouf (ed.), *Nous les maïtres d'école*, Paris, 1967, examina a experiência dos professores de escola elementar, c.1914.

33 Le Hunt (ed.), *The New Cultural History*, Berkeley, 1989.

34 F. Braudel, *Civilisation matérielle et capitalisme*, Paris, 1967; ed. revisada *Les structures du quotidien*, Paris, 1979; *The Structures of Everyday Life*, trad. de M. Kochan, Londres, 1981. Cf. J. Kuczynski, *Geschichte des Alltags des Deutschen Volkes*, Berlim, 1980-2, v.4.

35 M. de Certeau, *L'invention du quotidien*, Paris, 1980; E. Goffman, *The Presentation of Self in Everyday Life*, Nova York, 1959; H. Lefebvre, *Critique de la vie quotidienne*, Paris, 1946-81, 3v. Cf. F. Mackie, *The Status of Everyday Life*, Londres, 1985.

O que essas abordagens têm em comum é sua preocupação com o mundo da experiência comum (mais do que a sociedade por si só) como seu ponto de partida, juntamente com uma tentativa de encarar a vida cotidiana como problemática, no sentido de mostrar que o comportamento ou os valores, que são tacitamente aceitos em uma sociedade, são rejeitados como intrinsecamente absurdos em outra. Os historiadores, assim como os antropólogos sociais, tentam agora pôr a nu as regras latentes da vida cotidiana (a "poesia" do dia a dia, como a expressou o semiótico russo Juri Lotman) e mostrar a seus leitores como ser um pai ou uma filha, um juiz ou um santo, em uma determinada cultura.[36] Neste ponto, a história social e a cultura parecem estar se dissolvendo uma na outra. Alguns profissionais definem-se como "novos" historiadores culturais, outros como historiadores "socioculturais".[37] Seja como for, o impacto do relativismo cultural sobre o escrito histórico parece inevitável.

Entretanto, como observou o sociólogo Norbert Elias em um importante ensaio, a noção do cotidiano é menos precisa e mais complicada do que parece. Elias distingue oito significados atuais do termo, desde a vida privada até o mundo das pessoas comuns.[38] O cotidiano inclui ações – Braudel o define como o reino da rotina – e também atitudes, o que poderíamos chamar de hábitos mentais. Pode até incluir o ritual. E o ritual, indicador de ocasiões especiais na vida dos indivíduos e das comunidades, é com frequência definido em oposição ao cotidiano. Por outro lado, os visitantes estrangeiros muitas vezes observam rituais cotidianos na vida de toda socieda-

36 J. Lotman, "The Poetics of Everyday Behaviour in Russian Eighteenth-Century Culture", em *The Semiotics of Russian Culture*, ed. J. Lotman e B. A. Uspenskii, Ann Arbor, 1984, p.231-56. Uma discussão mais ampla do problema de se escrever a história das regras culturais está em P. Burke, *Historical Anthropology of Early Modern Italy*, Cambridge, 1987, p.5 s., 21 s.

37 L. Hunt, ed., *The New Cultural History*, Berkeley, 1989.

38 N. Elias, "Zum Begriff des Alltags", em *Materiellen zur Soziologie des Alltags*, ed. K. Hammerich e M. Klein, Opladen, 1978, p.22-9.

de – modos de comer, formas de saudação etc. – que os habitantes locais não encaram de forma alguma como rituais.

Igualmente difícil de descrever ou analisar é a relação entre as estruturas do cotidiano e a mudança. Visto de seu interior, o cotidiano parece eterno. O desafio para o historiador social é mostrar como ele de fato faz parte da história, relacionar a vida cotidiana aos grandes acontecimentos, como a Reforma ou a Revolução Francesa, ou a tendências de longo prazo, como a ocidentalização ou a ascensão do capitalismo. O famoso sociólogo Max Weber criou um termo famoso que pode ser útil aqui: "rotinização" (*Veralltäglichung*, literalmente "cotidianização"). Um foco de atenção para os historiadores sociais poderia ser o processo de interação entre acontecimentos importantes e as tendências por um lado, e as estruturas da vida cotidiana por outro. Até que ponto, por que meios e durante que período a Revolução Francesa ou a Revolução Russa (por exemplo) penetraram na vida cotidiana dos diferentes grupos sociais, até que ponto e com que sucesso eles resistiram?

Problemas das fontes

Os maiores problemas para os novos historiadores, no entanto, são certamente aqueles das fontes e dos métodos. Já foi sugerido que quando os historiadores começaram a fazer novos tipos de perguntas sobre o passado, para escolher novos objetos de pesquisa, tiveram de buscar novos tipos de fontes para suplementar os documentos oficiais. Alguns se voltaram para a história oral (cf. p.165); outros, à evidência das imagens (cf. p.243); outros, à estatística. Também se provou possível reler alguns tipos de registros oficiais de novas maneiras. Os historiadores da cultura popular, por exemplo, têm feito grande uso de registros judiciais, especialmente os interrogatórios de suspeitos. Dois estudos famosos da história vista de baixo são baseados em registros de inquisição, o *Montaillou* (1975), de Le Roy Ladurie (cf. Jim Sharpe, p.39), e *The Cheese and the Worms* (1986), de Ginzburg.

Todavia, todas essas fontes suscitam problemas embaraçosos. Os historiadores da cultura popular tentam reconstruir as suposições cotidianas, comuns, tendo como base os registros do que foram acontecimentos extraordinários nas vidas do acusado: interrogatórios e julgamentos. Tentam reconstruir o que as pessoas pensavam, baseando-se naquilo que os acusados, que podem não ter sido um grupo típico, tinham preparado para dizer na situação incomum (para não dizer terrificante) em que se encontravam. Por isso é necessário ler os documentos nas entrelinhas. Não há nada de errado em tentar ler nas entrelinhas, particularmente quando a tentativa é realizada por historiadores com a sutileza de um Ginzburg ou de um Le Roy Ladurie.

Seja como for, os princípios subjacentes a tal leitura não são sempre claros. Só é razoável admitir que retratar o socialmente invisível (as mulheres trabalhadoras, por exemplo) ou ouvir o inarticulado, a maioria silenciosa dos mortos (entretanto necessários como parte da história total), é um empreendimento mais arriscado do que em geral é o caso na história tradicional. Nem sempre esse é o caso. A história política da época de Carlos Magno, por exemplo, é baseada em fontes pelo menos tão esparsas e não confiáveis quanto à história da cultura popular no século XVI.[39]

Boa parte da atenção tem sido dada à evidência oral; uma parcela por historiadores da África, como Jan Vansina, preocupado com a confiabilidade das tradições orais através dos séculos, e outra por historiadores contemporâneos como Paul Thompson, reconstruindo a experiência da vida na época edwardiana. O problema da influência do historiador-entrevistador e da situação da entrevista sobre o depoimento da testemunha tem sido discutido.[40] Mas é apenas razoável admitir que a crítica das testemunhas orais ainda não atingiu a sofisticação da crítica de um documento, que os historiadores têm praticado durante séculos. Pode-se ter alguma ideia da distância

39 Cf. P. Burke, *Popular Culture in Early Modern Europe*, Londres, 1978, capítulo 3.
40 R. Samuel e P. Thompson (ed.), *The Myths We Live By*, Londres, 1990.

percorrida em um quarto de século – e da longa distância ainda por percorrer – comparando-se a primeira edição do estudo de Vansina sobre a tradição oral, publicado pela primeira vez em 1961, com a versão completamente reescrita de 1985.[41]

A situação é um pouco semelhante no caso de fotografias, de imagens e mais comumente da evidência de cultura material. Uma obra recente sobre fotografia (incluindo cinema) desmascarou a presunção de que a câmera é um registro objetivo da realidade, enfatizando não apenas a seleção feita por fotógrafos segundo seus interesses, crenças, valores, preconceitos etc., mas também seu débito, consciente ou inconsciente, às convenções pictóricas. Se algumas fotografias vitorianas da vida rural parecem paisagens holandesas do século XVII, isso pode muito bem ocorrer porque os fotógrafos conheciam as pinturas e colocavam seus modelos em conformidade com elas para produzirem, como expressou Thomas Hardy no subtítulo a *Under the Greenwood Tree*, "uma pintura da escola holandesa". Assim como os historiadores, os fotógrafos não apresentam reflexos da realidade, mas representações da realidade. Alguns passos importantes foram dados em direção a uma crítica da fonte das imagens fotográficas, mas aí também ainda há um longo caminho a percorrer.[42]

No caso das imagens pictóricas, discutidas mais adiante por Ivan Gaskell, o clima de entusiasmo para a decodificação de sua iconografia ou iconologia em meados do século XX, período de virtuoses como Erwin Panofsky e Edgar Wind, foi sucedido por um período gelado de relativo ceticismo. Os critérios para a interpretação dos significados latentes, em particular, são na verdade difíceis de ser

41 P. Thompson, *The Voice of the Past*, 1978; ed. revista, Oxford, 1988; J. Vansina, *Oral Tradition*, trad. H. M. Wright, Londres, 1965; e *Oral Tradition as History*, Madison, 1985.

42 P. Smith (ed.), *The Historian and Film*, Cambridge, 1976; A. Trachtenberg, "Albums of War", *Representations*, 9, p.1-32, 1985. J. Tagg, *The Burden of Representation: Essays on Photographies and Histories*, Amherst, 1988.

formulados.[43] Os problemas da iconografia tornam-se ainda mais embaraçosos quando os historiadores de outros tópicos tentam utilizar gravuras para seus próprios propósitos, como evidência de atitudes religiosas ou políticas. É muito fácil discutir em um grupo, interpretando uma imagem de Albrecht Dürer (por exemplo) como um sintoma de uma crise espiritual, e depois apresentar a imagem como um argumento para a existência da crise.[44]

A cultura material é evidentemente o campo de ação tradicional dos arqueólogos, que estudam períodos para os quais não existem registros escritos. No entanto, não há nenhum bom motivo para se restringir os métodos arqueológicos à pré-história, e os arqueólogos têm, de fato, se movimentado para estudar a Idade Média, o início da Revolução Industrial e, mais recentemente, uma variedade mais ampla de períodos, desde a América colonial até à sociedade de consumo atual.[45]

Os historiadores estão começando a competir com eles, se não escavando o passado (Versailles e outras construções importantes do início do período moderno felizmente não necessitam de escavação), pelo menos prestando mais atenção aos objetos físicos. Os argumentos sobre a ascensão do individualismo e da privacidade no início do período moderno estão agora baseados não somente na evidência da manutenção de um diário, mas também em mudanças como a criação de xícaras individuais (em lugar de tigelas de uso coletivo) e cadeiras (em lugar de bancos coletivos) e o desenvolvimento de quartos específicos para dormir.[46]

---

43 E. Panofsky, *Essays in Iconology*, Nova York, 1939; E. Wind, *Pagan Mysteries in the Renaissance*, Londres, 1958. Um ponto de vista mais cético é expressado por E. H. Gombrich, "Aims and Limits of Iconology", em seu *Symbolic Images*, Londres, 1972, p.1-22.

44 C. Ginzburg, "Da Aby Warburg a E. H. Gombrich", *Studi medievali*, 8, p.1015-65, 1966. Sua crítica foi dirigida em particular contra Fritz Saxl. Sobre a iconografia para os historiadores das mentalidades, ver M. Vovelle (ed.), *Iconographie et histoire des mentalités*, Aix, 1979.

45 K. Hudson, *The Archaeology of the Consumer Society*, Londres, 1983.

46 J. Deetz, *In Small Things Forgotten: the Archaeology of Early American Life*, Nova York, 1977.

Neste caso, entretanto, é difícil não imaginar se a cultura material está sendo utilizada para fazer algo mais do que confirmar uma hipótese fundamentada no primeiro caso sobre a evidência literária. Pode o arqueólogo do período posterior a 1500 (no Ocidente, pelo menos) aspirar a algo mais? O falecido Sir Moses Finley, certa vez, sugeriu que "alguns tipos de documentação tornam a arqueologia mais ou menos desnecessária", varrendo a arqueologia industrial para a cesta de lixo em uma única frase.[47] Seu desafio merece uma resposta séria, porém uma avaliação minuciosa do valor da evidência da cultura material para a história pós-medieval ainda permanece por fazer.

De forma bastante irônica, a história da cultura material, área que tem atraído grande interesse nos últimos anos, é baseada menos no estudo dos artefatos em si, do que nas fontes literárias. Os historiadores preocupados com o que tem sido chamado de vida social dos objetos – ou mais exatamente, com a vida social dos grupos, revelada por seu uso dos objetos – confiam profundamente em evidências tais como descrições de viajantes (que nos dizem muito sobre a localização e as funções de determinados objetos) ou inventários de propriedades, acessíveis à análise por métodos quantitativos.[48]

A maior – e mais controvertida – inovação no método na última geração certamente foi o crescimento e a difusão dos métodos quantitativos, às vezes ironicamente descritos como "cliometria", ou seja, a estatística vital da deusa da história. É claro que a abordagem é uma das mais antigas entre os historiadores econômicos e os demógrafos históricos. O que é ou foi novo foi sua difusão nos anos 1960 e 1970 para outros tipos de história. Nos Estados Unidos, por exemplo, há uma "nova história política" cujos profissionais fazem contagem de votos, sejam eles contados em eleições ou em parlamentos.[49] Na

47 M. I. Finley, *The Use and Abuse of History*, Londres, 1975, p.101.

48 A. Appadurai (ed.), *The Social Life of Things*, Cambridge, 1986.

49 W. Aydelotte, *Quantification in History*, Mass., 1971; A. Bogue, *Clio and the Bitch Goddess: Quantification in American Political History*, Beverly Hills, 1983.

França, a "história serial" (*histoire sérielle*), assim denominada porque os dados são dispostos em séries através do tempo, gradativamente se estendeu do estudo dos preços (nos anos 1930) para o estudo da população (nos anos 1950), até o chamado "terceiro nível" da história das mentalidades religiosas ou seculares.[50] Um estudo famoso da chamada "descristianização" da França moderna mostra a magnitude de sua evidência, a partir dos dados declinantes para a comunhão da Páscoa. Outro, concentrado na Provença no século XVIII, estuda as atitudes modificadas em relação à morte, como foram reveladas nas tendências, nas formulações de cerca de 30 mil testamentos, observando-se o declínio nas referências ao "tribunal do céu", ou em legados para funerais elaborados ou missas para o morto.[51]

Nos últimos anos, a estatística, auxiliada pelos computadores, chegou mesmo a invadir a cidadela da história rankeana – os arquivos. Os Arquivos Nacionais Americanos, por exemplo, têm agora uma "Divisão de Dados Computadorizados", e os arquivistas estão começando a preocupar-se com a conservação e o armazenamento de fitas perfuradas, assim como a dos manuscritos. Em consequência disso, os historiadores estão cada vez mais inclinados a encarar os arquivos anteriores, tais como os arquivos da Inquisição, como "bancos de dados" que podem ser explorados por métodos quantitativos.[52]

A introdução no discurso histórico de grande quantidade de estatística contribuiu para polarizar a profissão em defensores e oponentes. Ambos os lados tenderam a exagerar a novidade dos problemas criados pela utilização de dados. A estatística pode ser falsificada, mas isso também pode ocorrer com os textos. A estatística pode ser facilmente mal interpretada, mas com os textos pode

50 P. Chaunu, "Le quantitatif au 3e niveau", 1973; reeditado em sua *Histoire quantitatif, histoire sérielle*, Paris, 1978.

51 G. Le Bras, *Etudes de sociologie religieuse*, Paris 1955-6, 2v. e M. Vovelle, *Pieté baroque et déchristianisation*, Paris, 1973.

52 G. Henningsen, "El 'Banco de datos' del Santo Oficio", *Boletín de la Real Academia de Historia*, 174, p.547-70, 1977.

acontecer o mesmo. Os dados computadorizados não são amigáveis, mas o mesmo se aplica a muitos manuscritos, escritos em caligrafias quase ilegíveis ou a ponto de desintegração. O necessário é uma ajuda na discriminação, na descoberta dos tipos de estatística mais confiáveis, em que extensão utilizá-los e para que propósitos. A noção da série, fundamental para a história serial, precisa ser tratada como problemática, especialmente quando as mudanças são estudadas a longo prazo. Quanto mais extenso o período, menos provável que as unidades na série – testamentos, registros de comunhões na Páscoa ou seja o que for – sejam homogêneas. Mas se elas próprias estão sujeitas a se modificar, como podem ser utilizadas como medidas de outras mudanças?

Em outras palavras, o requerido (como no caso das fotografias e de outras fontes novas já discutidas) é uma nova "diplomática". Esse foi o termo usado pelo estudioso beneditino Jean Mabillon em seu guia para o uso de títulos, em uma época (final do século XVII) em que o apelo a esse tipo de evidência era novo e despertava a suspeita de historiadores mais tradicionais.[53] Quem será o Mabillon da estatística, das fotografias ou da história oral?

Problemas de explicação

Já foi sugerido que a expansão do campo do historiador implica o repensar da explicação histórica, uma vez que as tendências culturais e sociais não podem ser analisadas da mesma maneira que os acontecimentos políticos. Elas requerem mais explicação estrutural. Quer gostem, quer não, os historiadores estão tendo de se preocupar com questões que por muito tempo interessaram a sociólogos e a outros cientistas sociais. Quem são os verdadeiros agentes na história, os indivíduos ou os grupos? Será que eles podem resistir com sucesso às pressões das estruturas sociais, políticas ou culturais? São essas

53 J. Mabillon, *De re diplomatica*, Paris, 1681.

estruturas meramente restrições à liberdade de ação, ou permitem aos agentes realizarem mais escolhas?[54]

Nos anos 1950 e 1960, os historiadores econômicos e sociais foram atraídos por modelos mais ou menos deterministas de explicação histórica, tenham eles dado primazia aos fatores econômicos, como os marxistas, à geografia, como Braudel, ou aos movimentos da população (como no caso do chamado "modelo malthusiano" de mudança social). Hoje em dia, entretanto, como sugere Giovanni Levi em seu ensaio sobre a micro-história, os modelos mais atraentes são aqueles que enfatizam a liberdade de escolha das pessoas comuns, suas estratégias, sua capacidade de explorar as inconsistências ou incoerências dos sistemas sociais e políticos, para encontrar brechas através das quais possam se introduzir ou frestas em que consigam sobreviver (cf. mais adiante, na p.135).

A expansão do universo histórico também tem tido repercussões sobre a história política, pois também os acontecimentos políticos podem ser explicados de várias maneiras. Os historiadores que estudam a Revolução Francesa, por exemplo, vista de baixo, provavelmente dão-lhe um tipo muito diferente de explicação do que aqueles que se concentram nos feitos e intenções dos líderes. Mesmo os estudiosos que se concentram nos líderes às vezes divergem dos modelos tradicionais da explicação histórica, invocando seus motivos inconscientes, assim como os conscientes, tendo em vista que esses modelos superestimam a importância da conscientização e da racionalidade.

Por exemplo, um grupo de chamados psico-historiadores, a maior parte deles vivendo nos Estados Unidos (onde a psicanálise penetrou na cultura mais profundamente do que em qualquer outra parte), tentou incorporar os *insights* de Freud à prática histórica. Eles vão desde o psicanalista Erik Erikson, que causou certa sensação nos

---

54 C. Lloyd, *Explanation in Social History* , Oxford, 1986, apresenta um exame geral. Mais acessível a não filósofos é S. James, *The Content of Social Explanation*, Cambridge, 1984.

anos 1950 com seu estudo dos problemas de identidade do "Jovem Lutero", até o historiador Peter Gay, que ao mesmo tempo exalta e pratica a psico-história. Não surpreende muito descobrir que sua abordagem despertou controvérsias e eles foram acusados de "reducionismo"; em outras palavras, de reduzir as complexidades de um adulto individual (ou de um conflito entre adultos) ao relacionamento de uma criança pequena com seus pais.[55]

Para ilustrar as atuais controvérsias sobre a explicação histórica, pode ser útil tomar o exemplo de Hitler. Os debates iniciais, como aquele entre H. R. Trevor-Roper e A. J. P. Taylor sobre a importância relativa dos objetivos de curto e longo prazo de Hitler, presumiam a validade do modelo tradicional de explicação histórica em termos de intenções conscientes. Mais recentemente, no entanto, o debate foi ampliado. Em primeiro lugar, alguns historiadores, como Robert Waite, apresentaram interpretações de Hitler em termos de intenções inconscientes e até de psicopatologia, enfatizando sua sexualidade anormal, o trauma da morte de sua mãe (após tratamento com um médico judeu) etc.[56]

Outro grupo de historiadores rejeita completamente o que chamam de "intencionalismo", no sentido de que tratam o problema dos motivos ou atuações de Hitler como relativamente marginal. Segundo estes "funcionalistas", como têm sido chamados (eu preferiria o termo "historiadores estruturais" para descrevê-los), as explicações históricas das políticas do Terceiro Reich necessitam se concentrar nos homens em torno de Hitler, na máquina de governo e no processo de decisão, e no nazismo como um movimento social.[57]

---

55 E. Erikson, *Young Man Luther*, Nova York, 1958; P. Gay, *Freud for Historians*, Nova York, 1985; D. Stannard, *Shrinking History*, Nova York, 1980.

56 R. G. L. Waite, *The Psychopathic God: Adolf Hitler*, Nova York, 1977.

57 Extraí a distinção entre "intencionalistas" e "funcionalistas" de T. Mason, "Intention and Explanation" em *The Fuhrer State, Myth and Reality*, ed. G. Hirschfeld e L. Kettenacker, Stuttgart, 1981, p.23-40. Meus agradecimentos a Ian Kershaw por chamar a minha atenção para este artigo.

Há também historiadores que combinam as abordagens estruturais com as psico-históricas e concentram-se na explicação do que havia nos nazistas que os atraía a Hitler.[58]

O que é ao mesmo tempo excitante e confuso no debate a respeito de Hitler – como muitos outros debates históricos nos últimos anos – é que ele não é mais conduzido segundo as regras. O acordo tradicional sobre o que constitui uma boa explicação histórica foi rompido. Será esta uma fase de transição, a ser substituída por um novo consenso, ou o caminho em que os debates históricos serão conduzidos no futuro?

Se houver tal consenso, a área do que pode ser chamado de "psicologia histórica" (psicologia coletiva) provavelmente será de particular importância, visto que ela vincula os debates sobre a motivação consciente e inconsciente àqueles sobre as explicações individuais e coletivas. É estimulante perceber um interesse crescente nesta área. Um conjunto recente de monografias está centralizado na história da ambição, da raiva, da ansiedade, do medo, da culpa, da hipocrisia, do amor, do orgulho, da segurança e de outras emoções. Do mesmo modo, os problemas de método envolvidos na busca de tais objetos ardilosos de estudo estão longe de ter sido resolvidos.[59]

Na tentativa de evitar o anacronismo psicológico, em outras palavras, a presunção de que as pessoas no passado pensavam e sentiam exatamente da mesma forma que nós, há um perigo de se chegar ao outro extremo e "desfamiliarizar" tão completamente o passado, que ele venha a tornar-se ininteligível. Os historiadores estão diante de um dilema. Se explicarem as diferenças no comportamento social nos diferentes períodos pelas diferenças nas atitudes conscientes

---

58 P. Lowenberg, "The Psychohistorical Origins of the Nazi Youth Cohort", *American Historical Review*, 76, p.1457-502, 1971.

59 J. Delumeau, *La peur en occident*, Paris, 1978; e *Rassurer et protéger*, Paris, 1989; P. N. e C. Z. Stearns, "Emotionology", *American Historical Review*, 90, p.813-36, 1986; C. Z. e P. N. Stearns, *Anger*, Chicago, 1986; T. Zeldin, *France 1848-1945*, Oxford, 1973-7, 2v.

ou nas convenções sociais, correm o risco da superficialidade. Por outro lado, se explicarem as diferenças no comportamento pelas diferenças na profunda estrutura do caráter social, correm o risco de negar a liberdade e a flexibilidade dos atores individuais no passado.

Uma maneira possível de sair da dificuldade é utilizar a noção de "hábito" de um grupo social particular, formulada pelo sociólogo Pierre Bourdieu. Por "hábito" de um grupo, Bourdieu entende a propensão de seus membros para selecionar respostas de um repertório cultural particular, de acordo com as demandas de uma determinada situação ou de um determinado campo. Diferentemente do conceito de "regras", o hábito tem a grande vantagem de permitir que seus usuários reconheçam a extensão da liberdade individual dentro de certos limites estabelecidos pela cultura.[60]

Seja como for, o problema permanece. Em minha opinião, os novos historiadores – de Edward Thompson a Roger Chartier – foram muito bem-sucedidos ao revelar as inadequações das explicações materialistas e deterministas tradicionais do comportamento individual e coletivo de curto prazo, e na demonstração de que tanto na vida cotidiana, quanto nos momentos de crise, o que conta é a cultura.[61] Por outro lado, pouco fizeram para desafiar a importância dos fatores materiais, do ambiente físico e de seus recursos, de longo prazo. Ainda parece útil considerar estes fatores materiais como determinantes da ordem do dia, dos problemas aos quais os indivíduos, os grupos e, metaforicamente falando, as culturas tentam se adaptar ou responder.

Problemas de síntese

Embora a expansão do universo do historiador e o diálogo crescente com outras disciplinas, desde a geografia até a teoria literária,

60 P. Bourdieu, *Outline of a Theory of Practice*, trad. R. Nice, Cambridge, 1977.

61 O argumento está excepcionalmente explícito em G. Sider, *Culture and Class in Anthropology and History*, Cambridge e Paris, 1986.

certamente devam ser bem-vindos, esses desenvolvimentos têm seu preço. A disciplina da história está atualmente mais fragmentada que nunca. Os historiadores econômicos são capazes de falar a linguagem dos economistas, os historiadores intelectuais, a linguagem dos filósofos, e os historiadores sociais, os dialetos dos sociólogos e dos antropólogos sociais, mas estes grupos de historiadores estão descobrindo ser cada vez mais difícil falar um com o outro. Teremos de suportar esta situação ou há uma esperança de síntese?

É impossível apresentar mais que uma visão parcial e pessoal do problema. A minha própria pode ser resumida em dois pontos opostos, mais complementares que contraditórios. Em primeiro lugar, a proliferação de subdisciplinas é virtualmente inevitável. Este movimento não está confinado à história. A profissão histórica simplesmente oferece um exemplo entre muitos da crescente divisão do trabalho em nossa sociedade industrial tardia (ou pós-industrial). A proliferação tem suas vantagens: contribui para o conhecimento humano e encoraja métodos mais rigorosos, padrões mais profissionais.

Tanto há custos quanto benefícios, mas podemos fazer algo para manter aqueles custos intelectuais os mais baixos possíveis. A não comunicação entre as disciplinas ou subdisciplinas não é inevitável. No caso específico da história, há alguns sinais animadores de *rapprochement*, se não, de síntese.

É verdade que, no primeiro fluxo de entusiasmo pela história estrutural, a história dos acontecimentos esteve muito próxima de ser posta de lado. De maneira similar, a descoberta da história social foi às vezes associada a um desprezo pela história política, uma inversão do preconceito dos historiadores políticos tradicionais. Novos campos, como a história das mulheres e a história da cultura popular, foram às vezes tratados como se fossem independentes (ou mesmo opostos) da história da cultura erudita e da história dos homens. A micro-história e a história da vida cotidiana foram reações contra o estudo de grandes tendências sociais, a sociedade sem uma face humana.

Em todos os casos que citei, é possível observar-se uma reação contra essa reação, uma busca pelo centro. Os historiadores da cultura popular estão cada vez mais preocupados em descrever e analisar as mudanças das relações entre o erudito e o popular, "a intersecção da cultura popular e da cultura das pessoas educadas".[62] Os historiadores das mulheres têm ampliado seus interesses, para incluir as relações entre os gêneros em geral e a construção histórica, tanto da masculinidade quanto da feminilidade.[63] A oposição tradicional entre os acontecimentos e as estruturas está sendo substituída por um interesse por seu inter-relacionamento, e alguns historiadores estão experimentando formas narrativas de análise ou formas analíticas de narrativa (ver adiante, p.335).

O mais importante de tudo, talvez, é que a oposição há muito estabelecida entre os historiadores políticos e não políticos está finalmente se dissolvendo. A famosa definição de história social de G. M. Trevelyan como "a história com a política posta de lado" é atualmente rejeitada por quase todo mundo. Em vez disso nos percebemos preocupados com o elemento social na política e com o elemento político na sociedade. Por um lado, os historiadores políticos não mais se restringem à alta política, aos líderes, às elites. Discutem a geografia e a sociologia das eleições e "a república na aldeia".[64] Estudam as "culturas políticas", as suposições sobre política que fazem parte da vida cotidiana, mas diferem amplamente de um período para outro, ou de uma região para outra. Por outro lado, a sociedade e a cultura são agora encaradas como arenas para a tomada de decisões, e os historiadores discutem "a política da família", "a política da linguagem" ou as maneiras como o ritual pode expressar-

62 A. Gurevich, *Medieval Popular Culture*, trad. de J. M. Bak e P. A. Hollingsworth, Cambridge, 1988.

63 Coletiva editorial, "Why Gender and History?" *Gender and History*, 1, p.1-6, 1989.

64 M. Agulhon, *The Republic in the Village*, trad. de J. Lloyd, Cambridge, 1982.

-se ou até, em certo sentido, criar poder.[65] O historiador americano Michael Kammen pode bem estar certo em sua sugestão de que o conceito de "cultura", em seu sentido amplo, antropológico, pode servir como uma "base possível" para a "reintegração" de diferentes abordagens à história.[66]

Ainda estamos a uma longa distância da "história total" defendida por Braudel. Na verdade, seria irrealista acreditar que esse objetivo poderia um dia ser alcançado – mas alguns passos a mais foram dados em sua direção.

---

65 M. Segalen, *Love and Power in the Peasant Family*, trad. de S. Matthews, Cambridge, 1983; O. Smith, *The Politics of Language 1791-1815*, Oxford, 1984; D. Cannadine e S. Price (eds.), *Rituals of Royalty*, Cambridge, 1987.

66 M. Kammen, "Extending the Reach of American Cultural History", *American Studies*, 29, p.19-42, 1984.

A história vista de baixo

*Jim Sharpe**

Em 18 de junho de 1815, houve uma batalha próximo à aldeia belga de Waterloo. Como sabem todos aqueles que estudaram a história britânica, o resultado daquela batalha foi que um exército aliado, comandado pelo Duque de Wellington, com a ajuda tardia mas decisiva das forças prussianas lideradas por Blücher, derrotou um exército francês, comandado por Napoleão Bonaparte, sendo assim decididos os destinos da Europa. Nos dias que se seguiram à batalha, um daqueles que ajudou a determinar o destino de um continente, o soldado William Wheeler, da 51ª Infantaria Britânica, escreveu várias cartas a sua esposa:

> Os três dias de luta terminaram. Estou salvo, isto é o que importa. Descreverei agora, e em toda oportunidade, os detalhes do grande acontecimento, ou seja, o que pude dele observar... A manhã do dia 18 de junho surgiu sobre nós e nos encontrou ensopados de chuva, entorpecidos e tremendo de frio... Você muitas vezes me censurou por fumar, quando eu estava em casa no ano passado, mas devo dizer-lhe que, se eu não tivesse um bom estoque de tabaco nessa noite, poderia ter morrido.[1]

---

* Assistente-sênior de História da Universidade de York.

1 *The Letters of Private Wheeler 1809-1828*, ed. B. H. Liddell Hart, Londres, 1951, p.168-72.

Wheeler prosseguiu, fornecendo a sua esposa uma descrição da Batalha de Waterloo, a partir do violento final. a experiência de suportar o fogo da artilharia francesa, seu regimento destruindo um corpo de couraceiros inimigos com uma rajada de tiros, o espetáculo de montes de corpos queimados de soldados britânicos nas ruínas do castelo de Hougoumont, o dinheiro saqueado de um oficial hussardo francês, alvejado por um membro de um destacamento a cargo de Wheeler. Os livros de história nos contam que Wellington venceu a batalha de Waterloo. De certa maneira, William Wheeler e milhares, como ele, também a venceram.

Durante as duas últimas décadas, vários historiadores, trabalhando em uma ampla variedade de períodos, países e tipos de história, conscientizaram-se do potencial para explorar novas perspectivas do passado, proporcionado por fontes como a correspondência do soldado Wheeler com sua esposa, e sentiram-se atraídos pela ideia de explorar a história, do ponto de vista do soldado raso, e não do grande comandante. Tradicionalmente, a história tem sido encarada, desde os tempos clássicos, como um relato dos feitos dos grandes. O interesse na história social e econômica mais ampla desenvolveu-se no século XIX, mas o principal tema da história continuou sendo a revelação das opiniões políticas da elite. Havia, é claro, vários indivíduos que se sentiam infelizes com essa situação, e, já em 1936, Bertold Brecht, em seu poema *Perguntas de um operário que lê*, apresentou aquela que provavelmente ainda é a afirmação mais direta da necessidade de uma perspectiva alternativa ao que poderia ser chamado de "história da elite".[2] Mas provavelmente é justo dizer que uma declaração séria da possibilidade de transformar essa necessidade em ação só surgiu em 1966, quando Edward Thompson publicou um artigo sobre "*The History from Below*" em *The Times Literary Supplement*.[3] Daí em diante,

2 Bertold Brecht, *Poems*, ed. John Willett e Ralph Manheim, Londres, 1976, p.252-3.

3 E. P. Thompson, "History from Below", *The Times Literary Supplement*, 7 de abril de 1966, p.279-80. Para uma discussão da base para o pensamento de Thompson, ver Harvey J. Kaye, *The British Marxist Historians: an Introductory Analysis*, Cambridge, 1984.

o conceito da história vista de baixo entrou na linguagem comum dos historiadores. Em 1985 foi publicado um volume de ensaios intitulado *History from Below,*[4] enquanto em 1989, uma nova edição de um livro referente à historiografia das Guerras Civis Inglesas e às suas consequências denominou um capítulo sobre a obra recente dos radicais do período de *History from Below*.[5] Assim, durante mais ou menos os últimos vinte anos, foi encontrado um rótulo para aquela perspectiva do passado, oferecida pelas cartas de William Wheeler.

Essa perspectiva atraiu de imediato aqueles historiadores ansiosos por ampliar os limites de sua disciplina, abrir novas áreas de pesquisa e, acima de tudo, explorar as experiências históricas daqueles homens e mulheres, cuja existência é tão frequentemente ignorada, tacitamente aceita ou mencionada apenas de passagem na principal corrente da história. Mesmo hoje, grande parte da história ensinada nas sextas classes e nas universidades da Grã-Bretanha (e também, supõe-se, em instituições similares por toda parte), ainda considera a experiência da massa do povo no passado como inacessível ou sem importância; não a considera um problema histórico; ou, no máximo, considera as pessoas comuns como "um dos problemas com que o governo tinha de lidar".[6] O ponto de vista oposto foi vigorosamente apresentado por Edward Thompson em 1965, no prefácio de uma das principais obras de história inglesa:

> Estou procurando resgatar o pobre descalço, o agricultor ultrapassado, o tecelão do tear manual "obsoleto", o artesão "utopista" e até os seguidores enganados de Joanna Southcott, da enorme condescendência da posteridade. Suas habilidades e tradições podem ter-se tornado moribundas. Sua hostilidade ao novo industrialismo pode ter-se tornado retrógrada. Seus ideais comunitários

---

4 *History from Below: Studies in Popular Protest and Popular Ideology*, de Frederick Krantz, Oxford, 1988. Esta foi a edição inglesa de uma coleção primeiro publicada em Montreal, em 1985.

5 R. C. Richardson, *The Debate on the English Revolution Revisited*, Londres, 1988, capítulo 10, "The Twentieth Century: 'History from Below'".

6 Thompson, "History from Below", p.279.

> podem ter-se tornado fantasias. Suas conspirações insurrecionais podem ter-se tornado imprudentes. Mas eles viveram nesses períodos de extrema perturbação social, e nós, não.[7]

Portanto, Thompson não se limitou apenas a identificar o problema geral da reconstrução da experiência de um grupo de pessoas "comuns". Percebeu também a necessidade de tentar compreender o povo no passado, tão distante no tempo, quanto o historiador moderno é capaz, à luz de sua própria experiência e de suas próprias reações a essa experiência.

Meu objetivo neste ensaio será explorar, o máximo possível com referência ao que poderia ser considerado um número consistente das obras-chave publicadas, parte do potencial e dos problemas inerentes à escrita da história vista de baixo. Assim fazendo, entrarei em contato com dois temas bem diferentes, se bem que em grande medida emaranhados. O primeiro deles é introduzir o leitor na absoluta diversidade de temática produzida pelo trabalho sobre o que poderia ser descrito, em termos amplos, como uma história vista de baixo. Ele se estende desde a reconstrução das experiências dos pastores medievais dos Pireneus, até àquelas dos primeiros trabalhadores industriais de certa idade, cujas reminiscências formam o principal elemento da história oral. O segundo é isolar algumas das questões, evidenciais, conceituais e ideológicas, suscitadas pelo estudo da história vista de baixo. A ideia de uma tal abordagem da história é muito sedutora, mas, como tão frequentemente acontece, os problemas envolvidos no estudo do passado, rapidamente tornam-se mais complexos do que podem parecer à primeira vista.

A perspectiva de se escrever a história vista de baixo, resgatando as experiências passadas da massa da população, seja da total negligência dos historiadores ou da "enorme condescendência da posteridade" de Thompson, é, portanto, uma perspectiva atraente.

---

7 E. P. Thompson, *The Making of the English Working Class*, Londres, 1965, p.12-3.

Mas, como sugerimos, a tentativa de estudar a história dessa maneira envolve muitas dificuldades. A primeira gira em torno da evidência. Tem-se apenas de ler o estudo de Thompson sobre os anos formadores da classe trabalhadora inglesa para compreender que, sejam quais forem as críticas que possam ser feitas à sua interpretação da questão, pouca dúvida existe de que ela seja baseada em uma quantidade de material de fonte maciçamente ampla e rica. Em geral, entretanto, quanto mais para trás vão os historiadores, buscando reconstruir a experiência das classes sociais inferiores, mais restrita se torna a variedade de fontes à sua disposição. Como veremos, um excelente trabalho tem sido feito com relação aos materiais que realmente persistem para os tempos primitivos, mas o problema é real: os diários, as memórias e os manifestos políticos, a partir dos quais podem ser reconstruídas as vidas e as aspirações das classes sociais inferiores, são escassos antes do final do século XVIII, com exceção de alguns poucos períodos (como as décadas de 1640 e 1650 na Inglaterra). Em segundo lugar, há vários problemas de conceituação. Onde exatamente o "baixo" deve ser alocado, e o que seria feito com a história vista de baixo, uma vez escrita?

As complicações inerentes à questão de se precisar que história vem de baixo estão finamente ilustradas em uma das áreas de crescimento da história social nos últimos anos: o estudo da cultura popular no início da Europa moderna. Tanto quanto posso perceber, além de encará-la como uma espécie de categoria residual, nenhum historiador chegou ainda a uma definição completamente abrangente do que era na verdade a cultura popular naquele período.[8] A principal razão disso é que "o povo", mesmo há tanto tempo atrás como no século XVI, compunha um grupo muito variado, dividido por estratificação econômica, culturas profissionais e sexo. Tais

8 Ver, por exemplo, a discussão em: Peter Burke, *Popular Culture in Early Modern Europe*, Londres, 1978, p.23-64; e Barry Reay, "Introduction: Popular Culture in Early Modern England", em *Popular Culture in Seventeenth-Century England*, ed. B. Reay, Londres, 1985.

considerações invalidam qualquer ideia simplista do que o "baixo" poderia significar na maior parte dos contextos históricos.[9]

É igualmente importante a questão do significado mais amplo ou dos propósitos de uma abordagem da história vista de baixo. Os problemas ficam talvez mais bem ilustrados tomando-se por referência o trabalho dos historiadores que escrevem dentro da tradição marxista ou dentro da tradição da história britânica do trabalho. É óbvio que a contribuição dos historiadores marxistas, aqui e em qualquer outra parte, tem sido enorme: na verdade, um filósofo marxista declarou que todos aqueles que escrevem a história vista de baixo assim o fazem na sombra da conceituação marxista da história.[10] Embora tais afirmações possam parecer um tanto hiperbólicas, a dívida do historiador social para com as ideias de Marx e para com os historiadores marxistas deve ser reconhecida, e certamente não é minha intenção juntar-me à tendência atualmente em moda de depreciar uma das mais ricas tradições intelectuais do mundo. Ainda que pudesse parecer que os historiadores marxistas, antes de outros escritores, que escrevem a partir de tradições diferentes, sugerirem a amplitude da temática que o historiador social poderia estudar, tenham tendido a restringir o estudo da história vista de baixo àqueles episódios e movimentos em que as massas se engajaram na atividade política manifesta ou em áreas familiares de desenvolvimento econômico. Embora ele fosse transcender tais limitações, este foi em grande extensão o ponto de partida do ensaio de Thompson de 1966. A

9 Uma maneira de contornar este problema é examinar a experiência de diferentes setores das classes inferiores, às vezes através do estudo de caso isolado. Para duas obras que utilizam esta abordagem, ambas constituindo importantes contribuições à história vista de baixo, ver: Natalie Zemon Davis, *Society and Culture in Early Modern France*, Londres, 1975 e David Sabean, *Power in the Blood: Popular Culture and Village Discourse in Early Modern Germany*, Cambridge, 1984.

10 Alex Callinicos, *The Revolutionary Ideas of Karl Marx*, Londres, 1983, p.89. Ao contrário, poderia ser observado que não há razão por que a abordagem marxista não pudesse produzir uma história vista de baixo bastante efetiva: ver os comentários de Perry Anderson, *Lineages of the Absolutist State*, Londres, 1979, p.11.

fundamentação histórica para tal linha de pensamento foi descrita mais recentemente por Eric Hobsbawm. Hobsbawm declarou que a possibilidade do que ele chama de "história das pessoas comuns" só se tornou realmente aparente mais ou menos em torno de 1789. "A história das pessoas comuns como um campo especial de estudo", escreveu ele, "tem início com a história dos movimentos de massa no século XVIII [...] Para o marxista, ou mais comumente o socialista, o interesse na história das pessoas comuns desenvolveu-se com o crescimento do movimento trabalhista". Como ele prosseguiu para observar, essa tendência "impôs algumas luzes bastante eficazes para os historiadores socialistas".[11]

Algo da natureza dessas luzes foi sugerido em um livro de Richard Hoggart publicado em 1957, *The Uses of Literacy*, que poderia bem ter recebido o subtítulo de "The Breaking of the English Working Class". Discutindo diferentes abordagens no estudo da classe trabalhadora, Hoggart pediu cuidado aos leitores das histórias dos movimentos da classe trabalhadora. Como muitos outros, ele se afasta de muitas dessas histórias, com a impressão "de que seus autores supervalorizam o lugar da atividade política na vida da classe trabalhadora, que nem sempre têm uma noção adequada da rotina diária dessa vida".[12] Em 1966, Thompson observou uma mudança das preocupações mais antigas dos historiadores do trabalho com as instituições do trabalho e com os líderes e a ideologia aceitos, embora também tenha observado que esse processo estava tendendo a subtrair da história do trabalho parte de sua coerência.[13] Hobsbawm, escrevendo à luz da subsequente ampliação da história do trabalho, conseguiu fazer comentários mais centralizados neste ponto. O problema era (como sugeriu Hobsbawm) que os historiadores do movimento trabalhista,

---

11 E. J. Hobsbawm, "History from Below Some Reflections", em *History from Below*, ed. Krantz, p.15.

12 Richard Hoggart, *The Uses of Literacy: Aspects of Working-Class Life with Special Reference to Publications and Entertainments*, Harmondsworth, 1958, p.15.

13 Thompson, "History from Below", p.280.

marxistas ou não, estudaram "não exatamente as pessoas comuns, mas as pessoas comuns que poderiam ser consideradas os ancestrais do movimento; não os trabalhadores como tais, porém mais como cartistas, sindicalistas, militantes trabalhistas". A história do movimento trabalhista e de outros desenvolvimentos institucionalizados, declarou ele, não deveria "substituir a história das pessoas comuns em si".[14]

Outra limitação que a corrente principal da história do trabalho cria para a história vista de baixo é aquela de uma restrição no período. Os leitores do ensaio inicial de Thompson e da posterior contribuição de Hobsbawm poderiam facilmente ter ficado (apesar das intenções dos autores) com a impressão de que a história vista de baixo só pode ser escrita para os períodos da Revolução Francesa em diante. Hobsbawm, como observamos, acreditava que foi o desenvolvimento dos movimentos de massa no final do século XVIII que primeiro alertou os estudiosos para a possibilidade de se escrever a história vista de baixo, e prosseguiu declarando que "a Revolução Francesa, especialmente desde que o jacobinismo foi revitalizado pelo socialismo e o Iluminismo pelo marxismo, tem sido o campo de prova para esse tipo de história". Indagando um pouco mais adiante "por que tanta história moderna popular emergiu do estudo da Revolução Francesa?", Hobsbawm citou a ação conjunta da massa populacional e os arquivos criados por "uma vasta e diligente burocracia", que documentava os atos das pessoas comuns e depois passou a classificar e preencher seus registros "em benefício do historiador". Esta documentação proporcionava um rico filão para a pesquisa posterior e era também, segundo Hobsbawm, "perfeitamente legível, ao contrário das caligrafias intrincadas dos séculos XVI e XVII".[15]

---

14 Hobsbawm, "Some Reflections", p.15.

15 Ibidem, p.16. Apesar do ceticismo que se poderia experimentar sobre a singularidade da contribuição de historiadores da Revolução Francesa, permanece claro que as obras baseadas naquele período deram uma substancial contribuição ao

Entretanto, a história vista de baixo não tem sido meramente escrita a respeito da história política familiar moderna, por historiadores incapazes de enfrentar os desafios paleográficos. Na verdade, embora o conceito da história vista de baixo tenha sido essencialmente desenvolvido por historiadores marxistas ingleses, que escreviam dentro dos limites cronológicos tradicionais da história britânica do trabalho, talvez o livro, que utiliza essa perspectiva no passado a criar maior impacto, tenha sido escrito por um estudioso francês que tomou como sua temática uma comunidade medieval camponesa dos Pireneus. *Montaillou*, de Emmanuel Le Roy Ladurie, pela primeira vez publicado na França em 1975, despertou maior atenção, foi mais vendido e teve maior alcance de leitores que a maior parte das obras de história medieval.[16] Evidentemente, ele tem suscitado alguma crítica no interior da comunidade erudita, e várias questões foram levantadas sobre a metodologia de Le Roy Ladurie e a abordagem por ele utilizada de suas fontes.[17] Os historiadores que trabalham com a visão de baixo devem, é claro, ser tão rigorosos nessas questões quanto em quaisquer outras, mas *Montaillou* se situa como uma espécie de marco na escrita da história vista dessa perspectiva. Como observou seu autor, "embora haja muitos estudos históricos relacionados às comunidades camponesas, há muito pouco material disponível que possa ser considerado o testemunho direto dos próprios camponeses".[18] Le Roy Ladurie contornou esse problema baseando seu livro nos registros inquisitoriais produzidos

---

cânone da história vista de baixo, desde estudos pioneiros como Georges Lefebvre, *Les Paysans du Nord*, Paris, 1924 e *The Great Fear of 1789*, Paris, 1932, trad. ingl., Nova York, 1973, até a obra mais recente de Richard Cobb.

16 Publicado em inglês como *Montaillou: Cathars and Catholics in a French Village 1294-1324*, Londres, 1978.

17 Ver, por exemplo: L. E. Boyle, "Montaillou Revisited: *Mentalité* and Methodology", in *Pathways to Medieval Peasants*, ed. J. A. Raftis, Toronto, 1981 e R. Rosaldo, "From the Door of his Tent: the Fieldworker and the Inquisitor", em *Writing Culture: the Poetics and Politics of Ethnography*, ed. J. Clifford e G. Marcus, Berkeley, 1986.

18 Le Roy Ladurie, *Montaillou*, p.vi.

por Jacques Fournier, Bispo de Poitiers, durante sua investigação da heresia entre 1318 e 1325. Sejam quais forem seus inconvenientes, *Montaillou* não apenas demonstrou que a história vista de baixo poderia atrair o público leitor em geral, mas também que alguns tipos de registro oficial poderiam ser utilizados para explorar o mundo mental e material das gerações passadas.

Na verdade, os historiadores sociais e econômicos estão empregando cada vez mais tipos de documentação, cuja real utilidade como evidência histórica repousa no fato de que seus compiladores não estavam deliberada e conscientemente registrando para a posteridade. Supõe-se que muitos desses compiladores ficariam surpresos, e talvez preocupados, com o uso que os historiadores recentes fizeram dos casos judiciais, registros paroquiais, testamentos e transações de terras feudais que registraram. Tal evidência pode ser empregada, adequadamente, para explorar ações e ideias explícitas ou suposições implícitas, e também para propiciar uma base quantitativa às experiências do passado. Como observou Edward Thompson:

> As pessoas pagavam impostos: as listas de impostos são apropriadas, não pelos historiadores da taxação, mas por demógrafos históricos. As pessoas pagavam dízimos: os inventários são apropriados como evidência pelos demógrafos históricos. As pessoas eram arrendatárias consuetudinárias ou enfiteutas; seus títulos de posse eram inscritos e constavam dos registros da corte feudal: essas fontes essenciais são exaustivamente interrogadas pelos historiadores, não somente em busca de nova evidência, mas em um diálogo em que eles propõem novas perguntas.[19]

Pelo que sugere esta citação, tais materiais são muito variados. Ocasionalmente, como ocorre com os materiais em que *Montaillou*

19 E. P. Thompson, *The Poverty of Theory and Other Essays*, Londres, 1978, p.219-20. Para uma discussão mais ampla dos tipos de registros sobre os quais os historiadores da Inglaterra poderiam basear a história vista de baixo, ver Alan Macfarlane, Sarah Harrison e Charles Jardine, *Reconstructing Historical Communities*, Cambridge, 1977.

foi baseado, permitem que o historiador consiga chegar tão próximo às palavras das pessoas quanto consegue o gravador do historiador oral. A história oral tem sido muito usada pelos historiadores que tentam estudar a experiência das pessoas comuns, embora, é claro, não haja razão por si só evidente do motivo pelo qual o historiador oral não deva gravar as memórias das duquesas, dos plutocratas e dos bispos, da mesma forma que dos mineiros e dos operários fabris.[20] Mas o historiador oral tem problemas óbvios ao tratar com pessoas que morreram antes de serem gravadas ou cuja memória foi perdida por seus sucessores, e o tipo de testemunho direto que pode obter é negado aos historiadores dos períodos mais antigos. Ao contrário, como sugerimos, existem fontes que permitem aos historiadores de tais períodos chegarem mais perto das experiências das pessoas das classes inferiores.

Le Roy Ladurie utilizou uma fonte desse tipo: o registro de Jacques Fournier. Outro trabalho, que mostra como este tipo de registro legal poderia ser empregado por um tipo bem diferente de história vista de baixo, foi publicado em 1976, a edição italiana de *The Cheese and the Worms*, de Carlo Ginzburg.[21] O objetivo de Ginzburg não era reconstruir a mentalidade e o modo de viver de uma comunidade camponesa, mas antes explorar o mundo intelectual e espiritual de um moleiro chamado Domenico Scandella (apelidado de Menocchio), nascido em 1532, que viveu em Friuli, no Nordeste da Itália. Menocchio teve complicações com a Inquisição (foi afinal executado, provavelmente em 1600) e a volumosa documentação que

20 Algumas impressões do tipo de áreas temáticas cobertas pelos historiadores orais podem ser obtidas por meio da leitura dos registros regulares do trabalho em andamento contidos em *Oral History: the Journal of the Oral History Society*, publicado desde 1972.

21 Publicado em inglês, traduzido por Anne e John Tedeschi, como *The Cheese and the Worms: the Cosmos of a Sixteenth-Century Miller*, Londres, 1980. Outra obra de Ginzburg, *The Night Battles: Witchcraft and Agrarian Cults in the Sixteenth and Seventeenth Centuries*, Londres, 1983 (ed. italiana, 1966), também demonstra como os registros inquisitoriais podem ser usados para esclarecer as crenças populares.

se refere ao seu caso permitiu que Ginzburg reconstruísse grande parte do sistema religioso de Menocchio. O livro em si é uma realização notável, o prefácio de Ginzburg apresenta uma proveitosa discussão dos problemas conceituais e metodológicos da reconstrução da cultura das classes subalternas no mundo pré-industrial. Ele foi particularmente insistente para "o fato de uma fonte não ser 'objetiva' (para aquele tema, nem um inventário o é) não significar que ela seja inútil [...] Em suma, mesmo a documentação escassa, dispersa e obscura pode ter um bom uso",[22] e o estudo dos indivíduos nesse tipo de profundidade é tão valioso quanto as abordagens coletivas mais familiares à história social. Resta o problema, é claro, da representatividade de tais indivíduos, mas os estudos de caso desse tipo, tratados de forma adequada, podem ser imensamente esclarecedores.

Mas, em seus esforços para estudar a história vista de baixo, os historiadores utilizaram outros tipos de documentação oficial ou semioficial, além de uma fonte rica isolada. Um exemplo disso é Barbara A. Hanawalt, que fez um uso extensivo de uma das grandes fontes negligenciadas da história social inglesa, a inquirição do *coroner*[23] na reconstrução da vida familiar camponesa medieval.[24] Hanawalt declara que esses registros estão isentos das tendências encontradas nos registros das cortes reais, eclesiásticas ou feudais, além de apontar (voltando a um tema anterior) que os detalhes da vida material e das atividades familiares neles assinalados são incidentais ao principal propósito dos registros, daí a improbabilidade de serem distorcidos. Como é tão frequente quando se trata de registros oficiais, eles têm sua maior utilidade quando empregados para propósitos que seus

22 Ginzburg, *The Cheese and the Worms*, p.xvii.

23 Oficial de justiça anglo-saxão (cargo criado no fim do século XII), com parte das atribuições do xerife e cujas funções estão atualmente limitadas à investigação da causa das mortes violentas, não naturais ou misteriosas. (N.T.)

24 Barbara A. Hanawalt, *The Ties that Bound: Peasant Families in Medieval England*, Nova York e Oxford, 1986. Para uma apresentação mais breve dos objetivos de Hanawalt, ver seu artigo "Seeking the Flesh and Blood of Manorial Families", *Journal of Medieval History*, 14, p.33-45, 1988.

compiladores jamais sonharam. Combinadas com outras formas de documentação, Hanawalt usou as inquirições para compor um quadro do ambiente material, da economia familiar, das etapas no ciclo de vida, nos padrões de educação dos filhos e de outros aspectos da vida cotidiana dos camponeses medievais. Em certo sentido, seu trabalho demonstra uma estratégia alternativa àquela seguida por Le Roy Ladurie e Ginzburg: o exame minucioso de um vasto corpo de documentação, em vez da construção de um estudo de caso baseado em uma fonte excepcionalmente rica. Mas o resultado final é uma demonstração de como mais uma forma de documentação oficial pode ser usada para construir a história vista de baixo.

Esta ampliação do alcance cronológico da história vista de baixo, assim como o movimento em direção a um âmbito mais amplo das preocupações históricas do que as ações políticas e os movimentos políticos das massas, levou a uma busca de outros modelos, além daqueles proporcionados pelo marxismo tradicional, ou pelo velho estilo da história do trabalho. A necessidade de se manter um diálogo com os estudiosos marxistas é essencial, mas permanece claro que até a aplicação, para o mundo pré-industrial, de um conceito marxista básico como aquele é problemática, ao mesmo tempo em que é difícil imaginar-se uma linha distintamente marxista em um processo de difamação em Yorkshire, no século XVI, ou em uma fraude em Wiltshire, no século XVII. Infelizmente, a busca de um modelo alternativo (admitidamente, ainda em seus escassos primórdios) até agora alcançou muito pouco sucesso. Muitos historiadores, especialmente na Europa continental, foram inspirados pela escola francesa dos *Annales*.[25] Sem dúvida, muitos dos vários trabalhos produzidos por escritores, que operam dentro da tradição dos *Annales*, não apenas aprofundaram nosso conhecimento do passado, mas também proporcionaram incríveis reflexões metodológicas demonstrando o

25 A melhor introdução para a obra dessa escola é Traian Stoianavitch, *French Historical Method: the Annales Paradigm*, Ithaca e Londres, 1976.

uso inovador que pode ser feito das formas familiares de documentação e o modo como novas questões sobre o passado podem ser formuladas. Além disso, a clarificação dos *annalistas* do conceito de *mentalité* comprovou-se de grande valor para os historiadores que tentaram reconstruir o mundo mental das pessoas das classes inferiores. Entretanto, eu gostaria de afirmar que a maior contribuição da abordagem dos *Annales* tem sido a demonstração de como compor o contexto dentro do qual poderia ser escrita a história vista de baixo. Por exemplo, o conhecimento de uma queda nos preços dos grãos, em uma determinada sociedade durante um dado período, ajuda a compor o pano de fundo essencial para a compreensão da experiência do pobre: tal evidência quantificada, no entanto, pode não ser toda a história.

Outros buscaram modelos na sociologia e na antropologia. Aí, também, em mãos competentes e sensíveis, os ganhos têm sido grandes, embora mesmo nessas mãos alguns problemas ainda permaneçam, enquanto em outras ocorreram alguns desastres. Poderia ser argumentado que a sociologia é de maior relevância para os historiadores da sociedade industrial, enquanto algumas de suas suposições nem sempre têm sido muito facilmente aplicáveis ao tipo de microestudo da preferência dos profissionais da história vista de baixo.[26] A antropologia tem atraído muitos historiadores que estudam tópicos medievais e do início do modernismo, embora aqui também o resultado tenha apresentado alguns problemas.[27] Algumas dessas questões são esclarecidas pelo trabalho de Alan Macfarlane sobre

26 Para discussões gerais do relacionamento entre as duas disciplinas, ver: Peter Burke, *Sociology and History*, Londres, 1980 e Philip Abrams, *Historical Sociology*, Shepton Mallet, 1982.

27 Duas exposições clássicas da importância dos possíveis elos entre a história e a antropologia são E. E. Evans-Pritchard, *Anthropology and History*, Manchester, 1961 e Keith Thomas, "History and Anthropology", *Past and Present*, 24, p.3-24, 1963. Para uma visão mais cética, ver E. P. Thompson, "Anthropology and the Discipline of Historical Context", *Midland History*, 3, n.1, p.41-56, primavera de 1972.

as acusações de bruxaria na Essex de Tudor e Stuart.[28] Macfarlane decidiu escrever o que poderia ser descrito como uma história da bruxaria vista de baixo. A interpretação elitista do tema foi anteriormente apresentada por Hugh Trevor-Roper, que, em seu próprio estudo da bruxaria na Europa, no início da era moderna, declarou sua falta de interesse em "meras crenças, em bruxarias: aquelas credulidades aldeãs elementares que os antropólogos descobrem em todas as épocas e em todos os lugares".[29] Macfarlane, ao contrário, imergiu ele próprio nas "meras crenças em bruxarias" e produziu um livro que se constituiu em um importante aprofundamento de nossa compreensão do assunto. Um dos elementos mais notáveis em seu projeto foi a aplicação de estudos antropológicos ao material histórico. O resultado foi um aprofundamento de nossas reflexões na função da bruxaria no interior da sociedade da aldeia e a percepção do quanto as acusações de bruxaria eram geradas na maior parte das vezes por um conjunto razoavelmente padronizado de tensões interpessoais. Mas a abordagem antropológica ajudou pouco aos leitores na compreensão daquelas dimensões mais amplas do tópico e que são exteriores à comunidade da aldeia; por que foi aprovada uma lei no parlamento permitindo a perseguição da bruxaria maléfica em 1563 e por que outra legislação, tornando impossível a perseguição legal da bruxaria, foi aprovada em 1736? A abordagem micro-histórica utilizada preferencialmente pelos modelos antropológicos pode facilmente obscurecer o problema mais geral do lugar, onde o poder está concentrado na sociedade como um todo e da natureza de sua operação.

---

28 Alan Macfarlane, *Witchcraft in Tudor and Stuart England: A Regional and Comparative Study*, Londres, 1970. A obra de Macfarlane deveria ser lida em conjunto com Keith Thomas, *Religion and the Decline of Magic: Studies in Popular Beliefs in Sixteenth and Seventeenth-Century England*, Londres, 1971, trabalho abrangente que também deduz consideráveis reflexões da antropologia.

29 H. R. Trevor-Roper, *The European Witch-Craze of the Sixteenth and Seventeenth Centuries*, Harmondsworth, 1967, p.9.

Por trás de toda a nossa discussão ocultou-se uma questão fundamental: a história vista de baixo constitui uma *abordagem* da história ou um *tipo* distinto de história? O ponto pode ser enfocado de ambas as direções. Como abordagem, a história vista de baixo preenche comprovadamente duas funções importantes. A primeira é servir como um corretivo à história da elite, para mostrar que a batalha de Waterloo envolveu tanto o soldado Wheeler quanto o Duque de Wellington, ou que o desenvolvimento econômico da Grã-Bretanha, que estava em plena atividade em 1815, envolveu o que Thompson descreveu como "a pobre e sangrenta infantaria da Revolução Industrial, sem cujo trabalho e perícia ela teria permanecido uma hipótese não testada".[30] A segunda é que, oferecendo esta abordagem alternativa, a história vista de baixo abre a possibilidade de uma síntese mais rica da compreensão histórica, de uma fusão da história da experiência do cotidiano das pessoas com a temática dos tipos mais tradicionais de história. Inversamente, poderia ser argumentado que a temática da história vista de baixo, os problemas de sua documentação e, possivelmente, a orientação política de muitos de seus profissionais criam um tipo distinto de história. Em certo sentido, é claro, é difícil estabelecer-se uma divisão precisa entre um tipo de história e uma abordagem à disciplina em geral: a história econômica, a história intelectual, a história política, a história militar etc., têm uma eficácia mínima quando confinadas em caixas hermeticamente fechadas. Qualquer tipo de história se beneficia de uma abertura no pensamento do historiador que a está escrevendo.

Poderia parecer, então, que a história vista de baixo tem sua maior eficácia quando está situada dentro de um contexto. Assim, no primeiro número de uma revista destinada em grande medida a este tipo de história, o editorial coletivo do *History Workshop Journal* declarou que "nosso socialismo determina nossa preocupação com as pessoas comuns no passado, com sua vida, seu trabalho, seu

30 Thompson, "History from Below", p.280.

pensamento e sua individualidade, assim como com o contexto e com as causas determinantes de sua experiência de classe" e, prosseguiu, "determina igualmente a atenção que devemos prestar ao capitalismo".[31] Como nossos sentimentos nos recordam, a expressão "história vista de baixo" implica que há algo acima para ser relacionado. Esta suposição, por sua vez, presume que a história das "pessoas comuns", mesmo quando estão envolvidos aspectos explicitamente políticos de sua experiência passada, não pode ser dissociada das considerações mais amplas da estrutura social e do poder social. Esta conclusão, por sua vez, leva ao problema de como a história vista de baixo deve ser ajustada a concepções mais amplas da história. Ignorar este ponto, ao se tratar da história vista de baixo ou de qualquer tipo de história social, é arriscar a emergência de uma intensa fragmentação da escrita da história, talvez mesmo de algum tipo de "antiquarianismo" moderno. Os perigos foram bem apontados em 1979 por Tony Judt. Não é necessário que compartilhemos inteiramente da posição de Judt para simpatizar com a sua preocupação de que "não há lugar para a ideologia política na maior parte da história social moderna, não mais do que havia na sociologia da qual esta última derivou [...] a história social, como indiquei anteriormente, foi transformada em uma espécie de antropologia cultural retrospectiva".[32]

O tipo de história vista de baixo introduz outra questão, aquela da ampliação da audiência do historiador profissional, de permitir um acesso mais amplo à história de um padrão profissional do que aquele normalmente permitido pelos nobres acadêmicos profissionais e seus alunos. Em seu artigo de 1966, Thompson observou que Tawney e outros historiadores de sua geração tinham "um relacionamento incomumente amplo e participante com um público externo aos campos da academia", e obviamente lamentou que isso não fosse

31 "Editorial", *History Workshop*, 1, p.3, 1971.

32 Tony Judt, "A Clown in Regal Purple: Social History and the Historian", *History Workshop* 7, p.87, 1979.

uma prática comum aos profissionais mais recentes.[33] Esta questão foi levantada mais recentemente por alguém que trabalha em uma posição ideológica bastante diferente daquela de Thompson, David Cannadine. Constatando a maciça expansão da história como uma disciplina universitária na Grã-Bretanha do pós-guerra, Cannadine comentou que

> grande parte desta nova versão profissional da história britânica foi completamente afastada da grande audiência leiga, cuja satisfação de sua curiosidade sobre o passado nacional foi um dia a principal função da história. Um resultado paradoxal deste período de expansão sem precedentes foi que cada vez mais os historiadores acadêmicos estavam cada vez mais escrevendo uma história acadêmica que cada vez menos pessoas realmente liam.[34]

Um dos principais objetivos daqueles que escrevem a história vista de baixo, particularmente daqueles que trabalham com uma postura socialista ou de história do trabalho, era tentar remediar esta situação, ampliando seu público e, possivelmente, proporcionando uma versão do povo daquela nova síntese de nossa história nacional, cujo fim Cannadine lamentava. À medida que seus esforços não foram bem-sucedidos e a história da elite ainda parece estar muito ao gosto público, o próprio Hobsbawm admitiu seu engano na leitura variada de biografias de figuras políticas proeminentes.[35]

Mesmo assim, a ideia do acesso ampliado a um conhecimento de nosso passado, através da história vista de baixo, ainda é atrativa.

---

33 Thompson, "History from Below", p.279.

34 David Cannadine, "British History: Past, Present and Future", *Past and Present*, 116, p.177, 1987. O trabalho de Cannadine inspirou "Comments", de autoria de P. R. Coss, William Lamont e Neil Evans, *Past and Present*, 119, p.171-203, 1988. Os pontos de vista de Lamont, especialmente aqueles expressos nas páginas 180-193, sugerem uma abordagem da história vista de baixo para uma nova história nacional, enquanto Evans, na p.197, declara explicitamente que "a história britânica [...] precisa ser moldada através de uma visão de baixo e transformar-se gradualmente em uma compreensão do Estado".

35 Hobsbawm, "Some Reflections", p.13.

Entretanto, permanece o perigo de se cair em algo como a fragmentação do conhecimento histórico e a despolitização da história que tanto contrariaram Judt. O interesse popular na história vista de baixo, como qualquer pessoa que teve de lidar com questões sobre tais tópicos nos encontros da Associação Histórica irá saber, está frequentemente restrito ao que poderia ser chamado de uma visão "porão-sótão" da sociedade do passado, sendo este problema exacerbado por alguns aspectos do que atualmente estamos nos acostumando a descrever como história pública. Tal visão é a tomada de consciência de que as pessoas fizeram coisas diferentes (e então, implicitamente estranhas) no passado, e que muitas delas sofreram privações materiais e suportaram sofrimentos, o que nos permite comparar os dissabores do passado com nossas atuais condições mais amenas. Mas há pouca tentativa de se levarem os temas adiante ou de se abordarem os problemas históricos em um nível bem mais elevado que a anedota ou a experiência local isolada. Mesmo aqueles com uma visão mais desenvolvida do passado do povo não escaparam daquelas acusações de "antiquarianismo" que os historiadores acadêmicos gostam tanto de lançar sobre seus companheiros menos bem aquinhoados conceitual e ideologicamente. Por isso, Roderick Floud, criticando a posição de um grupo com ideias muito nitidamente definidas sobre a importância da história do povo, pôde declarar que "às vezes, na verdade, o estilo de um Grupo de Trabalho de História tendeu para o 'antiquarianismo' da esquerda, para a reunião e publicação de coisas sem importância da vida da classe trabalhadora".[36] Embora não se possa simpatizar com o sentido total do argumento de Floud, pouca dúvida pode haver de que ele chamou a atenção para um problema genuíno.

Uma possível resposta a essa crítica é, evidentemente, que até que algum "antiquarianismo de esquerda" tenha permitido a cons-

---

36 Roderick Floud, "Quantitative History and People's History", *History Workshop*, 17, p.116, 1984.

trução de um conjunto sólido de material importante, até mesmo através da reunião e publicação de coisas sem importância, pouca esperança pode haver de se desenvolver uma síntese madura ou uma visão significativa mais ampla. Uma segunda resposta, e talvez mais válida, poderia ser que estudos de caso isolados ou outros estudos similares, se contextualizados, poderiam conduzir a algo mais significativo que o "antiquarianismo". Sob circunstâncias apropriadas (o estudo de Carlo Ginzburg sobre Domenico Scandella pareceria fornecer um bom exemplo) o escritor da história vista de baixo pode se beneficiar muito do uso daquilo que os antropólogos poderiam chamar de descrição densa.[37] O problema intelectual que uma técnica desse tipo suscita será familiar aos historiadores sociais: o de situar um acontecimento social dentro de seu contexto cultural pleno, de forma a ele poder ser estudado mais em um nível analítico que apenas em um nível descritivo. Mas, obviamente, este processo pode ser revertido, e uma vez que foi estabelecido um domínio da sociedade em questão, o acontecimento social ou individual isolados (como foi o caso do único, mas bem documentado, moleiro de Friuli) podem ser usados para proporcionar uma base para uma compreensão mais profunda daquela sociedade. O historiador não necessita adotar o conceito semiótico de cultura defendido por antropólogos como Clifford Geertz para apreciar a utilidade potencial desta técnica. E o problema básico a que Geertz se refere, aquele do quanto estamos aptos a compreender as pessoas culturalmente diferentes de nós, e do quanto estamos aptos a traduzir uma realidade cultural para as idealizações eruditas de livros, artigos ou conferências, certamente é familiar ao estudante da história vista de baixo.

Espera-se que as páginas precedentes tenham, pelo menos, convencido o leitor de que a escrita da história vista de baixo é um projeto que se comprovou extraordinariamente frutífero. Atraiu a

37 Ver Clifford Geertz, *The Interpretation of Cultures*, Nova York, 1973, capítulo 1, "Thick Description: Toward an Interpretative Theory of Culture".

atenção de historiadores que estão trabalhando em várias sociedades passadas, tanto geograficamente variadas quanto cronologicamente estendendo-se dos séculos XIII ao XX. Esses historiadores são oriundos de vários países e de várias tradições intelectuais e posições ideológicas. Ao escrever a história vista de baixo, esses historiadores buscaram socorro de formas tão variadas quanto a quantificação, com a ajuda do computador e da teoria antropológica, e seus achados apareceram em formatos tão diferentes quanto o artigo erudito técnico e o livro *best-seller*. Chegou o momento de se tirar algumas conclusões gerais sobre os trabalhadores que operaram neste canto frutífero, embora confuso, do vinhedo de Clio.

Está, pelo menos, claro que vários historiadores foram bem-sucedidos na superação dos obstáculos não insignificantes que impedem a prática da história vista de baixo. Mais especificamente, vários estudiosos reconheceram a necessidade de dar um salto conceitual para aumentar sua compreensão das pessoas das classes inferiores nas sociedades passadas, e tiveram então de prosseguir para realizar com sucesso aquela proeza de ginástica intelectual. Edward Thompson, Carlo Ginzburg, Emmanuel Le Roy Ladurie e outros, partindo de pontos diferentes e tendo em vista objetivos históricos diferentes, foram todos capazes de demonstrar como a imaginação pode interagir com a erudição para ampliar nossa visão do passado. Além disso, o trabalho desses e de outros historiadores mostrou como a imaginação histórica pode ser aplicada não somente para estruturar novas conceituações sobre a temática da história, mas também para questionar de outra forma os documentos e fazer coisas diferentes com eles. Há duas ou três décadas, muitos historiadores teriam negado a possibilidade, com base em evidências, de escrever uma história séria sobre vários temas que agora são familiares: crime, cultura popular, religião popular, a família camponesa. Desde medievalistas tentando reconstruir a vida das comunidades históricas até historiadores orais, registrando e descrevendo a vida das primeiras gerações no século XX, os historiadores que trabalham com esta visão de baixo mostraram como o uso imaginativo do material da fonte pode esclarecer muitas áreas da história, que de outra forma poderia se supor estarem mortas e condenadas a permanecer na escuridão.

Mas a importância da história vista de baixo é mais profunda do que apenas propiciar aos historiadores uma oportunidade para mostrar que eles podem ser imaginativos e inovadores. Ela proporciona também um meio para reintegrar sua história aos grupos sociais que podem ter pensado tê-la perdido, ou que nem tinham conhecimento da existência de sua história. Como já observamos, a colocação inicial da história vista de baixo, na história da Revolução Francesa ou na história do movimento trabalhista britânico, causa aqui alguns problemas, embora permaneça verdadeiro que o trabalho sobre a massa populacional no século XVIII ou a classe trabalhadora do século XIX tenha proporcionado alguns dos mais significativos exemplos de como a história inopinada de setores da população pode ser descoberta. Os propósitos da história são variados, mas um deles é prover aqueles que a escrevem ou a leem de um sentido de identidade, de um sentido de sua origem. Em um nível mais amplo, este pode tomar a forma do papel da história, embora fazendo parte da cultura nacional, na formação de uma identidade nacional. A história vista de baixo pode desempenhar um papel importante neste processo, recordando-nos que nossa identidade não foi estruturada apenas por monarcas, primeiros-ministros ou generais. Este ponto tem outras implicações. Em um livro sobre a história de um grupo que era inegavelmente "de baixo", os escravos negros nos Estados Unidos no período pré-Guerra Civil, Eugene D. Genovese declarou que o seu principal objetivo era explorar "a questão da nacionalidade – da 'identidade' [que] seguiu furtivamente a história afro-americana desde seus primórdios coloniais".[38] Mais uma vez, como, por exemplo, no trabalho de Thompson sobre a classe traba-

---

38 Eugene D. Genovese, *Roll, Jordan, Roll: the World the Slaves Made*, Londres, 1975, p.xv.

lhadora inglesa, o uso da história para auxiliar a autoidentificação é fundamental. Mas poderia ser observado que o livro de Genovese tem o subtítulo "O Mundo que os Escravos Construíram". Para Genovese, os seres humanos que formavam sua temática, embora sem dúvida socialmente inferiores, foram capazes de construir um mundo para si: por isso, eram *atores* históricos, *criaram* história, muito mais do que foram apenas um "problema" que contribuiu para envolver políticos e soldados brancos em uma guerra civil, e que os políticos brancos iam finalmente "resolver". A maior parte daqueles que escreveram a história vista de baixo aceitariam, em um sentido amplo, a opinião de que um dos resultados de terem seguido essa abordagem tem sido demonstrar que os membros das classes inferiores foram agentes cujas ações afetaram o mundo (às vezes limitado) em que eles viviam. Voltamos à argumentação de Edward Thompson de que as pessoas comuns não eram apenas "um dos problemas com que o governo tinha de lidar".

Mas, lamentavelmente, temos de admitir que embora o conceito tenha estado conosco por mais de duas décadas, a história vista de baixo até agora causou comparativamente pouco impacto na história da corrente principal ou na alteração das perspectivas dos historiadores da corrente principal. Encarando o problema por um de seus níveis básicos, os compêndios de iniciação à história têm pouco a dizer sobre o assunto. A maior parte dos estudantes que deseja descobrir de que trata a história, ou como ela deve ser feita, ainda se volta ou é dirigida para o que é atualmente uma obra absolutamente obsoleta, *What is History?*, de E. H. Carr. Lá encontrarão uma visão bastante limitada do que poderia ser a resposta a essa intrigante pergunta. Em particular, descobrirão que Carr não tem a imaginação aberta em relação à temática da história que historiadores posteriores demonstraram, e que Braudel e outros escritores da tradição inicial dos *Annales* já haviam estabelecido antes de ele ter escrito o seu livro. Por isso, sua declaração de que "A travessia de César daquele pequeno riacho, o Rubicão, é um fato histórico, enquanto a travessia do Rubicão por milhares de pessoas, antes ou depois dele não interessa absolutamente a ninguém" sugere que a história do transporte, da migração e da mobilidade geográfica não lhe ocorreram. Similarmente, seus problemas de aceitação da morte a pontapés de um vendedor de pão de gengibre, em Stalybridge Wakes em 1850, como um fato histórico (insinua-se que o vendedor de pão de gengibre pode ter tido uma visão mais clara do tema) demonstra que ele não havia considerado a história do crime como um tema.[39] Se uma obra for escrita para substituir a de Carr como um compêndio de iniciação à história, é óbvio que seu autor, à luz da história vista de baixo e dos desenvolvimentos recentes mais amplos da história social, necessariamente terá uma visão mais ampla do passado.

Por conseguinte, nosso ponto final deve ser que, por mais valiosa que a história vista de baixo possa ser no auxílio ao estabelecimento da identidade das classes inferiores, deve ser retirada do gueto (ou da aldeia de camponeses, das ruas da classe trabalhadora, dos bairros miseráveis ou dos altos edifícios) e usada para criticar, redefinir e consolidar a corrente principal da história. Aqueles que escrevem a história vista de baixo não apenas proporcionaram um campo de trabalho que nos permite conhecer mais sobre o passado: também tornaram claro que existe muito mais, que grande parte de seus segredos, que poderiam ser conhecidos, ainda estão encobertos por evidências inexploradas. Desse modo, a história vista de baixo mantém sua aura subversiva. Há um perigo distante de que ela, como ocorreu com a escola dos *Annales*, possa se tornar uma nova ortodoxia, mas no momento ainda faz troça da corrente principal. Certamente existirão historiadores, tanto acadêmicos quanto populares, que planejarão escrever livros que implícita ou explicitamente neguem a possibilidade de uma recriação histórica significativa das vidas das massas, mas seus motivos para agir assim serão cada vez mais duvidosos. A história vista de baixo ajuda a convencer aqueles

39 E. H. Carr, *What is History?*, Harmondsworth, 1961, p.11-2.

de nós nascidos sem colheres de prata em nossas bocas, de que temos um passado, de que viemos de algum lugar. Mas também, com o passar dos anos, vai desempenhar um importante papel, ajudando a corrigir e a ampliar aquela história política da corrente principal que é ainda o cânone aceito nos estudos históricos britânicos.

História das mulheres

*Joan Scott**

A história que se pode escrever dos estudos sobre as mulheres pertence também ao movimento; não é uma metalinguagem, e irá atuar, tanto como um momento conservador quanto como um momento subversivo [...] não há uma interpretação teoricamente neutra da história dos estudos sobre as mulheres. A história terá aí um papel atuante.[1]

Jacques Derrida, 1984

A história das mulheres apareceu como um campo definível principalmente nas duas últimas décadas. Apesar das enormes diferenças nos recursos para ela alocados, em sua representação e em seu lugar no currículo, na posição a ela concedida pelas universidades e pelas associações disciplinares, parece não haver mais dúvida de que a história das mulheres é uma prática estabelecida em muitas partes do mundo. Embora a situação dos Estados Unidos seja única pelo fato de a história das mulheres ter atingido uma presença visível e influente na academia, há evidência clara – em artigos e livros,

---

* Professora de Ciências Sociais no Instituto de Estudos Avançados, em Princeton.

1 "Women in the Beehive: A Seminar with Jacques Derrida", transcrito do seminário com Derrida promovido pelo Centro Pembroke para o Ensino e a Pesquisa, em Subjects/Objects, primavera de 1984, p.17.

na autoidentificação dos historiadores que se pode encontrar em conferências internacionais, e nas redes informais que transmitem as notícias do mundo intelectual – da participação internacional no movimento da história das mulheres.

Utilizo o termo "movimento", deliberadamente, para distinguir o fenômeno atual dos esforços anteriormente disseminados por alguns indivíduos para escrever no passado sobre as mulheres, para sugerir algo da qualidade dinâmica envolvida nos intercâmbios no nível nacional e nos interdisciplinares pelos historiadores das mulheres, e ainda, para evocar as associações com a política.

A conexão entre a história das mulheres e a política é ao mesmo tempo óbvia e complexa. Em uma das narrativas convencionais das origens deste campo, a política feminista é o ponto de partida. Esses relatos situam a origem do campo na década de 1960, quando as ativistas feministas reivindicavam uma história que estabelecesse heroínas, prova da atuação das mulheres, e também explicações sobre a opressão e inspiração para a ação. Foi dito que as feministas acadêmicas responderam ao chamado de "sua" história e dirigiram sua erudição para uma atividade política mais ampla; no início, houve uma conexão direta entre política e intelectualidade. Mais tarde – em algum momento entre a metade e o final da década de 1970 –, continua o relato, a história das mulheres afastou-se da política. Ampliou seu campo de questionamentos, documentando todos os aspectos da vida das mulheres no passado, e dessa forma adquiriu uma energia própria. O acúmulo de monografias e artigos, o surgimento de controvérsias internas e o avanço de diálogos interpretativos, e ainda, a emergência de autoridades intelectuais reconhecidas foram os indicadores familiares de um novo campo de estudo, legitimado em parte, ao que parecia, por sua grande distância da luta política. Finalmente (assim prossegue a trajetória), o desvio para o gênero[2] na década de 1980 foi um rompimento definitivo com a política e

2 Gênero aqui como divisão natural dos sexos. (N.T.)

propiciou a este campo conseguir o seu próprio espaço, pois gênero é um termo aparentemente neutro, desprovido de propósito ideológico imediato. A emergência da história das mulheres como um campo de estudo envolve, nesta interpretação, uma evolução do feminismo para as mulheres e daí para o gênero; ou seja, da política para a história especializada e daí para a análise.

Certamente, esta narrativa tem variações significativas, dependendo de quem a relata. Em algumas versões, a evolução é encarada positivamente como um resgate da história, tanto de princípios políticos de interesses estreitos quanto de um enfoque demasiado exclusivo sobre as mulheres ou de suposições filosoficamente ingênuas. Em outras, a interpretação é negativa, a "retirada" para a academia (para não falar do desvio para o gênero e para a teoria) sendo encarada como um sinal de despolitização. "O que ocorre com o feminismo quando o movimento das mulheres está morto?" perguntou recentemente Elaine Showalter. "Torna-se estudos sobre as mulheres – apenas outra disciplina acadêmica."[3] Entretanto, apesar das diferentes valências colocadas no relato, a trajetória em si é compartilhada por muitas feministas e seus críticos, como se fosse, incontestavelmente, o modo como as coisas aconteceram.

Gostaria de argumentar que a narrativa necessita de alguma reflexão crítica, não apenas por não ser tão simples, mas também porque representa mal a história da história das mulheres e seu relacionamento, tanto com a política quanto com a disciplina da história. A história deste campo não requer somente uma narrativa linear, mas um relato mais complexo, que leve em conta, ao mesmo tempo, a posição variável das mulheres na história, o movimento feminista e a disciplina da história. Embora a história das mulheres esteja certamente associada à emergência do feminismo, este não desapareceu, seja como uma presença na academia ou na sociedade

3 Citado em Karen Winkler, "Women's Studies After Two Decades: Debates over Politics. New Directions for Research", *The Chronicle of Higher Education*, 28 de setembro de 1988, p.A6.

em geral, ainda que os termos de sua organização e de sua existência tenham mudado. Muitos daqueles que usam o termo gênero, na verdade se denominam historiadores feministas. Isso não é somente uma submissão política, mas também uma perspectiva teórica que os leva a encarar o sexo como um modo melhor de conceituar a política. Muitos daqueles que escrevem a história das mulheres consideram-se envolvidos em um esforço altamente político, para desafiar a autoridade dominante na profissão e na universidade e para mudar o modo como a história é escrita. E grande parte da atual história das mulheres, mesmo quando opera com conceitos de gênero, está voltada para as preocupações contemporâneas da política feminista (entre eles, nos Estados Unidos atualmente, o bem-estar, o cuidado dos filhos e o direito ao aborto). Na verdade, há uma razão importante para argumentar que os desenvolvimentos na história das mulheres estão fortemente relacionados "à força crescente e à legitimidade do feminismo como um movimento político",[4] como também para insistir que está aumentando a distância entre o trabalho acadêmico e o político. Mas tomar a história das mulheres simplesmente como um reflexo do crescimento da política feminista externa à academia também é falho. Mais do que postular uma simples correlação, precisamos pensar sobre este campo como um estudo dinâmico na política da produção de conhecimento.

A palavra "política" é usada atualmente em vários sentidos. Primeiro, em sua definição mais típica, ela pode significar a atividade dirigida para/ou em governos ou outras autoridades poderosas, atividade essa que envolve um apelo à identidade coletiva, à mobilização de recursos, à avaliação estratégica e à manobra tática. Segundo, a palavra "política" é também utilizada para se referir às relações de poder mais gerais e às estratégias visadas para mantê-las ou contestá-las.[5] Terceiro, a palavra "política" é aplicada ainda mais amplamente

4 Nancy Fraser e Linda Nicholson, "Social Criticism Without Philosophy", manuscrito inédito, 1987, p.29.

5 Roland Barthes, "Politics in the profound sense, as the ensemble of human relations

a práticas que reproduzem ou desafiam o que é às vezes rotulado de "ideologia", aqueles sistemas de convicção e prática que estabelecem as identidades individuais e coletivas que formam as relações entre indivíduos e coletividades e seu mundo, e que são encaradas como naturais, normativas ou autoevidentes.[6] Essas definições correspondem a diferentes tipos de ação e diferentes esferas de atividade, mas a minha utilização da palavra "política" para caracterizar tudo isso sugere que os limites de definição e espaço são indistintos, e que, inevitavelmente, qualquer utilização tem múltiplas ressonâncias. A narrativa da história das mulheres que desejo fazer depende dessas múltiplas ressonâncias; é sempre uma narrativa política.

"Profissionalismo" *versus* "política"

O feminismo tem sido, nas últimas décadas, um movimento internacional, mas possui características particulares, regionais e nacionais. Parece-me útil focalizar os detalhes do caso que melhor conheço – o dos Estados Unidos – para fazer algumas observações gerais.

Nos Estados Unidos, o feminismo ressurgiu nos anos 1960, estimulado em parte pelo movimento dos Direitos Civis e pelas políticas do governo destinadas a estabelecer o potencial feminino, para ir ao encontro da expansão econômica através da sociedade, incluindo as profissões e a academia. Moldou seu apelo e sua autojustificativa nos termos da retórica prevalecente de igualdade. No processo, o feminismo assumiu e criou uma identidade coletiva de mulheres,

---

in their real, social structure, in their ability to construct the world", *Mythologies*, Paris, 1957, p.230. Ver também Michel Foucault, *The History of Sexuality*, v.I, *An Introduction*, Nova York, 1980, p.92-102.

6 Gayatri Chakravorty Spivak, "The Politics of Interpretation", em W. J. T. Mitchell, *The Politics of Interpretation*, Chicago, 1983, p.347-66; Mary Poovey, *Uneven Developments: The Ideological Work of Gender in mid-Victorian England*, Chicago, 1988. Ver também "ideologia" no glossário de Louis Althusser e Etienne Balibar, *Reading Capital*, trad. de Ben Brewster, Londres, 1979, p.314.

indivíduos do sexo feminino com um interesse compartilhado no fim da subordinação, da invisibilidade e da impotência, criando igualdade e ganhando um controle sobre seus corpos e sobre suas vidas.

Em 1961, por ordem de Esther Peterson, dirigente da Divisão de Mulheres do Departamento de Trabalho, o presidente Kennedy estabeleceu uma Comissão sobre a Condição da Mulher. Seu relatório em 1963 documentou o fato de que eram negados às mulheres americanas iguais direitos e oportunidades, e recomendou a criação de cinquenta comissões estaduais. Em 1964, quando a Comissão para Oportunidades Iguais de Emprego (Equal Employment Opportunity Commission – EEOC) foi estabelecida pelo Ato dos Direitos Civis, a discriminação sexual foi incluída em sua jurisdição (acrescentada por um legislador hostil para desacreditar o sétimo direito do Ato). Em 1966, delegados do terceiro encontro da Conferência Nacional das Comissões Estaduais sobre a Condição da Mulher votaram uma resolução que pressionava a EEOC para fazer valer a proibição contra a discriminação sexual tão seriamente quanto ela o fez contra a discriminação racial. As mulheres que apresentaram a emenda derrotada encontraram-se então para decidir sua próxima ação e formaram a Organização Nacional das Mulheres.[7] Mais ou menos na mesma época, as jovens do grupo Estudantes por uma Sociedade Democrática e do Movimento dos Direitos Civis começaram a articular seus agravos, exigindo reconhecimento de seu papel de mulheres como participantes ativos (e iguais) nos movimentos políticos para a mudança social.[8] No reino da política tradicional, as mulheres tornaram-se um grupo identificável (pela primeira vez desde o movimento sufragista na virada do século).

Durante os anos 1960, também as faculdades, as escolas de graduação e as fundações começaram a estimular as mulheres a

7 Jo Freeman, "Women on the Move: Roots of Revolt", em Alice S. Rossi e Ann Calderwood (ed.), *Academic Women on the Move*, Nova York, 1973, p.1-37. Ver também os ensaios de Alice Rossi e Kay Klotzburger no mesmo volume.

8 Sara Evans, *Personal Politics*, Nova York, 1979.

obterem PhDs, oferecendo bolsas de estudo e um considerável apoio financeiro. "É claro", comentou um autor, "que as mulheres constituem uma importante força latente para as faculdades e as universidades carentes de bons professores e pesquisadores".[9] Embora autores tão diversos quanto diretores de faculdades e acadêmicos feministas reconhecessem que tinha havido "preconceitos contra as mulheres nas profissões intelectualizadas", eles tendiam a concordar que os obstáculos cairiam por terra se as mulheres buscassem uma formação de nível superior.[10] É interessante (à luz das discussões teóricas subsequentes) que a atuação das mulheres foi aqui presumida; como opção espontânea, atores racionais, as mulheres eram chamadas para se inserirem em profissões que previamente as havia excluído ou subutilizado.

No espaço aberto pelo recrutamento de mulheres, o feminismo logo apareceu para reivindicar mais recursos para as mulheres e para denunciar a persistência da desigualdade. As feministas na academia declaravam que os preconceitos contra as mulheres não haviam desaparecido, ainda que elas tivessem credenciais acadêmicas ou profissionais, e se organizaram para exigir uma totalidade de direitos, aos quais suas qualificações presumivelmente lhes davam direito. Nas associações das disciplinas acadêmicas, as mulheres formavam facções para pressionar suas exigências. (Essas incluíam maior representação nas associações e nas reuniões de intelectuais, atenção às diferenças salariais entre homens e mulheres e um fim à discriminação nos contratos, nos títulos e nas promoções.) A nova identidade coletiva das mulheres na academia anunciava uma experiência compartilhada de discriminação baseada na diferenciação

9 Citação de Barnaby Keeney, reitora da Brown University, *Pembroke Alumnae* 27, n.4, p.1, outubro de 1962.

10 Keeney, ibidem, p.8-9; Jessie Bernard, *Academic Women*, Cleveland, 1966; Lucille Addison Pollard, *Women on College and University Faculties: A Historical Survey and a Study of their present Academic Status*, Nova York, 1977. Ver especialmente a p.296.

sexual e também admitia que as historiadoras, como um grupo, tinham necessidades e interesses particulares que não poderiam ser subordinados à categoria geral dos historiadores. Sugerindo que as historiadoras eram diferentes dos historiadores, e que seu sexo influenciava suas oportunidades profissionais, as feministas disputavam os termos universais e unitários que em geral designavam os profissionais e lançavam a acusação de que eles haviam "politizado" previamente organizações não políticas.

Em 1969, o recém-formado Comitê de Coordenação de Mulheres na Profissão Histórica apresentou, no encontro profissional da Associação Histórica Americana (AHA), resoluções dirigidas a melhorar a condição das mulheres, o que ocorreu dentro de uma atmosfera tensa e altamente carregada. Normalmente destinados a discussões de leis secundárias e política organizacional – o papel (não a política) da associação –, esses encontros eram em geral um modelo de boa camaradagem e decoro. As discordâncias, quando ocorriam, poderiam ser atribuídas às diferenças de opinião pessoal, preferência ou mesmo de persuasão política, à prioridade institucional ou regional, mas nenhuma delas era fundamental, nenhuma delas a plataforma de um "interesse" identificável, em desacordo com o todo. Por seu tom, sua prontidão para a luta e sua exigência em representar uma entidade coletiva a quem sistematicamente foram negados os seus direitos, as mulheres romperam as normas de conduta e desafiaram as implicações de "trabalho, como sempre". Na verdade, acusaram que o trabalho, como sempre, era em si uma forma de política, pois ignorava e assim perpetuava a sistemática exclusão (em termos de gênero e raça) de profissionais qualificados. O ataque ao poder entrincheirado teve pelo menos dois resultados: obteve concessões da AHA sob a forma de um comitê *ad hoc* para averiguar as questões levantadas (um comitê que publicou um relatório em 1970 reconhecendo a condição inferior das mulheres e recomendando várias medidas punitivas, incluindo a criação de um comitê permanente sobre as mulheres) e resultou na crítica da conduta das mulheres como não profissional.

A oposição entre "profissionalismo" e "política" não é uma oposição natural, mas parte da autodefinição da profissão como uma prática especializada, baseada na posse compartilhada de extensivo conhecimento adquirido por meio da educação. Há dois aspectos distintos, mas em geral inseparáveis, da definição de uma profissão. Um deles envolve a natureza do conhecimento produzido, neste caso do que se considera como história. O outro envolve as funções de barreira que estabelecem e reforçam os padrões mantidos pelos membros da profissão, neste caso os historiadores. Para os historiadores profissionais do século XX, a história é o conhecimento do passado obtido por meio de investigação desinteressada e imparcial (o interesse e a parcialidade são a antítese do profissionalismo) e universalmente disponível para quem quer que tenha dominado os procedimentos científicos requeridos.[11] O acesso repousa então neste domínio, cuja possessão se supõe evidente àqueles que já são profissionais e que por si só podem julgar. O domínio não pode ser uma questão de estratégia ou de poder, mas apenas de educação e treinamento. A qualidade de membro na profissão histórica confere responsabilidade aos indivíduos que se tornam os guardiães daquele conhecimento que é o seu campo de ação especial. A guarda e o domínio são portanto a base para a autonomia e para o poder de determinar o que conta como conhecimento e quem o possui.

E além disso, é claro, as profissões e as organizações profissionais são estruturadas hierarquicamente: os estilos e padrões dominantes operam para incluir alguns e excluir outros da qualidade de membros. O "domínio" e a "excelência" podem ambos explicitar julgamentos de capacidade *e* desculpas implícitas para tendências viciosas; na verdade, os julgamentos de capacidade estão com frequência entrelaçados com avaliações de uma identidade social do indivíduo que são irrelevantes à competência profissional.[12] Como separar esses

---

11 Peter Novick, *That Noble Dream: The "Objectivity Question" and the American Historical Profession*, Nova York, 1988.

12 Sobre a questão do acesso, ver Mary G. Dietz, "Context is All: Feminism and

julgamentos, e realmente se eles podem ser afinal separados, são questões não apenas de estratégia, mas de epistemologia. A oposição entre "política" e "profissionalismo" conseguiu pouco a pouco obscurecer a questão epistemológica.

Na AHA, as mulheres, os negros, os judeus, os católicos e os "não cavalheiros" foram sistematicamente sub-representados durante anos.[13] Esta situação era periodicamente observada e protestada, alguns historiadores combinaram esforços para remediar a discriminação, mas os termos e o estilo de protesto eram diferentes daqueles utilizados após 1969. Nos primeiros tempos, seja se recusando a comparecer a uma convenção marcada em um hotel segregacionista, seja insistindo para que as mulheres fossem incluídas nos encontros profissionais, os historiadores que participavam do protesto alegavam que a discriminação baseada em raça, religião, etnia ou sexo prejudicava o reconhecimento de historiadores qualificados. Aceitando o conceito do que a profissão deveria ser, argumentavam que a política não tinha espaço ali; sua ação, declaravam, estava direcionada à realização dos verdadeiros ideais profissionais. Em contraste, a implicação dos protestos de 1969 e posteriores era que as profissões *eram* organizações políticas (nos múltiplos significados da palavra "política"), apesar do decoro de seus membros, e apenas a ação coletiva poderia modificar as relações de poder prevalecentes. Durante os anos 1970, as mulheres da AHA (e de outras associações profissionais) uniram suas lutas locais por reconhecimento e representação às campanhas nacionais das mulheres, especialmente àquela para a Emenda dos Direitos Iguais à Constituição (Equal Rights Amendment – ERA), e insistiram em que as associações profissionais como um todo tomassem uma posição nessas questões nacionais. Rejeitavam a

---

Theories of Citizenship"; Jill K. Conway, "Politics, Pedagogy, and Gender"; e Joan W. Scott, "History and Difference", todos em *Daedalus*, outono de 1987, p.1-24, 137-52, 93-118, respectivamente.

13 Howard K. Beale, "The Professional Historian: His Theory and His Practice", *Pacific Historical Review*, 22, p.235, agosto de 1953.

sugestão de que a ERA fosse irrelevante para as questões da AHA, argumentando que ciência não era neutralidade, mas cumplicidade com discriminação. No interior das organizações, noções sagradas como "excelência intelectual" e "qualidade da mente" foram investidas por tantas capas de tratamento discriminatório que deveriam ser substituídas por medidas quantitativas de ação afirmativa. Os padrões profissionais de imparcialidade e desinteresse estavam sendo derrubados por interesses particulares, ou assim parecia àqueles que mantinham a visão normativa.

No entanto, outra maneira de ver o problema é tratar o desafio das mulheres como uma questão de redefinição profissional, pois a presença de mulheres organizadas contestava a noção de que a profissão da História fosse um corpo unitário. Insistindo em que havia uma identidade de historiadoras em desacordo com aquela dos homens (e sugerindo também que a raça separava os historiadores brancos dos negros), as feministas questionavam se algum dia poderia haver avaliações imparciais do saber, sugerindo que elas não eram mais que a atitude hegemônica de um ponto de vista interessado. Elas não puseram de lado os padrões profissionais; na verdade, continuaram a defender a necessidade da educação e de julgamentos de qualidade (instituindo, entre outras coisas, concursos para trabalhos de valor sobre a história das mulheres). Embora certamente se possa citar evidência de tendenciosidade entre os historiadores das mulheres, isso não caracterizava o campo como um todo, nem era (ou é) algo peculiar às feministas. E mesmo o tendencioso não defendia a distorção deliberada dos fatos ou a supressão da informação em prol da "causa".[14] A maior parte

14 Esta questão surgiu de várias maneiras diferentes, mais recentemente em conexão com o caso da Sears. No decorrer de um processo de discriminação de sexo, movido contra a cadeia de lojas Sears Roebuck and Company, duas historiadoras das mulheres, Rosalind Rosenberg e Alice Kessler-Harris, testemunharam em lados opostos. O caso provocou uma enorme controvérsia entre os historiadores a respeito das implicações políticas da história das mulheres e dos comprometimentos políticos das historiadoras feministas. Houve acusações de má-fé de ambos os lados, mas as acusações mais recentes (e bem mais contundentes) de

dos historiadores das mulheres não rejeitava a questão do saber e do conhecimento, que é a base fundamental de uma profissão. Na verdade, aceitavam as leis da academia e buscavam reconhecimento como intelectuais. Empregavam as regras de linguagem, exatidão, evidência e investigação que tornavam possível a comunicação entre os historiadores.[15] E no processo, buscavam e adquiriam posição como profissionais no campo da história. Ao mesmo tempo, no entanto, desafiavam e subvertiam aquelas regras, questionando a constituição da disciplina e as condições de sua produção de conhecimento.[16] Sua presença contestava a natureza e os efeitos de um corpo uniforme e inviolável de padrões profissionais e de uma única figura (o homem branco) para representar o historiador.

De fato, as historiadoras feministas insistiram em que não havia oposição entre "profissionalismo" e "política", introduzindo um

---

Sanford Levinson e Thomas Haskell em defesa de Rosenberg insistem em que Kessler-Harris distorceu deliberadamente a história no interesse da política, enquanto Rosenberg defendeu bravamente a "verdade". A oposição entre "política" e "verdade, "ideologia" e "história" compõe a estrutura de seu ensaio (e lhe proporciona seu tom aparentemente objetivo e desapaixonado), enquanto lhes permite passar por cima de todas as difíceis dificuldades epistemológicas que o caso levantou (e isso eles apontam na nota de rodapé n.136). Ver "Academic Freedom and Expert Witnessing: Historians and the Sears Case", *Texas Law Review*, 66:7, p.301-31, outubro de 1988. Sobre o caso da Sears, ver também Ruth Milkman, "Women's History and the Sears Case", *Feminist Studies*, 12, p.375-400, verão de 1986; e Joan W. Scott, "The Sears Case", em Scott, *Gender and the Politics of History*, Nova York, 1988, p.167-77.

15 Ellen Somekawa e Elizabeth A. Smith, "Theorizing the Writing of History or 'I can't think why it should be so dull, for a great deal of it must be invention'", *Journal of Social History*, 22:1, p.149-61, outono de 1988.

16 Sobre o potencial da história das mulheres para transformar a história, ver Ann Gordon, Mari Jo Buhle e Nancy Schrom Dye, "The Problem of Women's History", em Berenice Carroll (ed.), *Liberating Women's History*, Urbana, 1976; Natalie Zemon Davis, "Women's History in Transition: The European Case", *Feminist Studies*, 3, p.83-103, 1976; Joan Kelly, *Women, History, and Theory*, Chicago: University of Chicago Press, 1984; Carl Degler, "What the Women's Movement has done to American History", *Soundings*, 64, p.419, inverno de 1981.

conjunto de questões profundamente perturbadoras sobre as hierarquias, as bases e as hipóteses que governavam o empreendimento histórico: Que padrões, que definições de "profissionalismo" estão em voga? Que consenso representam? Como se chegou ao consenso? Que outros pontos de vista foram excluídos ou suprimidos? Que perspectiva determina o que se considera como sendo uma boa história ou, para aquela questão, como história?

"História" versus "ideologia"

A emergência da história das mulheres como um campo de estudo acompanhou as campanhas feministas para a melhoria das condições profissionais e envolveu a expansão dos limites da história. Mas esta não foi uma operação direta ou linear, não foi simplesmente uma questão de adicionar algo que estava anteriormente faltando. Em vez disso, há uma incômoda ambiguidade inerente ao projeto da história das mulheres, pois ela é ao mesmo tempo um suplemento inócuo à história estabelecida e um deslocamento radical dessa história.

Este gume duplo é visível em muitas declarações feitas pelos proponentes do novo campo no início dos anos 1970, mas foi mais bem expresso por Virginia Woolf em 1929. Em *A Room of One's Own*, Woolf abordou a questão da história das mulheres, como muitos de seus contemporâneos fizeram no período que se seguiu à concessão do direito de voto às mulheres na Inglaterra e nos Estados Unidos.[17] Ela divaga sobre as inadequações da história existente, uma história que necessita ser reescrita, diz ela, porque "frequentemente parece um pouco estranho, como se fosse irreal, desequilibrado", ou seja, carente, insuficiente, incompleto. Aparentemente se afastando da reescrita da história, ela apresenta como tentativa o que parece ser outra solução: "Por que [...] não acrescentar um suplemento à histó-

17 Entre essas estavam Ivy Pinchbeck, *Women Workers and the Industrial Revolution 1750-1850*, Londres, 1930 e Mary Beard, *On Understanding Women*, Nova York, 1931 e *America Through Women's Eyes*, Nova York, 1934.

ria? chamando-o, é claro, por algum nome discreto, de forma que as mulheres pudessem ali aparecer sem impropriedade?" A invocação de Woolf de um suplemento parece apresentar um compromisso, mas não o é. O delicado sarcasmo de seus comentários sobre um "nome discreto" e a necessidade de propriedade sugere um projeto complicado (ela o chama de "ambicioso, além da minha coragem"), que, mesmo quando ela tenta circunscrever as dificuldades, evoca implicações contraditórias.[18] As mulheres estão ao mesmo tempo adicionadas à história e provocam sua reescrita; elas proporcionam algo extra e são necessárias à complementação, são supérfluas e indispensáveis.

O uso que Woolf faz do termo "suplemento" recorda a análise de Jacques Derrida, o que me auxilia a analisar o relacionamento da história das mulheres com a história. No projeto de desconstrução da metafísica ocidental, Derrida apontou certos "indicadores" que resistem e desorganizam as oposições binárias, "sem chegarem a constituir um terceiro termo" ou uma resolução dialética. São dilacerados devido a sua indefinição; implicam, simultaneamente, significados contraditórios, que são impossíveis até de serem classificados separadamente. O suplemento é uma dessas "indefinições". Na França, como na Inglaterra, ele significa tanto uma adição quanto uma substituição. É algo adicionado, extra, supérfluo, acima e além do que já está inteiramente presente; é também uma substituição para o que está ausente, incompleto, carente, por isso requerendo complementação ou integralidade. "O suplemento não é algo a mais ou a menos, nem algo externo ou o complemento a algo interno, nem também um acidente ou uma essência."[19] Ele é (nas palavras de Barbara Johnson) "supérfluo e necessário, perigoso e redentor". "Tanto como significante quanto

18 Virginia Woolf, *A Room of One's Own*, Nova York, 1929, p.47.

19 Jacques Derrida, *Positions*, trad. de Alan Bass, Chicago, 1981, p.43. Ver também Derrida, *Of Grammatology*, trad. de Gayatri Chakravorty Spivak, Baltimore, 1974, p.141-64.

como significado, não é possível precisar a distinção entre excesso e falta, compensação e corrupção".[20]

Eu gostaria de dizer que, pensando em termos da lógica contraditória do suplemento, podemos analisar a ambiguidade da história das mulheres e sua força política potencialmente crítica, uma força que desafia e desestabiliza as premissas disciplinares estabelecidas, mas sem oferecer uma síntese ou uma resolução fácil. O desconforto subjacente a tal desestabilização conduziu não apenas à resistência por parte dos historiadores "tradicionais", mas também a um desejo de resolução, por parte dos historiadores das mulheres. Entretanto, não há resolução simples, mas apenas a possibilidade de constante atenção aos contextos e significados no interior dos quais são formuladas as estratégias políticas subversivas. É dentro desse tipo de estrutura analítica que podemos melhor compreender os contextos sobre poder e conhecimento que caracterizam a emergência deste campo.

A maior parte da história das mulheres tem buscado de alguma forma incluir as mulheres como objetos de estudo, sujeitos da história. Tem tomado como axiomática a ideia de que o ser humano universal poderia incluir as mulheres e proporcionar evidência e interpretações sobre as várias ações e experiências das mulheres no passado. Entretanto, desde que na moderna historiografia ocidental o sujeito tem sido incorporado com muito mais frequência como um homem branco, a história das mulheres inevitavelmente se confronta com o "dilema da diferença" (assim denominado pela jurista teórica americana Martha Minow).[21] Este dilema se apresenta porque a diferença é construída "através da verdadeira estrutura da nossa linguagem, que embute [...] pontos de comparação não estabelecidos no interior de categorias que ocultam sua perspectiva e

20 Barbara Johnson, introdução a sua tradução de *Disseminations*, de Derrida, Chicago, 1981, p.xiii.

21 Martha Minow, "The Supreme Court 1986 Term: Foreword: Justice Engendered", *Harvard Law Review* 101, n.1, p.9-95, novembro de 1987.

implicam erroneamente um ajustamento natural com o mundo".[22] O "universal" implica uma comparação com o específico ou o particular, homens brancos com outros que não são brancos ou não são homens, homens com mulheres. Mas essas comparações são mais frequentemente estabelecidas e compreendidas como categorias naturais, entidades separadas, do que como termos relacionais. Por isso, reivindicar a importância das mulheres na história significa necessariamente ir contra as definições de história e seus agentes já estabelecidos como "verdadeiros", ou pelo menos, como reflexões acuradas sobre o que aconteceu (ou teve importância) no passado. E isso é lutar contra padrões consolidados por comparações nunca estabelecidas, por pontos de vista jamais expressos como tais.[23]

A história das mulheres, sugerindo que ela faz uma modificação da "história", investiga o modo como o significado daquele termo geral foi estabelecido. Questiona a prioridade relativa dada à "história do homem", em oposição à "história da mulher", expondo a hierarquia implícita em muitos relatos históricos. E, mais fundamentalmente, desafia tanto a competência de qualquer reivindicação da história de fazer um relato completo quanto à perfeição e à presença intrínseca do objeto da história – o Homem universal. Embora todos os historiadores das mulheres não apresentem diretamente estas questões, seu trabalho implica-as: Através de que processos as ações dos homens vieram a ser consideradas uma norma, representativa da história humana em geral, e as ações das mulheres foram subestimadas, subordinadas ou consignadas a uma arena particularizada, menos importante? Que comparações não estabelecidas estão implícitas em termos como "história" e "o historiador"? Que perspectiva estabelece os homens como atores históricos primários? Qual é o efeito sobre as práticas estabelecidas da história de se olhar os acontecimentos

---

22 Ibidem, p.13.

23 Sobre a questão das representações da história, ver Gayatri Chakravorty Spivak, "Can the Subaltern Speak?", em Cary Nelson e Lawrence Grossberg, *Marxism and the Interpretation of Culture*, Urbana, 1988, p.271-313.

e as ações pelo lado de outros sujeitos, as mulheres, por exemplo? Qual o relacionamento entre o historiador e os sujeitos sobre os quais ele/ela escreve?

Michel de Certeau vê o problema da seguinte forma:

> O fato de a particularidade do lugar onde o discurso é produzido ser relevante ficará naturalmente mais evidente quando o discurso historiográfico tratar das questões que focalizam o sujeito-produtor da história: a história das mulheres, dos negros, dos judeus, das minorias culturais etc. Nesses campos, pode-se, é claro, sustentar que a condição pessoal do autor é indiferente (em relação à objetividade do trabalho dele ou dela) ou que somente ele ou ela autoriza ou invalida o discurso (se ele ou ela "faz parte" ou não dele). Mas esta discussão requer o que tem sido dissimulado por uma epistemologia, a saber, o impacto das relações sujeito a sujeito (mulheres e homens, negros e brancos etc.), sobre a utilização de técnicas aparentemente "neutras" e na organização de discursos que são, talvez, igualmente científicos. Por exemplo, partindo-se do fato da diferenciação dos sexos, deve-se concluir que uma mulher produz uma historiografia diferente daquela do homem? É claro que eu não respondo a essa questão, mas afirmo que essa pergunta coloca em questão o lugar do sujeito e requer um tratamento diferente da epistemologia que construiu a "verdade" do trabalho, baseando-se na irrelevância do narrador.[24]

O que De Certeau aí enfatiza não é que apenas as mulheres possam escrever a história das mulheres, mas que a história das mulheres traz à luz as questões de domínio e de objetividade sobre as quais as normas disciplinares são edificadas. A solicitação supostamente modesta de que a história seja suplementada com informação sobre as mulheres sugere não apenas que a história como está é incompleta, mas também que o domínio que os historiadores têm do passado é necessariamente parcial. E, o que é mais perturbador, abre à sondagem da crítica a verdadeira natureza da história como uma epistemologia centralizada no sujeito.[25]

---

24 Michel de Certeau, "History: Science and Fiction", em Heterologies: Discourse on the Other, Minneapolis, 1986, p.217-18.

25 Mary Hawkesworth, "Knower, Knowing, Known...", Signs, primavera de 1989, p.533-57.

Na maioria das vezes, a discussão dessas questões filosóficas desconcertantes tem sido deslocada para outro tipo de terreno. Os chamados historiadores "tradicionais" defenderam seu poder como guardiães da disciplina (e por implicação, seu domínio da história), invocando uma oposição entre "história" (que o conhecimento obteve através da inquisição neutra) e "ideologia" (conhecimento distorcido por considerações de interesse). Por sua própria natureza, a "ideologia" é descrita como contaminadora, e, por isso, desqualifica o trabalho intelectual. O rótulo "ideológico" proporciona às opiniões dissidentes uma ideia de inaceitabilidade e dá às opiniões predominantes uma condição de lei indiscutível ou "verdade".[26]

Norman Hampson jamais admitiria que sua caracterização pejorativa de um livro sobre as mulheres, como "história uterina", implicasse para ele um contraste com a história fálica; em sua opinião, o contraste era com a história "real". E o ataque gratuito de Richard Cobb a Simone de Beauvoir, em uma crítica do mesmo livro, sugeria que as feministas não podiam ser boas historiadoras. Os dez mandamentos de Lawrence Stone para a história das mulheres foram muito mais adiante da aceitação do campo como um todo, mas enfatizavam os perigos da "evidência distorcida" para "apoiar a ideologia feminista moderna", como se o significado da evidência fosse inequívoco e de forma alguma apresentasse problemas quanto à posição, ponto de vista e interpretações dos historiadores. Com uma rejeição similar a essas questões, Robert Finley acusou Natalie Davis de desprezar a "soberania das fontes" e transgredir "o tribunal dos documentos" com o propósito de promover uma leitura feminista da vida de Martin Guerre.[27] Dificilmente pode-se dizer que as tentativas das feministas,

---

26 "O sucesso ideológico é alcançado quando apenas as opiniões dissidentes são consideradas ideologias; a opinião predominante é a verdade." Martha Minow, "Justice Engendered", *Harvard Law Review*, 101, p.67, novembro de 1987.

27 Norman Hampson, "The Big Store", *London Review of Books*, p.18, 21 de janeiro – 3 de fevereiro de 1982; Richard Cobb, "The Discreet Charm of the Bourgeoisie", *New York Review of Books*, p.59, 17 de dezembro de 1981; Lawrence Stone, "Only

para expor as "tendências machistas" ou a "ideologia masculinista" incorporadas na escrita da história, tenham com frequência sido ridicularizadas ou rejeitadas como expressões de "ideologia".[28]

Relações de poder desiguais no interior da disciplina tornam as acusações de "ideologia" perigosas para aqueles que buscam posição profissional e legitimidade disciplinar. Isso (e as regras de formação disciplinar) inicialmente desencorajou muitos historiadores das mulheres de confrontar as implicações epistemológicas mais radicais de seu trabalho; em vez disso, enfatizaram as mulheres como um sujeito histórico adicional, e não seu desafio aos pressupostos metodológicos da disciplina. (Naquele momento, buscávamos aparecer como cidadãs respeitadoras da lei, não como agentes de subversão.) Ao defender novos cursos sobre as mulheres, diante de um comitê curricular universitário em 1975, argumentei como exemplo que a história das mulheres era uma área recente de pesquisa, assim como os estudos da região ou as relações internacionais.[29] Em parte, esse foi um artifício tático (uma jogada política) que tentava, em um contexto específico, separar os estudos das mulheres daqueles intimamente associados ao movimento feminista. Em parte, resultou da crença de que o acúmulo de bastante informação sobre as mulheres no passado inevitavelmente atingiria sua integração na história-padrão. Este último

---

Women", *New York Review of Books*, p.21-7, 11 de abril de 1985; Robert Finlay, "The Refashioning of Martin Guerre", e Natalie Zemon Davis, "On the Lame", ambos em *American Historical Review* 93:3, p.553-71 e 572-603, respectivamente, junho de 1988.

28 "A intratabilidade do liberalismo ocidental para fazer justiça às lutas baseadas em gênero e raça [...] mostra algo que as feministas têm de conhecer bem: a resistência do indivíduo liberal – do Homem – às intimações de deficiência, especialmente quando essas intimações são em si mesmas expressas por meio do gênero." Elizabeth Weed, Introdução a *Coming to Terms: Feminism, Theory, Politics*, Nova York, 1988, p.6 (da transcrição datilografada).

29 Testemunho de Joan Scott para a Universidade da Carolina do Norte – Comitê de Currículo de Chapel Hill, maio de 1975, citado em Pamela Dean, *Women on the Hill: A History of Women at the University of North Carolina*, Chapel Hill, 1987, p.23.

motivo foi estimulado pela emergência da história social, com seu foco nas identidades coletivas de uma ampla variedade de grupos sociais.

A existência do campo relativamente novo da história social proporcionou um importante veículo para a história das mulheres; a associação de um novo tópico com um novo conjunto de abordagens enfatizou a reivindicação da importância, ou pelo menos a legitimidade do estudo das mulheres. Apelando para algumas preconcepções disciplinares sobre a análise científica desinteressada, ele, não obstante, pluralizou os objetos da investigação histórica, admitindo a grupos sociais como camponeses, operários, professores e escravos uma condição de sujeitos históricos. Nesse contexto, os historiadores das mulheres poderiam apontar para a realidade da experiência vivida pelas mulheres e presumir seu interesse inerente e sua importância. Colocaram as mulheres em organizações políticas e em locais de trabalho, e introduziram novas arenas e instituições – famílias e cuidados com a casa – como dignos de estudo. Parte da história das mulheres buscava demonstrar a similaridade da atuação das mulheres e dos homens, e parte enfatizava a diferença das mulheres; ambas as abordagens consideravam as "mulheres" como uma categoria social fixa, uma entidade separada, um fenômeno conhecido – eram pessoas biologicamente femininas que se moviam dentro e fora de contextos e papéis diferentes, cuja experiência mudava, mas cuja essência – como mulher – não se alterava.[30] Assim,

30 Não quero dizer que se deva subestimar a variedade de abordagens à história das mulheres e as diferentes posições interpretativas e teóricas assumidas. Dentro da história das mulheres havia/há muita divergência entre as marxistas-feministas, feministas liberais, aquelas que usam os enfoques de várias escolas psicanalistas etc. Meu objetivo aqui não é criticar a variedade, mas indicar alguns dos campos comuns entre todas elas – a preocupação com a mulher como um sujeito, com a identidade das mulheres – assim como o relacionamento do campo, como um todo, com a disciplina da História. Já critiquei em outro momento a diversidade. Ver Joan W. Scott, "Women's History: The Modern Period", *Past and Present*, 101, p.141-57, 1983; e "Gender: A Useful Category of Historical Analysis", *American Historical Review* 91:5, p.1053-75, dezembro de 1986.

os historiadores sociais (eu, entre eles) documentaram os efeitos da industrialização sobre as mulheres, um grupo cuja identidade comum nós pressupomos. (Questionávamos menos frequentemente naquela época sobre a variabilidade histórica do próprio termo "mulheres", como ele se alterou, como no decorrer da industrialização, por exemplo, a designação de mulheres "trabalhadoras" como uma categoria separada de "trabalhadores" criou novas percepções sociais do que significava ser uma mulher.)[31] Outros voltaram-se para a cultura das mulheres como o produto tangível da experiência social e histórica das mulheres e, eles também, tenderam a supor que as "mulheres" eram uma categoria homogênea.[32] Como resultado, a categoria "mulheres" assumiu uma existência como entidade social separada de seu relacionamento conceitual historicamente situado com a categoria "homens".[33] A história das mulheres passou menos tempo documentando a vitimização das mulheres e mais tempo afirmando a distinção da "cultura das mulheres", criando assim uma tradição histórica a que as feministas poderiam apelar, como

---

31 Para as histórias do trabalho das mulheres, ver Louise A. Tilly e Joan W. Scott, Women, *Work and Family*, Nova York, 1978; 1987; Alice Kessler-Harris, *Out to Work: A History of Wage-Earning Women in the United States*, Nova York, 1982; Thomas Dublin, *Women at Work: The Transformation of Work and Community in Lowell*, Massachusetts, 1826-60, Nova York, 1979; Sally Alexander, "Women's Work in Nineteenth-Century London: A Study of the Years 1829-50", em Juliet Mitchell e Ann Oakley (eds.), *The Rights and Wrongs of Women*, Londres, 1976; Patricia A. Cooper, *Once a Cigar Maker: Men, Women and Work Culture in American Cigar Factories 1900-1919*, Urbana, 1987.

32 Linda Kerber, "Separate Spheres, Female Worlds, Woman's Place: The Rhetoric of Women's History", *Journal of American History*, 75:1, p.9-39, junho de 1988.

33 Isto não significa que os historiadores das mulheres não escrevessem sobre as mulheres em relação aos homens – como esposas, mães, filhas, empregadas, pacientes etc. Significa que eles tendiam a pôr de lado a questão principal – que as "mulheres" não possuem uma definição intrínseca, mas apenas uma definição contextual (que é sempre contestada em sua idealização e atualização) e que não pode ser elaborada, exceto por meio do contraste, em geral com os "homens". Sobre isso, ver Denise Riley, "Am I that name?", *Feminism and the Category of "Women" in History*, Londres e Minneapolis, 1988.

exemplos de atividade das mulheres, para provar sua capacidade de fazer história.[34]

A documentação da realidade histórica das mulheres ecoou e contribuiu para o discurso da identidade coletiva que tornou possível o movimento das mulheres nos anos 1970. Esse discurso produziu uma experiência feminina compartilhada que, embora levasse em conta as diferenças sociais, enfatizava o denominador comum da sexualidade e as necessidades e interesses a ela vinculados. O aumento da consciência acarretou a descoberta da "verdadeira" identidade das mulheres, a queda das viseiras, a obtenção de autonomia, de individualidade e, por isso, de emancipação. O movimento das mulheres pressupôs a existência das mulheres como uma categoria social separada, definível, cujos membros necessitam apenas ser mobilizados (em vez de se ver uma coleção de pessoas biologicamente similares, cuja identidade estava em processo de ser criada pelo movimento). A história das mulheres confirmou assim a realidade da categoria "mulheres", sua existência anterior ao movimento contemporâneo, suas necessidades inerentes, seus interesses e suas características, dando-lhe uma história.

A emergência da história das mulheres ficou então entrelaçada com a emergência da categoria das "mulheres" como uma identidade política, e esta foi acompanhada por uma análise que atribuía a opressão das mulheres e sua falta de visibilidade histórica à tendenciosidade masculina. Como as "mulheres", os "homens" julgaram-se um grupo de interesse homogêneo cuja resistência às exigências de igualdade foi atribuída a um desejo intencional de proteger o poder e os recursos que sua dominância lhes proporcionava. A atenção à diversidade, à classe, à raça e à cultura produziu variações sobre o tema do patriarcado, mas, não obstante, fixou a oposição homem/mulher. Menos atenção foi dada às bases conceituais de "patriarcado", às maneiras como a diferença sexual foi transformada em

34 Ver, por exemplo, o simpósio sobre "Women's Culture" e política em *Feminist Studies*, 6, p.26-64, 1980.

conhecimento cultural, do que aos efeitos dos sistemas da dominância masculina sobre as mulheres, e à resistência das mulheres a eles. O antagonismo homem *versus* mulher foi um foco central da política e da história, e isso teve vários efeitos: tornou possível uma mobilização política importante e disseminada, ao mesmo tempo que implicitamente afirmava a natureza essencial da oposição binária macho *versus* fêmea. A ambiguidade da história das mulheres parecia estar resolvida por essa oposição direta entre dois grupos de interesse separadamente constituídos e conflitantes.

Paradoxalmente, embora esse tipo de conflito fosse um anátema àqueles que concebiam as profissões como comunidades unificadas, ele foi aceitável como uma caracterização da história. (Isso ocorreu em parte porque o próprio campo em si estava se modificando, seus focos se deslocando, suas ortodoxias reinantes desafiadas e substituídas.) Na verdade, poderia ser dito que a história das mulheres atingiu uma certa legitimidade como um empreendimento histórico, quando afirmou a natureza e a experiência separadas das mulheres, e assim consolidou a identidade coletiva das mulheres. Isso teve o duplo efeito de assegurar um local para a história das mulheres na disciplina e afirmar sua diferença da "História". A história das mulheres foi tolerada (em parte porque a pressão de historiadoras e estudantes feministas tornou-a digna de ser tolerada) por pluralistas liberais que estavam desejando obter credenciais para o interesse histórico de muitos tópicos; mas permaneceu fora das preocupações dominantes da disciplina, seu desafio subversivo aparentemente contido em uma esfera separada.

"Política" versus "teoria"

A aparente restrição e segregação da história das mulheres jamais foi completa, mas no final dos anos 1970 começou a ser obviamente minada por várias tensões, algumas delas no interior da disciplina, outras no movimento político. Essas combinaram para desafiar a viabilidade da categoria das "mulheres" e introduziram a "diferença" como um problema a ser analisado. O foco na diferença tornou explícita parte da ambiguidade que sempre esteve implícita na história das mulheres, apontando para os significados inerentemente relacionados das categorias de gênero. Trouxe à luz questões sobre os elos entre o poder e o conhecimento e demonstrou as interconexões entre a teoria e a política.

O objetivo dos historiadores das mulheres, mesmo quando estabeleceram a identidade separada das mulheres, era integrar as mulheres à história. E o impulso para a integração prosseguiu com verbas do governo e fundações privadas nos anos 1970 e início dos 1980. (Essas agências estavam não apenas interessadas na história, mas também na luz que os estudos históricos poderiam lançar sobre a política contemporânea a respeito das mulheres.) A integração presumia não somente que as mulheres poderiam ser acomodadas nas histórias estabelecidas, mas que sua presença era requerida para corrigir a história. Aqui estavam em ação as implicações contraditórias da condição suplementar da história das mulheres. A história das mulheres – com suas compilações de dados sobre as mulheres no passado, com sua insistência em que as periodizações aceitas não funcionavam, quando as mulheres eram levadas em conta, com sua evidência de que as mulheres influenciavam os acontecimentos e tomavam parte na vida pública, com sua insistência de que a vida privada tinha uma dimensão pública, política – implicava uma insuficiência fundamental: o sujeito da história não era uma figura universal, e os historiadores, que escreviam como se ele o fosse, não podiam mais reivindicar estar contando toda a história. O projeto de integração tornou essas implicações explícitas.

Tomada com grande entusiasmo e otimismo, a integração se comprovou difícil de ser atingida. Parecia mais uma resistência dos historiadores do que uma simples tendência ou preconceito, embora isso certamente fizesse parte do problema.[35] Sem dúvida, os próprios

35 Susan Hardy Aiken et al., "Trying Transformations: Curriculum Integration and the Problem of Resistance", *Signs*, 12:2, p.255-75, inverno de 1987. Ver também

historiadores das mulheres acharam difícil inscrever as mulheres na história e a tarefa de reescrever a história exigia reconceituações que eles não estavam inicialmente preparados ou treinados para realizar. Era necessário um modo de pensar sobre a diferença e como sua construção definiria as relações entre os indivíduos e os grupos sociais.

"Gênero" foi o termo usado para teorizar a questão da diferença sexual. Nos Estados Unidos, o termo é extraído tanto da gramática, com suas implicações sobre as convenções ou regras (feitas pelo homem) do uso da linguística, quanto dos estudos de sociologia dos papéis sociais designados às mulheres e aos homens. Embora os usos sociológicos de "gênero" possam incorporar tônicas funcionalistas ou essencialistas, as feministas escolheram enfatizar as conotações sociais de gênero em contraste com as conotações físicas de sexo.[36] Também enfatizaram o aspecto relacionado do gênero: não se pode conceber mulheres, exceto se elas forem definidas em relação aos homens, nem homens, exceto quando eles forem diferenciados das mulheres. Além disso, uma vez que o gênero foi definido como relativo aos contextos social e cultural, foi possível pensar em termos de diferentes sistemas de gênero e nas relações daqueles com outras categorias como raça, classe ou etnia, assim como em levar em conta a mudança.

A categoria de gênero, usada primeiro para analisar as diferenças entre os sexos, foi estendida à questão das diferenças dentro da diferença. A política de identidade dos anos 1980 trouxe à tona

---

sobre a mesma questão Margaret L. Anderson, "Changing the Curriculum in Higher Education", p.222-54.

36 Ver Gail Rubin, "The Traffic in Women: Notes on the Political Economy of Sex", em Rayna R. Reiter (ed.), *Towards an Anthropology of Women*, Nova York, 1975. Ver também Joan W. Scott, "Gender: A Useful Category of Historical Analysis", *American Historical Review*, 91:5, dezembro de 1986; e Donna Haraway, "Geschlecty, Gender, Genre: Sexualpolitik eines Wortes", em *Viele Orte überall? Feminismus in Bewegung* (Festschrift für Frigga Haug), ed. Kornelia Hauser, Berlim, 1987, p.22-41.

alegações múltiplas que desafiaram o significado unitário da categoria das "mulheres". Na verdade, o termo "mulheres" dificilmente poderia ser usado sem modificação: mulheres de cor, mulheres judias, mulheres lésbicas, mulheres trabalhadoras pobres, mães solteiras foram apenas algumas das categorias introduzidas. Todas desafiavam a hegemonia heterossexual da classe média branca do termo "mulheres", argumentando que as diferenças fundamentais da experiência tornaram impossível reivindicar uma identidade isolada.[37] A fragmentação de uma ideia universal de "mulheres" por raça, etnia, classe e sexualidade estava associada a diferenças políticas sérias no interior do movimento das mulheres sobre questões que variavam desde a Palestina até a pornografia.[38] As diferenças cada

37 Teresa de Lauretis, "Feminist Studies/Critical Studies: Issues, Terms, and Contexts"; Cherrie Moraga, "From a Long Line of Vendidas: Chicanas and Feminism"; Biddy Martin e Chandra Taopade Mohanty, "Feminist Politics: What's Home Got to Do with It?", todos em Teresa de Lauretis (ed.), *Feminist Studies/Critical Studies*, Bloomington, 1986, p.1-19, 173-190, 191-212, respectivamente. Ver também, "The Combahee River Collective, A Black Feminist Statement", em Gloria T. Hull, Patricia Bell Scott e Barbara Smith (eds.), *But Some of Us are Brave: Black Women's Studies*, Nova York, 1982; Barbara Smith (ed.), *Home Girls; A Black Women's Anthology*, Nova York, 1983. Ver também Barbara Smith, "Toward a Black Feminist Criticism"; Deborah E. McDowell, "New Directions for Black Feminist Criticism"; Bonnie Zimmerman, "What has Never Been; An Overview of Lesbian Feminist Criticism"; todos em Elaine Showalter (ed.), *The New Feminist Literary Criticism: Essays on Women, Literature,* Theory, Nova York, 1985, p.168-224; Nancy Hoffman, "White Women, Black Women: Inventing an Adequate Pedagogy", *Women's Studies Newsletter*, 5, p.21-4, primavera de 1977; Michele Wallace, "A Black Feminist's Search for Sisterhood", *Village Voice*, 28 de julho de 1975, p.7; Teresa de Lauretis, "Displacing Hegemonic Discourses: Reflections on Feminist Theory in the 1980s", *Inscriptions*, n.3/4, p.127-41, 1988.

38 Algumas das rupturas ocorreram em seguida à derrota da Emenda dos Direitos Civis (Equal Rights Amendment – ERA) à Constituição Americana, uma campanha que promoveu uma frente unida entre vários grupos de feministas. Evidentemente, a campanha em si da ERA mostrou como eram profundas as diferenças entre as feministas e os antifeministas e pôs em dúvida qualquer ideia de solidariedade feminina inerente. Algumas das diferenças foram atribuídas à "consciência falsa", mas não inteiramente. Sobre a campanha da ERA, ver Mary Frances Berry, *Why*

vez mais visíveis e veementes entre as mulheres questionavam a possibilidade de uma política unificada e sugeriam que os interesses das mulheres não eram autoevidentes, mas uma questão de disputa e de discussão. De fato, todas as exigências de reconhecimento das experiências e das histórias de diversos tipos de mulheres representam a lógica da suplementação, desta vez em relação à categoria universal das mulheres, o bastante para qualquer história geral das mulheres e para a competência de qualquer historiador das mulheres cobrir todo o campo.

A questão das diferenças dentro da diferença trouxe à tona um debate sobre o modo e a conveniência de se articular o gênero como uma categoria de análise. Uma dessas articulações serve-se do trabalho nas ciências sociais sobre os sistemas ou estruturas do gênero; presume uma oposição fixa entre os homens e as mulheres, e identidades (ou papéis) separadas para os sexos, que operam consistentemente em todas as esferas da vida social. Também presume uma correlação direta entre as categorias sociais masculina e feminina e as identidades de sujeito dos homens e das mulheres, e atribui sua variação a outras características sociais estabelecidas, como classe ou raça. Amplia o foco da história das mulheres, cuidando dos relacionamentos macho/fêmea e de questões sobre como o gênero é percebido, que processos são esses que estabelecem as instituições geradas, e das diferenças que a raça, a classe, a etnia e a sexualidade produziram nas experiências históricas das mulheres. A abordagem da ciência social ao gênero pluralizou a categoria das "mulheres" e produziu um conjunto brilhante de histórias e de identidades coletivas; mas também esbarrou em um conjunto aparentemente intratável de problemas que se seguiram ao reconhecimento das diferenças entre as mulheres. Se há tantas diferenças de classe, raça, etnia e sexualidade, o que constitui o campo comum em que

---

ERA Failed, Bloomington, 1986; Jane Mansbridge, *Why We Lost the ERA*, Chicago, 1986; Donald G. Mathews e Jane Shorron de Hart, *Era and the Politics of Cultural Conflict: North Carolina*, Nova York, 1989.

as feministas podem organizar uma ação coletiva coerente? Qual é o elo conceitual para a história das mulheres ou para os cursos de estudos das mulheres, entre o que parece ser uma proliferação infinita de diferentes histórias (de mulheres)? (Os dois problemas estão ligados: será que há uma identidade comum para as mulheres?; e será que há uma história delas que possamos escrever?)

Algumas feministas tentaram abordar essas questões analisando o gênero com as abordagens literárias e filosóficas que, por mais diversas que sejam, estão conjuntamente agrupadas sob a rubrica do pós-estruturalismo. Aqui a ênfase se afasta da documentação da oposição binária macho *versus* fêmea, para questionar como ela é estabelecida, da suposição de uma identidade preexistente das "mulheres" para investigar o processo de sua construção, do estabelecimento de um significado inerente para as categorias como "homens" e "mulheres", para analisar como seu significado é assegurado. Essa análise assume a significação como seu objeto, examinando as práticas e os contextos dentro dos quais os significados da diferença sexual são produzidos. Frequentemente usa a teoria psicanalítica (particularmente as leituras lacanianas de Freud) para discutir a complexidade e a instabilidade de quaisquer identificações de sujeito. A masculinidade e a feminilidade são encaradas como posições de sujeito, não necessariamente restritas a machos ou fêmeas biológicos.[39]

Mais importantes foram as maneiras como as feministas se apropriaram do pós-estruturalismo para pensar sobre a diferença. A diferença está no âmago das teorias linguísticas de significação. Diz-se que todos os significados são produzidos diferencialmente, através de contrastes e de oposições, e hierarquicamente, através da designação de primazia a um termo e de subordinação a outro. A interconexão do relacionamento assimétrico é importante de ser considerada porque sugere que a mudança é mais que uma questão de ajustamento dos

39 Ver Judith Butler, *Gender Trouble: Feminism and the Subversion of Identity*, Nova York, 1989.

recursos sociais para um grupo subordinado, mais que uma questão de justiça distributiva. Se a definição do Homem permanece na subordinação da Mulher, então uma modificação na condição da Mulher requer (e provoca) uma modificação em nossa compreensão do Homem (um simples pluralismo cumulativo não funciona). A ameaça radical colocada pela história das mulheres situa-se exatamente neste tipo de desafio à história estabelecida; as mulheres não podem ser adicionadas sem uma remodelação fundamental dos termos, padrões e suposições daquilo que passou para a história objetiva, neutra e universal no passado, porque essa visão da história incluía em sua própria definição de si mesma a exclusão das mulheres.

Aqueles que se dedicam ao ensino do pós-estruturalismo afirmam que o poder deve ser compreendido em termos dos processos discursivos que produzem diferença. Como é produzido, legitimado e disseminado o conhecimento da diferença? Como as identidades são construídas e em que termos? As historiadoras feministas encontram respostas para essas questões em particular, exemplos contextuais, mas elas não produzem simplesmente narrativas separadas. O campo comum, política e academicamente, é um campo de preferência das feministas, onde elas produzem análises da diferença e organizam resistência contra a exclusão, dominação ou marginalidade, que são os efeitos dos sistemas de diferenciação.

Diferentemente da abordagem da ciência social, que aceita tacitamente a identidade e a experiência das mulheres, a abordagem pós-estruturalista relativiza a identidade e a priva de suas bases em uma "experiência" essencializada, ambos elementos cruciais, na maior parte das definições padronizadas de política, para a mobilização dos movimentos políticos. Problematizando os conceitos de identidade e experiência, as feministas que utilizam a análise pós-estruturalista apresentaram interpretações dinâmicas do gênero que enfatizam a luta, a contradição ideológica e as complexidades das relações de poder em mutação. De muitas maneiras seu trabalho insiste em maior variabilidade histórica e especificidade contextual para os termos do próprio gênero, do que o faz o trabalho daqueles que se baseiam em conceituações científicas sociais. Mas o trabalho influenciado pelo pós-estruturalismo esbarra em alguns dos mesmos problemas encontrados por aqueles que preferem as abordagens científicas sociais. Como declarou Denise Riley, se a categoria das "mulheres", e assim a identidade e a experiência das mulheres, são instáveis, porque são historicamente variáveis, quais são os campos para a mobilização política? Como escrever uma história coerente das mulheres sem uma ideia determinada e compartilhada do que são as mulheres? Riley responde, corretamente a meu ver, que é possível pensar e organizar a política com categorias instáveis, o que na verdade sempre tem sido feito, mas exatamente como fazê-lo é algo que necessita de discussão. Ironicamente, entretanto, mais que o reconhecimento da similaridade dos dilemas confrontados pelas historiadoras do sexo feminino nos anos 1980, os dilemas causados por nossa necessidade de pensar a política em novos termos, desenvolveu-se um debate polarizado sobre a utilidade do pós-estruturalismo para o feminismo, que é engastado em um contexto entre a "teoria" e a "política".

As feministas hostis ao pós-estruturalismo generalizaram sua crítica como uma denúncia da "teoria" e o rotularam como abstrato, elitista e machista. Em contraposição, insistiram em que sua posição é concreta, prática e feminista, e por isso politicamente correta. Tudo o que for teórico a respeito do feminismo é redenominado "política" nesta oposição, porque (de acordo com um relato recente) suas introjeções vêm "direto da própria reflexão de nós mesmas, ou seja, da experiência das mulheres, das contradições que sentimos entre as diferentes maneiras em que fomos representadas até para nós mesmas, das injustiças que temos há tanto tempo suportado em nossas situações".[40] Colocando o problema em termos de uma oposição binária intratável, esta formulação afasta a possibilidade de considerar a utilidade de várias abordagens teóricas à história femi-

40 Judith Newton, "History as Usual?: Feminism and the 'New Historicism'", *Cultural Critique*, 9, p.93, 1988.

nista e à política feminista, assim como a possibilidade de conceber a teoria e a política como intrincadamente ligadas.

Creio que a oposição entre "teoria" e "política" é uma oposição falsa, que busca silenciar os debates que devemos realizar sobre *que* teoria é mais útil para o feminismo, para tornar apenas uma teoria aceitável como "política". (Na linguagem daqueles que utilizam esta dicotomia, "política" realmente significa uma boa teoria; e "teoria" significa uma má política.)[41] A "boa" teoria encara as "mulheres" e sua "experiência" como os fatos autoevidentes que são a origem da identidade e da ação coletivas. Com efeito, em uma mudança (que é o inverso da reação da história à história das mulheres), aqueles que usam essa oposição estabelecem a "política" como a posição normativa, para alguns, sendo o teste ético da validade do feminismo e da história das mulheres. E os historiadores das mulheres que rejeitam a "teoria" em nome da "política" estão curiosamente aliados àqueles historiadores tradicionais que consideram o pós-estruturalismo (e consideravam a história das mulheres) uma antítese aos princípios de sua disciplina.[42] Em ambos os casos, esses historiadores estão defendendo o conceito

41 A oposição entre "teoria" e "política" sugere também uma oposição entre idealismo e materialismo que desvirtua as questões filosóficas atualmente em voga. Sobre a invalidade da oposição idealismo/materialismo, ver Joan Scott, "A Reply to Criticism", *International Labor and Working Class History*, 32, p.39-45, outono de 1987. A oposição "teoria" *versus* "política" também se refere indiretamente à questão da atuação humana, muito enfatizada atualmente pelos historiadores. A teoria pós-estruturalista não nega que as pessoas atuam ou que têm algum controle sobre suas ações; antes, critica a teoria individual liberal que presume que os indivíduos são totalmente autônomos, racionais e autogerados. A questão não é a atuação *per se*, mas os limites da teoria liberal da atuação.

42 A ironia é notável. Os historiadores das mulheres que aceitaram as ideias de universalidade da disciplina (acrescentando a categoria universal das "mulheres" à já existente dos "homens") e do domínio (presumindo que os historiadores podem alcançar um conhecimento desinteressado ou completo do passado), não obstante caracterizam sua posição como "política" – termo que indica seu relacionamento subversivo com a disciplina. Creio que este é mais um exemplo da lógica do suplemento: os historiadores das mulheres (seja qual for sua posição epistemológica) não estão nem inteiramente dentro nem inteiramente fora da profissão da história.

da "experiência", recusando-se a problematizá-lo; opondo "teoria" e "política", removem a "experiência" da sondagem da crítica e a protegem, como o campo de origem e sem problemas da política e da explicação histórica.[43]

Todavia, o conceito da experiência tem-se tornado problemático para os historiadores e necessita ser criticamente discutido. Não somente o pós-estruturalismo questionou se a experiência tem uma posição externa à convenção linguística (ou construção cultural), mas o trabalho dos historiadores das mulheres também pluralizou e complicou os caminhos que os historiadores usaram convencionalmente para a experiência. Além disso, e mais importante para minha argumentação aqui, o mundo diferente do movimento político feminista nos anos 1980 tornou impossível uma única definição da experiência das mulheres. Como tem sempre ocorrido, as questões colocadas para a teoria são questões sobre política: há uma experiência das mulheres que transcenda os limites de classe e raça? Como as diferenças de raça ou etnia afetam a "experiência das mulheres" e as definições das necessidades e interesses femininos em torno dos quais podemos nos organizar ou sobre os quais podemos escrever? Como podemos determinar o que aquela "experiência" é ou foi no passado? Sem algum caminho para pensar teoricamente sobre a experiência, os historiadores não podem responder a essas questões; sem algum caminho para pensar teoricamente sobre o relacionamento da história das mulheres com a história, os efeitos potencialmente críticos e desestabilizantes do feminismo serão muito facilmente perdidos e renunciaremos à oportunidade de transformar radicalmente o conhecimento que constitui a história e a política que praticamos.

O pós-estruturalismo não deixa de ter seus dilemas para as historiadoras feministas. Creio que aquelas que insistem em que o pós-estruturalismo não pode lidar com a realidade ou que seu foco

---

43 Ver John Toews, "Intellectual History After the Linguistic Turn: The Autonomy of Meaning and the Irreducibility of Experience", *American Historical Review*, 92, p.879-907, outubro de 1987.

nos textos exclui as estruturas sociais, não compreendeu o ponto principal da teoria. Mas creio que ele não proporciona respostas prontas para os historiadores para alguns dos problemas que levanta: como invocar a "experiência" sem implicitamente sancionar conceitos essencializados, identidades a-históricas; como descrever a atuação humana enquanto reconhece suas determinações linguísticas e culturais; como incorporar a fantasia e o inconsciente em estudos de comportamento social; como reconhecer diferenças e elaborar processos de diferenciação do foco da análise política sem terminar com relatos múltiplos e desconectados ou com categorias protegidas como classe ou "o oprimido"; como reconhecer a parcialidade da história de vida de alguém (na verdade de todas as histórias de vida) e ainda contá-la com autoridade e convicção? Estes são problemas não resolvidos, pondo-se de lado a "teoria" ou declarando-a uma antítese à "política"; antes de tudo, requerem uma discussão continuada e simultânea (discussão que é ao mesmo tempo teórica e política), pois no fim eles são os problemas de todos aqueles que escrevem a história das mulheres, seja qual for a sua abordagem.

São problemas comuns porque seguem a lógica da suplementação que caracteriza a história das mulheres e que lhe proporcionou sua força crítica. À medida que as historiadoras feministas resolveram produzir um novo conhecimento, elas necessariamente questionaram a adequação, não apenas da substância da história existente, mas também de suas bases conceituais e premissas epistemológicas. Nisso encontraram aliados entre os historiadores e outros estudiosos de humanidades e nas ciências sociais que estão discutindo entre si questões de causalidade e explicação, atuação e determinação. Mas as feministas, em sua maior parte, não têm sido consideradas parceiras plenas nesses debates.[44] Mesmo nesses discursos críticos,

44 Um exemplo desse desprezo pelas contribuições feministas para os debates historiográficos pode ser encontrado no fórum especial sobre história e teoria crítica em *American Historical Review*, 94, junho de 1989. Nenhum dos artigos reconhece o impacto que a história feminista (ou a história afro-americana, ou

sua posição permanece suplementar: ao mesmo tempo um exemplo particular de um fenômeno geral e um comentário radical da (in) suficiência de seus termos e práticas. A posição suplementar é uma indeterminação recorrente e uma desestabilização potencial. Requer atenção constante aos relacionamentos de poder, uma certa vigilância diante das tentativas de implementar uma ou outra de suas posições contraditórias. Os historiadores das mulheres constantemente se deparam protestando contra as tentativas de relegá-los a posições que são meramente estranhas; também resistem aos argumentos que põem de lado o que eles fazem como sendo tão diferente que não pode ser qualificado de história. Suas vidas profissionais e seu trabalho são, por isso, necessariamente políticos. No final, não há jeito de se evitar a política – as relações de poder, os sistemas de convicção e prática – do conhecimento e dos processos que o produzem; por essa razão, a história das mulheres é um campo inevitavelmente político.

Neste ensaio, utilizei-me das operações da lógica do suplemento para que me facilitassem a compreensão e a análise da natureza inerentemente política do campo da história das mulheres; finalmente, eu diria que é tal "teoria" que pode nos iluminar a política de nossa prática.[45]

---

a história *gay* e lésbica) tem tido sobre as questões epistemológicas confrontadas pela disciplina. Ver David Harlan, "Intellectual History and the Return of Literature", David Hollinger, "The Return of the Prodigal: The Persistence of Historical Knowing" e Alan Megill, "Recounting the Past: 'Description', Explanation, and Narrative in Historiography", p.581-609, 610-21, e 627-53, respectivamente.

45 Gostaria de agradecer a Clifford Geertz por ter colocado algumas das questões que levaram à elaboração deste ensaio, e também por seus esclarecedores comentários sobre uma primeira versão realizada. Donald Scott auxiliou-me na articulação de muitos pontos cruciais e Elizabeth Weed apresentou inestimáveis sugestões críticas. Também apreciei os comentários e conselhos de Judith Butler, Laura Engelstein, Susan Harding, Ruth Leys e Mary Louise Roberts. As críticas de Hilda Romer, Tania Urum e Karin Widerberg provocaram desafios difíceis que melhoraram e reforçaram o argumento. Estou grata por elas.

História de além-mar

*Henk Wesseling**

Esta contribuição é sobre a história de além-mar, tema interessante mas de modo algum fácil. Pois o que é história de além-mar? Falando estritamente, não há uma definição adequada para ela, ou melhor, o que ela é depende de onde se está. Da perspectiva britânica, por exemplo, praticamente toda a história é história de além-mar, incluindo parte da própria história do Reino Unido. Parafraseando uma expressão francesa bem conhecida: a história de todo mundo é história de além-mar para alguém de fora. Obviamente não é isso o que temos em mente quando utilizamos o termo; então, o que é? Uma solução prática para este problema pode ser encontrada examinando-se os conteúdos de publicações que apresentam este termo em seu título. A *Revue française d'histoire d'outre-mer*, publicada pela sociedade de mesmo nome, é essencialmente uma publicação dedicada à história europeia, e particularmente a francesa, da expansão ultramarina e da formação das possessões francesas. Isso não é surpreendente, pois seu nome original era *Revue d'histoire des colonies*.

* Professor de História da Universidade de Leiden e diretor do Instituto de História da Expansão Europeia.

Do mesmo modo, as *Académies de sciences d'outre-mer* francesas e belgas costumavam ser conhecidas como as *Académies des sciences coloniales*. A série de língua alemã *Beiträge zur Kolonial-und Überseegeschichte* combina os dois termos. Os britânicos são bastante afortunados por terem sua *commonwealth*, motivo pelo qual há um *Journal of Imperial and Commonwealth History*, uma combinação muito mais elegante do que *História Imperial e História de Além-Mar*. Na Holanda, o Instituto Colonial Real trocou seu nome para Instituto Tropical Real, mas de certo modo a "história tropical" não foi aceita.

Não é difícil compreender o que estava ocorrendo aqui. Após 1945, o termo "colonial" tornou-se cada vez mais sem atrativos, e os institutos que queriam continuar sua existência tiveram de encontrar nomes diferentes (de preferência mais neutros). Entretanto, não era simplesmente uma questão de trocar nomes. Houve também uma mudança de abordagem e de interesse. A história de além-mar desenvolveu-se em um campo de estudo muito mais amplo do que costumava ser a história colonial. Trata não somente dos sistemas coloniais e do encontro entre europeus e não europeus em geral, mas também da história econômica, social, política e cultural dos povos não europeus. É precisamente aí que surge o problema, porque não apenas teoricamente, mas também na prática real, a história de além-mar desenvolveu-se em uma questão tão vasta que se tornou impossível de ser identificável. É claro que há alguns elementos que proporcionam uma certa coesão ao campo. Em primeiro lugar, o historiador de além-mar trata normalmente com dois tipos de fontes: por um lado, as fontes europeias, em sua maior parte arquivísticas, e por outro, as não europeias, escritas ou, como frequentemente é o caso na história africana, não escritas. Devido à ausência das fontes tradicionais, é necessária a assistência de outras disciplinas, daí o papel de disciplinas como arqueologia, linguística e antropologia na história de além-mar. Por isso, a história de além-mar tende a ser interdisciplinar.

À parte isso, o historiador de além-mar deve também se familiarizar com outras civilizações além da sua própria. Isso geralmente supõe uma educação mais ampla – e um pouco diferente – do que em geral ocorre, assim como uma exigência maior de habilidades linguísticas. Por essa razão os historiadores de além-mar são com frequência encontrados em departamentos orientalistas ou africanistas, pelo menos na Europa (a situação nos Estados Unidos é diferente). E mesmo quando estão alocados em departamentos de história, os historiadores de além-mar sentem a necessidade de colaborar com outros especialistas da mesma área, como linguistas, antropólogos ou historiadores de arte. Isso não acontece com os historiadores da Europa. Um especialista em história da França em geral não vai trabalhar em um departamento de estudos franceses, nem se sentirá estimulado a comparecer a conferências sobre estudos franceses. Como é típico para os historiadores de além-mar aprenderem sobre civilizações outras além da sua própria, têm de colaborar com outras disciplinas para atingir uma compreensão melhor daquela civilização ou sociedade particular. Mas também têm de se manter em contato com outros historiadores para compreender o que está acontecendo em sua própria disciplina. A tensão entre a abordagem da área e a abordagem disciplinar é um fenômeno bastante conhecido.

Há outra razão por que, historicamente falando, há uma certa unidade no campo da história de além-mar. A maior parte do mundo ultramarino pertencia anteriormente ao mundo colonial, e agora supõe-se fazer parte do Terceiro Mundo. Por isso em alguns círculos está em uso a expressão "história do Terceiro Mundo".[1] Mas a ideia real de um "Terceiro Mundo" está agora se desintegrando, e não mais reflete a realidade. Retrospectivamente, parece até estranho que países como a Índia e a Indonésia pudessem formar um mundo com o Sudão e com Mali, pela única razão de terem sido todas ex-colônias e sejam ainda relativamente pobres. Por isso, equiparar a história de além-mar com a história do Terceiro Mundo não parece

1 Ver, por exemplo, M. Mörner e T. Svensson (ed.), *The History of the Third World in Nordic Research*, Göteborg, 1986.

uma boa ideia, sobretudo porque a história dos Estados Unidos pertence à história de além-mar e na verdade à história colonial, mas não à história do Terceiro Mundo.

Pode ser levantada a questão se a história de além-mar, uma vez que ela suponha a inclusão da história de todo o mundo exterior à Europa (ou ao "Ocidente"), é afinal um objeto de estudo. Esse problema é resultado do sucesso da história de além-mar após a Segunda Guerra Mundial, quando a ascensão da história de além-mar deveu-se até certo ponto a uma reação à antiga história colonial. Um grande acúmulo de material teve de ser organizado e foi dado um grande salto para frente. As novas nações reivindicavam seu próprio passado nacional. Os "povos sem história" finalmente encontravam uma e os resultados desse movimento foram impressionantes. A história de além-mar tornou-se tão vasta e tão variada que não pode mais ser considerada um campo específico da história. Para sobreviver, a história de além-mar vai necessitar de alguma forma de reconceituação. Antes de discutir isso, devemos traçar um breve esboço da história do sujeito.

A história da história de além-mar: uma visão geral

De uma forma ou de outra, a história tem sido praticada na maioria das civilizações. Na Indonésia, as crônicas ou *babads* remontam de muito tempo atrás. Os hindus, na Índia, têm pouco interesse em história, mas os maometanos têm um grande interesse em uma ideia mais consistente de cronologia, embora eles também só façam crônicas dos acontecimentos. No Japão e na China foi desenvolvida uma historiografia comparável à história europeia tradicional, que, em sua forma científica moderna, só foi desenvolvida no Ocidente no século XIX. É caracterizada pelo chamado "método histórico" (cronologia, filologia, crítica de texto, hermenêutica) e também por um tipo particular de pensamento histórico. A consciência da singularidade dos acontecimentos, a noção de desenvolvimento e sucessão através dos tempos, mas também a noção de que cada período tem um caráter específico com seus próprios valores e padrões são características deste. A escola histórica germânica desempenhou um papel importante nesse desenvolvimento, motivo pelo qual alguns dos conceitos históricos mais famosos são ainda mais bem conhecidos em sua forma germânica: *Historismus, Verstehen, Zeitgeist*.

A interpretação histórica que resultou disso foi extremamente eurocêntrica. A *Welgeschichte* realmente veio a se tornar a história europeia, pois na estrutura da história geral os povos não europeus não desempenham nenhum papel. Eram considerados povos sem história (Hegel) ou povos de imobilização eterna (Ranke). À parte as civilizações antigas tradicionais, eles só vinham à luz no momento em que se submetiam ou eram conquistados pelos europeus. Isso não significa que não houvesse nenhum interesse em outras civilizações além das ocidentais, pois esse existiu sob a forma do que é conhecido como estudos orientais. O que impulsionou estes estudos foi, por um lado, a Bíblia e a linguística; por outro, o colonialismo. Depois do Renascimento, muitas universidades europeias não apenas criaram cadeiras de grego e latim, mas também de hebreu e árabe. Mais tarde, departamentos de estudos do Oriente Médio e/ou Árabes emanaram dessas disciplinas. A linguística comparada e histórica, assunto popular no século XIX, estimulou o estudo do sânscrito, que por sua vez deu origem a cadeiras e institutos para o estudo da civilização indiana.

Um estímulo ainda mais importante veio do colonialismo. O treinamento dos criados civis coloniais tornou-se uma parte da educação universitária no século XIX. Cursos de línguas e administração colonial podiam ser encontrados ao lado de cursos de história imperial ou colonial. Embora focalizassem primariamente o ponto de vista europeu, esses cursos também prestavam alguma atenção aos povos de além-mar. É interessante observar que já em

1897, um comitê de seleção para uma cadeira de história das Índias Holandesas deu preferência a um candidato porque ele conseguia também ver as coisas "do ponto de vista nativo".[2] À parte os próprios súditos coloniais, outros povos de além-mar tornaram-se objetos de estudo. Na Holanda, por exemplo, os chineses eram estudados devido à importante comunidade chinesa nas Índias Orientais, os japoneses, devido ao "perigo amarelo" e os islâmicos, devido ao perigo do "fanatismo muçulmano". O resultado disso foi o surgimento de dois grupos de historiadores: um pequeno grupo em departamentos de estudos orientais que estudavam outras civilizações, por direito próprio, e outro, muito maior, que ensinava a própria história, ou seja, a história da Europa e de suas colônias. Ainda que situados dentro da mesma universidade, raramente os dois grupos colaboravam entre si.

A situação modificou-se radicalmente após 1945, em parte por razões externas, em parte por razões internas. As razões externas eram óbvias: a descolonização, o declínio da Europa, a emergência de novos superpoderes. Tudo isso levou a um repensar do papel da Europa na história mundial e a um questionamento da abordagem eurocêntrica. O declínio da Europa tornou-se um tema de estudo tão importante quanto sua ascensão. O historiador holandês Jan Romein proclamou o fim da *Era Europeia* e o início do *Século Asiático*.[3]

Mas além das razões políticas e ideológicas, houve também desenvolvimentos internos, modificações na maneira como a história era estudada. O período pós-guerra testemunhou a ascensão da história social e econômica. Os historiadores tornaram-se menos interessados na história política e militar e mais interessados em questões como civilização material, *mentalités*, vida cotidiana, o homem comum etc. Nesse aspecto, pelo menos até o século XVIII, a história europeia não

2 Ver C. Fasseur, "Leiden and Empire: University and Colonial Office, 1825-1925", em W. Otterspeer (ed.), *Leiden Oriental Connections, 1850-1940*, Leiden, 1989, p.187-203.

3 J. Romein, *Aera van Europa*, Leiden, 1954 e *De eeuw van Azië*, Leiden, 1956.

era tão diferente da história não europeia. Sob o impacto da escola dos *Annales*, a história tornou-se menos teleológica, menos *whiggish*.[4] A estrutura substituiu a evolução como a preocupação central. A continuidade tornou-se tão importante quanto a mudança e, por isso, a oposição entre a Europa (mudança) e a Ásia (continuidade) tornou-se menos relevante. Nessa abordagem, o Estado-nação não era mais a unidade central da análise histórica e, portanto, a oposição entre terra-mãe e colônia era menos importante. A nova abordagem era mais em termos de aldeias, cidades, regiões, grupos sociais. Isso tornou menos acentuado o antagonismo entre as abordagens colonialista e nacionalista e também ocorreram mudanças práticas. Houve uma crescente influência por parte dos historiadores americanos, pois seus departamentos de história sempre haviam sido menos paroquiais que os europeus, e eles desempenhavam um papel cada vez maior na história asiática e africana. Além disso, as próprias ex-colônias desenvolveram seus próprios departamentos de história. Certamente, durante um longo período os historiadores ocidentais ainda dominaram o campo, pois eram mais bem formados e tinham um acesso mais fácil a importantes domínios nos arquivos europeus. As elites nativas estavam mais interessadas em outros campos do que na história. A tarefa de desenvolver a economia e construir a nação era mais urgente – e mais compensadora – do que aquela de escrever a história.

Daí resultou uma situação curiosa. Por um lado, o impacto da Europa no conceito da própria história tornou-se ainda mais forte que antes. Historiadores da Ásia e da África frequentemente iam para a Europa para estudar história, ou pelo menos para concluir sua educação. Trabalhavam em arquivos ocidentais e se valiam dos modelos ocidentais para aprender como a história deveria ser estudada e escrita. Assim, como os japoneses após a Revolução Meiji,

4 Relativo aos *whigs*, membros de um partido político da Grã-Bretanha que, depois da Revolução de 1688, pretendia subordinar o poder da Coroa ao do Parlamento; no século XIX foi sucedido pelo Partido Liberal. (N.T.)

eles aprenderam a história a partir do ponto de vista ocidental.[5] Em sua própria civilização, não encontravam referências. Por outro lado, sua interpretação era evidentemente muito diferente e às vezes fortemente antiocidental. As nações jovens necessitavam de "um passado usável" e "usável" significava nacionalístico e anticolonial.[6] Assim, a questão não era apenas de historiografia colonialista *versus* historiografia nacionalista. Dizia respeito ao lugar do Ocidente na história do mundo em geral. Os próprios historiadores europeus também questionaram a abordagem eurocêntrica à história de além-mar. Um novo impulso para este debate surgiu a partir da discussão sobre as origens do subdesenvolvimento causado pelo desapontamento com a mudança pós-colonial. O otimismo original sobre um novo futuro brilhante, agora que o colonialismo havia terminado, desapareceu quando ficou claro que os problemas econômicos e sociais das ex-colônias não eram temporários, mas antes permanentes (ou estruturais). O otimismo liberal foi substituído pelo pessimismo radical, para parafrasear a adequada formulação de A. G. Hopkins.[7] Nessa época a oposição não era aquela de colonialismo *versus* nacionalismo, mas de esquerda *versus* direita. A crítica neomarxista do colonialismo tornou-se muito influente no próprio mundo ocidental.

Assim, o desenvolvimento da história de além-mar após 1945 foi um processo dialético. Primeiro, houve um movimento de emancipação na historiografia não ocidental, que resultou em uma significativa explosão de pesquisa e produção histórica na Ásia e na África. Os países não europeus descobriram seu próprio passado e apresentaram sua própria interpretação dele, mas foi exatamente

5 L. Blussé, "Japanese Historiography and European Sources", em P. C. Emmer e H. L. Wesseling (ed.), *Reappraisals in Overseas History*, Leiden, 1979, p.193-222.

6 Ver T. O. Ranger, "Towards a Usable African Past", em C. Fyfe (ed.), *African Studies Since 1945: a Tribute to Basil Davidson*, Londres, 1976, p.17-29.

7 Ver A. G. Hopkins, "European Expansion into West Africa: a Historiographical Survey of English Language Publications since 1945", em Emmer and Wesseling, *Reappraisals*, p.56.

então que o problema da história de além-mar se manifestou sob uma nova forma. Hoje em dia todo mundo aceita que os africanos e os asiáticos possuem sua própria história, tão rica e interessante quanto a da Europa. A questão, entretanto, é se podemos nos deter aqui e simplesmente considerar a história mundial como a soma de um grande número de histórias regionais autônomas. A maioria dos historiadores concordaria que deveríamos tentar prosseguir e estudar como, de um modo ou de outro, essas várias civilizações tornaram-se interligadas, como a situação mundial atual chegou onde está. O verdadeiro desafio da história de além-mar é apresentar uma forma moderna da história mundial. Esse é um objetivo ambicioso, mas, como disse Fernand Braudel, precisamos de historiadores ambiciosos.[8] O primeiro esboço disso pode talvez ser encontrado na nova história da expansão europeia, desenvolvida mais ou menos nas últimas três décadas. Antes de examiná-la, devemos observar primeiro o desenvolvimento espetacular da história asiática e africana no mesmo período.[9]

História asiática e africana

Tanto na Índia quanto na Indonésia, a história, em sua forma científica moderna, foi introduzida pelo poder colonial. Na Índia, a fundação da Sociedade Asiática de Bengali em 1784 pode ser considerada o ponto de partida. A historiografia britânica oficial da Índia era altamente anglocêntrica. Como certa vez Nehru observou sobre os britânicos: "Para eles, a verdadeira história começa com a chegada dos ingleses na Índia; tudo o que houve antes é, em uma espécie de

8 F. Braudel, *La Méditerranée et le monde méditerranéen à l'époque de Philippe II*, 3.ed., 2v., Paris, 1976, v.I, p.17.

9 Tanto por razões práticas, quanto teóricas, deixaremos de lado a história das Américas e do Caribe. No que diz respeito à Ásia, vamos nos restringir às duas ex-colônias europeias, onde a emancipação de uma historiografia nacional foi mais impressionante, ou seja, a Índia e a Indonésia.

trajetória mística, uma preparação para sua divina consumação".[10] Entretanto, logo começou a se desenvolver um interesse nos estudos históricos no novo ambiente intelectual indiano. Em meados do século XIX, como uma reação à abordagem muito condescendente dos historiadores coloniais, os historiadores indianos desenvolveram sua própria historiografia, e no final do século a ascensão do movimento nacionalista proporcionou-lhe um forte impulso, de forma que nos anos 1920 e 1930 já existia aí um grupo considerável de historiadores profissionais. Os nomes bastante conhecidos de estudiosos como R. K. Mookerjii e R. C. Majumdar atestam isso. Portanto, quando ocorreu a independência em 1947, a historiografia profissional indiana já ocupava uma posição forte. A transferência do poder em si também estimulou a escrita da história, tendo havido uma demanda por textos populares e livros didáticos. O governo estimulou o estudo do passado recente e particularmente do movimento nacionalista. Em 1952, o Ministério da Educação ordenou a compilação de uma história do movimento libertador indiano, e R. C. Majumdar foi nomeado diretor do projeto. As conclusões de Majumdar foram muito diferentes daquelas que o governo esperava, mas mesmo assim ele publicou a sua interpretação. Esta derrubada do mito nacionalista foi uma indicação clara do alto padrão de profissionalismo alcançado pelos historiadores indianos.[11] Embora os historiadores britânicos ainda ocupem um papel de liderança, senão o papel de liderança na história indiana, os próprios historiadores indianos tornaram-se cada vez mais importantes. A *Cambridge Economic History of India*, assim como a *New Cambridge History of India* são demonstrações convincentes disso.

Na Indonésia, o desenvolvimento foi um pouco diferente. Em comparação com a Índia, havia menos pessoas treinadas em universidades, de modo geral, e praticamente não houve nenhum historiador profissional durante o período colonial. O movimento nacionalista

10 J. Nehru, *The Discovery of India*, Londres, 1956, p.28.

11 Ver S. Ray, "India: After Independence", *Journal of Contemporary History*, 2, p.125-42, 1967.

também foi mais fraco do que na Índia, e os intelectuais nacionalistas expressavam sua sensibilidade mais na literatura do que em trabalhos intelectuais. Assim, praticamente não houve historiadores indonésios profissionais antes da independência. O governo da República estimulou o estudo do passado, mas de uma perspectiva política clara (as pressões ideológicas eram fortes). Em 1957, teve lugar o primeiro congresso nacional de historiadores. Tornou-se clara a escassez de pesquisa realizada, mas daí em diante a história foi-se desenvolvendo como uma disciplina intelectual. A principal figura nessa área era Sartono Kartodirdjo, que introduziu uma nova forma de história inspirada na ciência social, que cuida especialmente da história rural.[12]

Nesse meio tempo, foi a história indonésia que provocou um interessante debate sobre a nova abordagem "asiacêntrica" à história asiática. John Bastin, em sua conferência inaugural em Kuala Lumpur em 1959, sobre *The Study of Modern Southeast Asian History*, estimulou muito essa discussão,[13] mas a questão em si já havia surgido muito antes. Foi introduzida por J. C. van Leur na dissertação sobre o início do comércio asiático, publicada em 1934.[14] Van Leur, que morreu muito jovem, aos trinta e quatro anos, na Batalha do Mar de Java, teria uma duradoura influência sobre a história indonésia e, na verdade, sobre a história asiática em geral. A originalidade de seu trabalho está em duas coisas: o abandono do ponto de vista eurocêntrico e a aplicação de categorias sociológicas. Ele reagiu contra a abordagem exclusivamente colonial, que constituía uma perspectiva distorcida,

12 H. A. J. Klooster, *Indonesiërs schrijven hun geschiedenis. De ontwikkeling van de Indonesische geschiedbeoefening in theorie en praktijk, 1900-1980*, Leiden, 1985.

13 J. Bastin, *The Study of Modern Southeast Asian History (Kuala Lumpur, 1959)*. Ver também *The Western Element in Modern Southeast Asian History*, Kuala Lumpur, 1963.

14 J. C. Van Leur, *Eenige beschouwingen betreffende den ouden Aziatischen handel*, Middelburg, 1934. Uma tradução dessa obra, assim como de seus outros escritos, pode ser encontrada em J. C. Van Leur, *Indonesian Trade and Society: Essays in Asian Social and Economic History*, Haia/Bandung, 1955.

e ignorou várias áreas de realidade histórica. "A maior parte dos historiadores", escreveu ele, "enxerga o mundo asiático através dos olhos do governante holandês: do convés do navio, da muralha da fortaleza, da alta galeria da câmara do comércio".[15]

Entretanto, a crítica de Van Leur é, ao mesmo tempo, mais geral e mais fundamental. Ele questiona a periodização da história e o local onde nela está repartida a Ásia. Por exemplo, em um artigo bastante conhecido, ele examina por que rótulos de período como "o século XVIII" eram aplicados à história indonésia. Conclui que não havia razão para isso, pois nenhuma das grandes mudanças que tipificam a história europeia desse período pode ser esboçada no passado indonésio. Até 1800, ela simplesmente faz parte da Ásia.[16]

Isso nos conduz à segunda característica principal da abordagem histórica de Van Leur, ou seja, a aplicação dos conceitos da sociologia, particularmente aqueles de Max Weber. Usando o conceito de Weber do tipo ideal – por exemplo, aqueles de "cultura camponesa", "Estados burocráticos patrimoniais", "comércio ambulante" –, ele tenta descrever a história asiática como parte da história universal, mas com seu caráter próprio. Desse modo é possível fazer justiça às peculiaridades das várias culturas sem envolvê-las em um conjunto de categorias muito abstratas e muito gerais ou discuti-las como simplesmente exóticas e incompreensíveis.

A questão do papel da Europa na história asiática foi evidentemente de vital importância para a historiografia pós-independência. Nesse aspecto, podemos distinguir duas escolas: a minimalista e a sentimentalista. A escola minimalista diminui o papel do fator ocidental na história asiática, afirmando que este virtualmente não existiu, enquanto a escola sentimentalista maximiza os crimes e os delitos do Ocidente. Embora, logicamente falando, as duas escolas pareçam ser contraditórias, elas podem às vezes estar ambas fundamentadas na obra de um mesmo estudioso (por exemplo, o sociólogo

15 Van Leur, *Trade and Society*, p.162.

16 Ibidem, p.268-89.

holandês W. F. Wertheim ou o historiador indiano K. M. Panikkar).[17] Assim, o debate não ficava inteiramente claro e os próprios conceitos eram ambíguos. Mas as duas questões: "Foi boa ou má a influência ocidental?" e "Seu impacto foi grande ou pequeno?" são ainda intensivamente debatidas hoje em dia, o que é compreensível. Elas são tão vitais para nossa interpretação do passado quanto para nossa compreensão do presente, como veremos mais adiante.

No século XIX, a abordagem europeia à história asiática tornou-se cada vez mais dominada pelos sentimentos de superioridade europeia e por uma convicção do atraso asiático. Isso, no entanto, foi apenas um fenômeno bastante recente, pois os historiadores europeus tradicionalmente demonstraram um grande respeito pelas antigas civilizações da Ásia. Foi muito diferente da atitude europeia para com a África, que foi sempre considerada um continente a-histórico e o povo africano um povo sem civilização e, por isso, sem história. A mais famosa formulação desta opinião pode ser encontrada nas conferências de Jena proferidas por Hegel em 1830-1 e publicadas como a *Phylosophy of History*. Nessa obra ele escreveu: "Neste ponto deixamos a África, para não mais a mencionarmos. Pois ela não é parte histórica do Mundo; não tem movimento ou desenvolvimento para mostrar [...] O que compreendemos apropriadamente por África é o Espírito Não Histórico, Subdesenvolvido, ainda envolvido nas condições da simples natureza, que só tem de ser apresentada aqui como situada no limiar da história do Mundo."[18]

Evidentemente, Hegel teve uma grande influência sobre Karl Marx e os escritos marxistas clássicos refletem a mesma linha de pensamento. Um eco tardio disso pode ser encontrado na obra do historiador marxista húngaro da África, Endre Sik, que escreveu em 1966:

17 K. M. Panikkar, *A Survey of Indian History*, Londres, 1947; W. F. Wertheim, "Asian History and the Western Historian. Rejoinder to Professor Bastin", *Bijdragen tot de Taal, Landen Volkenkunde*, 119, p.149-60, 1963.

18 G. W. F. Hegel, *The Philosophy of History*, Nova York, 1944, p.99.

> Antes do seu encontro com os europeus, a maioria dos povos africanos ainda vivia uma vida primitiva, bárbara, muitos deles até mesmo no nível mais baixo do barbarismo. Alguns deles viviam em completo, ou quase completo isolamento: os contatos, se é que ocorriam, com outras pessoas eram apenas conflitos esparsos com povos vizinhos. O *Estado*, tomado no verdadeiro sentido da palavra, era uma noção desconhecida para a maior parte dos povos africanos, uma vez que também não existiam classes. Ou melhor – ambos já existiam, mas apenas em embrião. Por isso é irrealístico falar de sua "história" – no sentido científico da palavra – antes do surgimento dos invasores europeus.[19]

Não há dúvida de que tais opiniões não eram de forma alguma um monopólio dos historiadores marxistas. Apenas um ano antes do aparecimento do livro de Sik, o catedrático de História Moderna de Oxford, H. R. Trevor-Roper, comparou as histórias da Grã-Bretanha e da África, descrevendo a última como sendo pouco mais que "as rotações sem sentido de tribos bárbaras em locais pitorescos, mas irrelevantes do globo".[20]

Como as coisas mudaram em vinte anos! Ninguém em seu juízo perfeito poderia mais afirmar que a história africana não existe, nem mesmo em Oxford. O desenvolvimento da história africana tem sido espetacular. Talvez tenha sido o campo mais vivo, dinâmico e inovador da história, desde a emergência da nova história social e econômica nas décadas de 1920 e 2930. Pode-se dizer que o *Journal of African History* foi a publicação mais inovadora desde a fundação dos *Annales*. Na verdade, os dois desenvolvimentos são de certo modo comparáveis. Os historiadores sociais, como aqueles dos *Annales* e outros, começaram a se fazer perguntas que jamais haviam feito antes e que não haviam sido mencionadas nas fontes tradicionais. Novas fontes tiveram de ser descobertas e novas técnicas desenvolvidas para reexaminar as velhas fontes sob uma nova luz. A mesma situação ocorre com a história africana. As fontes são escassas, pelo menos as tradicionais. Por razões culturais, os africanos produziram

19 E. Sik, *The History of Black Africa*, 2v., Budapest, 1966, v.I, p.17.
20 H. Trevor-Roper, *The Rise of Christian Europe*, Londres, 1965, p.9.

menos material escrito sobre história africana que os europeus, e, por razões climáticas, pouco desse material chegou até nossas mãos. Isto significa que a maioria das fontes é exógena. Elas provêm de estrangeiros, sejam eles viajantes gregos, romanos ou árabes, geógrafos, comerciantes ou administradores europeus. Tecnicamente falando, a maior parte da história africana é pré ou proto-história (ou etno-história, como tem sido às vezes chamada).[21]

A absoluta escassez de fontes proporcionou um enorme estímulo ao desenvolvimento de novas técnicas e métodos. O passado tinha de ser interrogado por outros meios. Mais uma vez, é relevante a comparação com os *Annales* e sua *nouvelle histoire*. Em ambos os casos têm sido aplicadas a arqueologia, a cartografia, a linguística e a onomástica. A antropologia também desempenhou um papel importante na história africana. Na verdade, a distinção entre o antropólogo e o historiador não é de forma alguma muito aguda.

A mais famosa das técnicas desenvolvidas para promover novas fontes para a história africana foi, é claro, o estudo da tradição oral. Neste caso, a publicação de Jan Vansina, *De la tradition orale. Essai de méthode historique*, em 1961, marcou época. Rapidamente traduzida para o inglês (*Oral tradition*, 1965), o livro teve um tremendo impacto sobre a história africana.[22] No meio termo entre o ingênuo e o cético, Vansina desenvolveu um método para a utilização da tradição oral de um modo crítico, assim propiciando o seu emprego em escritos históricos sérios. Vansina dividiu a tradição oral em cinco categorias (formulários, poesia, inventários, narrativas, comentários), cada uma com várias subdivisões. Declarava que a história oral não deveria ser aceita tacitamente, só devendo ser utilizada após uma verificação crítica, prestando-se atenção ao impacto da importância social, dos valores culturais e da personalidade dos escritores.

---

21 H. Brunschwig, "Un faux problème: l'ethnohistoire", *Annales E. S. C.*, 20, p.291-300, 1965.

22 J. Vansina, *De la tradition orale. Essai de méthode historique*, Tervueren, 1961. Tradução inglesa: *Oral Tradition, A Study in Historical Methodology*, Londres, 1965.

Deveria também, tanto quanto possível, ser colocada em confronto com outras fontes, como, por exemplo, achados arqueológicos ou documentos escritos. Alguns historiadores (e antropólogos) eram mais céticos a respeito da tradição oral e acreditavam, com o devido respeito a Vansina, que ele superestimava suas possibilidades, mas é inegável que sua obra e suas ideias influenciaram enormemente a história africana.[23]

Sejam quais forem as possibilidades oferecidas pela tradição oral e por outras fontes não ortodoxas, permanece o fato de que, no que se refere a documentos escritos, a África é bastante carente. Evidentemente é verdade que isso também ocorre para alguns períodos da história europeia, para os quais os documentos são também muito escassos, assim como para a América pré-colombiana, a Austrália pré-cookiana etc., e por isso a história africana é excepcional, mas não única. Do mesmo modo, parece impossível uma comparação entre a historiografia da África e aquela da Europa. Podem ser estudados desenvolvimentos de longo prazo, mas uma história estritamente factual ou *événementiel* é com frequência impossível. No momento está também em voga a abordagem estrutural ou de longo prazo na história europeia, mas isso é uma questão de escolha. Na África, a história estrutural não é uma escolha, mas a única possibilidade. Não se é seduzido por ela, mas condenado a ela.[24]

Nas últimas décadas surgiram vários historiadores africanos no fórum internacional, e seu papel torna-se cada vez mais proeminente. Da mesma forma, deve-se reconhecer que o grande salto para diante na história africana é, em grande parte, devido a historiadores europeus e americanos, especialmente os britânicos. O *Journal of African History* – cujo primeiro número apareceu em 1960 – foi, como disse Terence Ranger, "um combinado de manifesto, alvará, programa e

---

23 Em algumas de suas últimas obras o próprio Vansina parece mais cético que antes. Ver P. Salmon, *Introduction à l'histoire de l'Afrique*, Bruxelas, 1986, 126 s.

24 Ver H. Brunschwig, "Une histoire de l'Afrique noire est-elle possible?", em *Mélanges en l'honneur de Fernand Braudel*, 2v., Toulouse, 1973, v.I, p.75-87.

vitrina para o campo".[25] O seminário de Roland Oliver, na Escola de Londres de Estudos Orientais e Africanos, foi chamado de "a primeira proclamação no mundo para a apresentação da nova obra sobre o passado da África".[26] *Short History of Africa*, de Oliver e Fage, vendeu mais de um milhão de exemplares e foi provavelmente o livro mais influente publicado sobre a história africana.

Os historiadores franceses também desempenharam um papel importante, ainda que mais modesto. Em 1961, Henri Brunschwig, ex-aluno de Marc Bloch e Lucien Febvre em Estrasburgo, foi convidado por Fernand Braudel para apresentar a história africana na École de Hautes Études. Seu seminário tornou-se um local de encontro para estudiosos franceses e africanos. Yves Person, autor de uma história monumental e inovadora de Samori, e Catherine Coquery-Vidrovitch não apenas escreveram eles mesmos livros importantes, mas também levaram o tema à Universidade de Paris.[27] Outras universidades (Aix, Bordeaux) também ofereceram cursos e seminários sobre história africana, além de um grande número de estudantes africanos ter apresentado dissertações de doutorado nas universidades francesas.

A contribuição das universidades americanas foi significativa, particularmente aquela das três principais escolas de Yale, Ucla e, acima de tudo, Madison (Wisconsin). Aqueles historiadores americanos que desempenharam um papel de liderança na segunda e terceira gerações de historiadores africanos foram em sua maioria alunos de Curtin e Vansina em Madison. No momento, importantes escolas de história existem também em várias universidades da própria África (Nigéria, Quênia, Zaire). O período de domínio europeu está claramente superado.

25 Ver T. Ranger, "Usable Past", p.17.

26 *The Blackwell Dictionary of Historians*, Oxford, 1988, p.308 s.v. Oliver, R.

27 C. Coquery-Vidrovitch, *Le Congo au temps des grandes compagnies concessionnaires*, Paris, 1972; Y. Person, *Samori: une Révolution dyula*, 3v., Dakar, 1968, 1970, 1976. Ver sobre isso também H. Brunschwig, "French Historiography Since 1945 Concerning Black Africa" em Emmer and Wesseling, *Reappraisals*, p.84-97.

Retrospectivamente, grande parte do debate sobre as possibilidades e impossibilidades da história africana e asiática parece frívolo, não somente devido ao decréscimo na sensação da superioridade europeia, mas também às mudanças no estudo da própria história. O antagonismo colonialista *versus* nacionalista faz sentido na estrutura da história política, mas em outros campos da história encontramos uma abordagem diferente. A história social é estudada no nível da aldeia, da região, do grupo étnico. A história cultural é analisada em uma escala muito mais ampla que aquela do Estado-nação. Conceitos como civilização hindu ou javanesa ou "o mundo do Islão" são importantes aqui. A história econômica trabalha com grandes unidades, como o Oceano Índico, o Sudeste da Ásia ou mesmo a economia mundial. Neste tipo de abordagem, a oposição colonial *versus* anticolonial não faz muito sentido.

Será que isto significa que o impacto do colonialismo sobre a história de além-mar está superado e que as atitudes ocidentais e não ocidentais encontraram um completo equilíbrio? Não necessariamente, pois em dois aspectos ainda existe um domínio ocidental. Em primeiro lugar, como resultado da expansão colonial, grande quantidade de livros, documentos e outros materiais sobre o mundo de além-mar tem sido levado para a Europa e está agora disponível em arquivos e bibliotecas europeus. Isso significa que, para estudar seu próprio passado, os historiadores não europeus terão de continuar a ir à Europa. Em segundo lugar, e também em grande parte como consequência do colonialismo, no mundo ocidental uma grande tradição foi fundamentada no campo de estudos não ocidentais, em que ele ainda desempenha um papel preponderante. Por outro lado, praticamente não há historiadores africanos ou asiáticos que estudem a história e a sociedade europeia. Desde que o Ocidente tem seus orientalistas, mas o Oriente não possui "ocidentalistas", não pode haver um real equilíbrio.

Para contrabalançar, pode-se dizer que o desenvolvimento da história africana e asiática foi um fenômeno natural e necessário.

Mas também nos deixa com um problema. Embora seja verdade que a história africana e asiática é em grande parte autônoma, é também verdade que desde cerca de 1500 a história da África e da Ásia tornou-se relacionada àquela da Europa. A história asiática é muito mais que uma extensão da história da Europa, mas também não pode ficar completamente isolada da história europeia. O desenvolvimento central da história moderna é a crescente inter-relação e o entrelaçamento de várias civilizações e economias anteriormente isoladas. Isso resultou no "sistema mundial moderno" (Wallerstein) e na "civilização da modernidade" (Eisenstadt) que possuímos hoje. Não se pode compreender este processo considerando apenas partes isoladas da história, pois isso seria deixar escapar o tema central da história mundial moderna. A história mundial não pode ser considerada idêntica à história europeia ou ocidental; nem pode ser concebida como uma série de desenvolvimentos isolados. Enfrentar este problema é a preocupação central da história da expansão europeia como ela se desenvolveu no período pós-descolonização.

Expansão e reação

O estudo da expansão europeia foi também influenciado por fatores externos e internos. A queda rápida dos impérios coloniais, por exemplo, levou ao questionamento de sua prévia estabilidade aparente. A ascensão do império americano, um império sem colônias, estimulou um repensar de ambas as técnicas, informal e formal, do imperialismo. A emergência da China levou a uma reavaliação das possibilidades científicas e navais do país e, assim, a novas questões sobre as diferenças entre a expansão chinesa e o início da expansão europeia.

Por outro lado, os fatores internos mudaram a natureza também dos estudos de expansão, e também se manifestando nesse campo a tendência geral em prol da história social e econômica. As questões sobre monetarização, transporte marítimo, ouro e prata, os lucros do império etc., eram colocadas de uma nova maneira e estas poderiam com frequência ser respondidas com a ajuda de um computador.[28] A história social tornou-se um assunto em moda e isso estimulou o estudo da migração, do tráfico de escravos, das relações raciais, da urbanização e das *mentalités*. A ciência política influenciou a história política, sugerindo o estudo de tópicos, como tomada de decisões, opinião pública, o papel de grupos de interesse especial etc.

Embora, no nível teórico, tenha sido questionada a distinção tradicional entre uma primeira e uma segunda fase de expansão, na prática real a divisão do trabalho entre os modernistas e os estudantes de história contemporânea é ainda muito visível. Tradicionalmente, no início da expansão moderna, a ênfase está colocada sobre as grandes descobertas, os navios e a navegação, as companhias e o comércio, a migração, os sistemas de plantação e as sociedades escravagistas. Charles Boxer e J. H. Parry escreveram livros bem-sucedidos buscando apresentar uma visão geral dos impérios marítimos.[29] A série de Minnesota sobre a história da *Europe and the World in the Age of Expansion* também lançou livros sobre esses tópicos. Em muitos desses campos, novas abordagens foram apresentadas, novas perguntas colocadas e novas técnicas aplicadas. Glamann, Steensgaard e Chaudhuri publicaram estudos pioneiros sobre as Companhias das Índias, Curtin realizou um trabalho desbravador sobre o tráfico de escravos, Chaunu sobre o mundo atlântico, Bailyn sobre a migração, e muitos mais poderiam e deveriam ser mencionados.[30] Muitas das

---

28 Um informe útil sobre esta questão é T. Lindblad, "Computer Applications in Expansion History: A Survey", *Second Bulletin of the ESF-Network on the History of European Expansion*, Suplemento de *Itinerario*, 12, p.2-61, 1988.

29 C. R. Boxer, *The Portuguese Seaborne Empire, 1418-1825*, Nova York, 1969; C. R. Boxer, *The Dutch Seaborne Empire, 1600-1800*, Londres, 1965; J. H. Parry, *The Spanish Seaborne Empire*, Nova York, 1966.

30 K. Glamann, *Dutch-Asiatic Trade 1620-1740*, 2.ed., Haia, 1980; N. Steensgaard, *The Asian Trade Revolution of the 17th Century. The East India Companies and the Decline of the Caravan Trade*, Chicago/Londres, 1974; K. N. Chaudhuri, *The Trading World of Asia and the English East India Company, 1660-1760*, Cambridge, 1978; P.

questões aqui discutidas estão intimamente relacionadas a tópicos de debate importantes na história europeia, tais como as teorias sobre as origens do capitalismo, as "Fases I e II", a depressão geral do século XIX, a revolução dos preços etc. Entretanto, deveria ser reconhecido que não foi oferecida nenhuma teoria geral da expansão europeia. Embora na história da expansão dos séculos XIX e XX o debate fosse dominado pelo conceito do imperialismo, não havia tal coisa nos estudos iniciais de expansão, pelo menos até Immanuel Wallerstein apresentar sua teoria sobre o moderno sistema mundial.

Sistema mundial de Wallerstein

Immanuel Wallerstein, cientista social da Universidade de Columbia, estudou inicialmente a descolonização africana e os problemas de desenvolvimento. Sua maneira de pensar sobre esses tópicos foi influenciada pela *dependência* e pelas teorias de subdesenvolvimento. No entanto, Wallerstein voltou-se para a história, porque acredita que esses problemas de desenvolvimento só podem ser inteiramente compreendidos em seu contexto global e sob uma perspectiva histórica. O trabalho histórico com o qual ele está mais familiarizado é aquele do grupo dos *Annales*, particularmente o de Fernand Braudel. Há na verdade uma forte similaridade entre as ideias de Wallerstein e a estrutura conceitual do terceiro volume da obra de Braudel sobre *Material Civilization, Economy and Capitalism*.[31] Até agora, a principal publicação de Wallerstein é um (planejado) estudo de quatro volumes do que ele denomina *The Modern World System*. O primeiro volume,

---

Curtin, *The Atlantic Slave Trade: a Census*, Madison, Wis., 1969; P. e H. Chaunu, *Séville et l'Atlantique, 1504-1650*, 12v., Paris, 1956-60; B. Bailyn, *Voyagers to the West; Emigration from Britain to America on the Eve of the Revolution*, Londres, 1987. Uma síntese recente é G. V. Scammell, *The First Imperial Age: European Overseas Expansion*, c.1400-1715, Londres, 1989.

31 F. Braudel, *Civilisation matérielle, économie et capitalisme, XVe-XVIIIe siècle*, Paris, 1979.

publicado em 1974, apresentou a estrutura analítica do projeto.[32] Foi uma fonte de inspiração para muitos outros estudiosos e levou a um interessante debate sobre as origens da expansão europeia e do capitalismo.

Wallerstein declara que a economia mundial atual remonta ao final do século XV. Aí encontramos os primórdios de um sistema mundial que se desenvolveu inteiramente nos séculos XVI e XVII e já estava maduro antes da Revolução Industrial. O "ponto crítico sistêmico" pode ser localizado na resolução da crise do feudalismo, que ocorreu aproximadamente entre 1450 e 1550. No período 1550-1650 todos os mecanismos básicos do sistema mundial capitalista estavam no devido lugar. Em vista disso, a Revolução Industrial de cerca de 1760 a 1830 não pode mais ser considerada um ponto crítico importante na história da economia mundial capitalista.

Segundo Wallerstein, o sistema mundial é caracterizado por uma ordem econômica internacional e uma divisão internacional do trabalho. Consiste de um âmago, uma semiperiferia e uma periferia, cuja determinação de posição muda através do tempo (regiões podem ascender ao âmago ou descer à periferia). A história moderna é, na verdade, a história da integração contínua de cada vez mais partes do mundo neste sistema mundial. O sistema mundial opera de maneira tal que faz com que o centro receba os lucros, assim explodindo a periferia. Isso é realizado pelo comércio internacional, considerado um jogo de soma zero: os lucros de uma parte são iguais às perdas da outra. Os lucros do comércio internacional tornaram possível a Revolução Industrial, que por sua vez só confirmou a existência de relações desiguais e reforçou o desenvolvimento do subdesenvolvimento.

A obra de Wallerstein foi bem recebida pelos cientistas sociais, mais criticamente pelos historiadores, que, em particular, criticaram

32 I. Wallerstein, *The Modern World System: Capitalist Agriculture and the Origins of the European World System: Capitalist Agriculture and the Origins of the European World-Economy in the Sixteenth Century*, Nova York, 1974.

a grande ênfase que o modelo coloca no comércio internacional. Alguns argumentaram que as economias pré-industriais não eram capazes de produzir um superávit significativo a ponto de tornar possível um comércio internacional. Antes dos navios a vapor, as disponibilidades de transporte eram muito limitadas. Por volta de 1600, o conjunto das frotas mercantes dos Estados europeus possuía apenas a tonelagem de um ou dois (cerca de 1800 de sete ou oito Estados) dos supertanques de hoje.[33] Mesmo nas nações comerciais *par excellence*, como a Grã-Bretanha e a República Holandesa, o comércio de exportação representava uma porcentagem muito pequena do produto nacional bruto (e a exportação para a periferia era apenas uma pequena porcentagem do comércio ultramarino total).[34] O capital acumulado na Grã-Bretanha como consequência do comércio ultramarino não pode ter representado mais de 15% dos gastos brutos durante a Revolução Industrial.[35] Falando de modo geral, os efeitos da expansão europeia sobre as regiões ultramarinas foi apenas regional. Tanto na Índia (produtos têxteis), quanto na Indonésia (colheitas de grãos), apenas regiões limitadas foram afetadas pela demanda europeia. No que tange à África, o comércio de produtos era muito limitado. Muito mais importante era o tráfico de escravos no Atlântico. Entretanto, a pesquisa recente tende a minimizar as consequências demográficas de longo prazo desse tráfico. Nas Américas e no Caribe, o impacto da expansão europeia foi o mais dramático, não tanto devido ao comércio, mas por causa do declínio demográfico da população original.

Um ponto interessante da teoria de Wallerstein é seu questionamento do verdadeiro conceito de uma Revolução Industrial e,

---

33 Ver J. de Vries, *The Economy of Europe in an Age of Crisis, 1600-1750*, Cambridge, 1976, p.192-3.

34 Ver R. Floud e D. McCloskey (ed.), *The Economic History of Britain since 1700*, 2v., Cambridge, 1981, v.I, p.87-92.

35 Ver P. O'Brien, "European Economic Development: The Contribution of the Periphery", *Economic History Review*, 35, p.9, 1982.

assim, da distinção entre colonialismo pré-industrial e industrial. Essa distinção foi um argumento central na teoria clássica do imperialismo, teoria que tem dominado a historiografia da expansão europeia do final do século XIX e do século XX.

Imperialismo

Embora a palavra "imperialismo" exista desde a década de 1860, o imperialismo como conceito histórico só teve início com a publicação de *Imperialism: a Study*, de J. A. Hobson, em 1902.[36] Para explicar o imperialismo, Hobson declarou que, em consequência do sistema capitalista, a economia britânica sofria de subconsumo. Isso significava que o capital excedente não poderia ser lucrativamente investido na própria Inglaterra. Por isso, em suas famosas palavras, os capitalistas estavam "buscando mercados estrangeiros e investimentos estrangeiros para adquirir os bens e o capital que eles não podiam vender ou utilizar internamente".[37] Assim nasceu a teoria do imperialismo capitalista.

A teoria de Hobson foi logo absorvida, adaptada e tornada mais sofisticada pelos pensadores marxistas, em especial, os alemães, como Karl Hilferding e Rosa Luxemburg. Assim fazendo, esses autores também modificaram o argumento de Hobson. Enquanto para Hobson a evasão do capital era uma consequência típica, mas não necessária do capitalismo, para os marxistas o imperialismo tornou-se algo inevitável. A fórmula mais famosa vai ser encontrada em Lênin, que em 1919 denominou o imperialismo de "o mais alto estágio do capitalismo". Embora as diferenças entre Hobson e Lênin sejam evidentes, logo virou lugar-comum a referência às "teses de Hobson-Lênin". Na verdade, esta se tornou uma explicação padronizada do imperialismo europeu durante os anos 1920 e 1930.

36 J. A. Hobson, *Imperialism: a Study*, Londres, 1902.

37 Ibidem, p.85.

Somente nos anos 1960 foi reaberta a discussão geral sobre o imperialismo. A descolonização, assim como a ascensão do império econômico americano, tem claramente muito a ver com isso. Em 1961, os historiadores britânicos J. Gallagher e R. Robinson publicaram o livro que iria ser o reexame mais influente do imperialismo britânico: *Africa and the Victorians*.[38] Um ano antes, Henri Brunschwig havia publicado *Mythes et réalités de l'impérialisme colonial français*, 1871-1914, ensaio que estabeleceu a tônica para todos os estudos posteriores sobre o imperialismo francês.[39] Seguiram-se novas interpretações do imperialismo belga, alemão, italiano, português e, finalmente, do holandês. Poderíamos falar de uma revolução historiográfica, cujas conclusões podem ser aqui resumidas apenas muito brevemente para os dois poderes mais importantes envolvidos.

Gallagher e Robinson, prosseguindo na mesma linha que haviam desenvolvido em seu artigo "The Imperialism of Free Trade",[40] declararam que o chamado período imperialista (1880-1914) só era diferente do período médio vitoriano de comércio livre a ele precedente e supostamente anti-imperialista em seus meios, não em seus fins: os vitorianos dessa época podiam atuar sem medidas políticas. Os últimos vitorianos tiveram de formalizar seu império. Esta formalização foi induzida por crises locais e situações de fronteira que criaram vácuos políticos que tiveram de ser preenchidos pelos britânicos. Suas ações tinham um motivo estratégico, e não econômico, e sua política era essencialmente defensiva e relutante. Em resumo, Gallagher e Robinson demoliram o conceito de um período imperialista e também a explicação econômica tradicionalmente a ele relacionada.

---

38 R. Robinson, J. Gallagher (com A. Denny), *Africa and the Victorians: the Official Mind of Imperialism*, Londres, 1961.

39 H. Brunschwig, *Mythes et réalités de l'imperialisme colonial français*, 1871-1914, Paris, 1960.

40 R. Robinson e J. Gallagher, "The Imperialism of Free Trade", *Economic History Review*, 6, p.1-15, 1953.

Embora suas conclusões fossem em alguns aspectos similares, a revisão de Brunschwig do imperialismo francês foi bem diferente. Brunschwig aceitava que, no caso da França, houve um período imperialista definido, ou seja, mais ou menos entre 1880 e 1914. Isso, na verdade, dificilmente poderia ser negado. Mas embora ele fosse tradicional nesse aspecto, era revolucionário na interpretação do fenômeno. Depois de um cuidadoso exame dos interesses econômicos dos colonialistas franceses, assim como do quadro do equilíbrio econômico do imperialismo francês, chegou à conclusão de que explicá-lo em termos econômicos seria um mito. O império não compensava, não havia elos entre protecionismo e imperialismo, e os imperialistas franceses não possuíam motivos ou interesses econômicos. Consequentemente, devia haver uma explicação diferente. Segundo Brunschwig, esta seria encontrada na época de ascensão do nacionalismo na Terceira República, profundamente afetada pela derrota de 1870. Assim como aquele de Gallagher e Robinson, seu livro é basicamente uma refutação da teoria econômica do imperialismo.

Os livros anteriormente mencionados aboliram a explicação simples e tradicional do imperialismo em termos das necessidades econômicas, embora não apresentassem uma análise dos aspectos econômicos do imperialismo. Para tentar resolver esta imensa questão não apenas é preciso resolver um grande número de problemas teóricos e metodológicos, mas também coletar e analisar uma enorme quantidade de dados. Mais uma vez o computador torna isso possível. Dois historiadores americanos, L. Davis e R. Huttenback, muito adequadamente vinculados ao Instituto de Tecnologia da Califórnia, fizeram exatamente isso para a questão do imperialismo britânico. Reuniram uma enorme quantidade de dados e os analisaram através de métodos muito sofisticados. Seu livro *Mammon and the Pursuit of Empire*[41] parece apresentar a resposta definitiva à velha e famosa

41 L. A. Davis e R. A. Huttenback, *Mammon and the Pursuit of Empire: the Political Economy of British Imperialism, 1860-1912*, Cambridge, 1986.

interrogação: O império compensava? A resposta é um pouco desapontadora. Não! Depois de 1880, os índices de lucro, inicialmente altos, sobre os investimentos coloniais caíram abaixo dos retornos comparáveis de outros destinos além-mar, ou mesmo da própria Grã-Bretanha. Assim, Hobson e Lênin estavam errados a respeito da relação entre o capital excedente e a urgência de expansão além-mar. As colônias dependentes não eram recipientes importantes do capital de Londres. Não pode haver dúvida de que esta não é toda a resposta, pois Davis e Huttenback também declaram que para alguns capitalistas esses investimentos estavam longe de ser limitados.[42]

Na França, sob a influência dos argumentos de Brunschwig, mesmo os autores marxistas aceitaram sua visão de que os aspectos econômicos do imperalismo francês eram negligenciáveis. Em uma tentativa de resgatar a interpretação marxista, declararam que o imperialismo francês podia ser encontrado em qualquer parte, na Rússia, no Império Otomano etc. Este exercício dialético resultou na conclusão de que o colonialismo francês não era imperialista e o imperialismo francês não era colonial.[43] Para encontrar uma resposta mais empírica para a questão de economia e império, a professora Catherine Coquery-Vidrovitch tomou a iniciativa de compor um banco de dados do comércio colonial francês (1880-1960). Seu colega parisiense Jacques Marseille foi o primeiro a fazer um uso extensivo dessa rica documentação para sua dissertação *Empire colonial et capitalisme français: histoire d'un divorce*.[44] A conclusão de Marseille é de que houve um rompimento na relação entre capitalismo e colonialismo. No período inicial, 1880-1930, a indústria francesa precisava do escoadouro do mercado colonial protegido, e o casamento do colonialismo com o capitalismo teve um resultado

42 Ver também os artigos de P. J. Cain e A. G. Hopkins sobre esta questão em *Economic History Review*, 33, p.463-90, 1980, 39, p.501-25, 1986 e 40, p.1-26, 1987.

43 Ver J. Bouvier e R. Girault (ed.), *L'Impérialisme français d'avant 1914*, Paris/Haia, 1976.

44 J. Marseille, *Empire colonial et capitalisme français: histoire d'un divorce*, Paris, 1984.

feliz. No segundo período, 1930-60, o protecionismo tornou-se um obstáculo para a modernização industrial intensamente necessária. O divórcio foi inevitável. Mas a descolonização já estava a caminho. O fim do Império em 1960 foi uma bênção para o capitalismo.

Assim foi para a Europa, mas qual foi o impacto do imperialismo no mundo de além-mar? Esse é um tema complicado, sobre o qual prossegue um apaixonado debate desde que a questão foi levantada. Há poucas coisas sobre as quais os debatedores concordam, mas um fato é inegável: o verdadeiro impacto do Ocidente sobre os territórios de além-mar ocorreu depois da Revolução Industrial. Quais foram os efeitos disso? É claro que o colonialismo foi organizado de maneira a promover os interesses do poder colonial. É claro que isso implicou ônus de vários tipos para os povos colonizados. Entretanto, além do domínio das verdades básicas como essas, há uma vasta zona de problemas que não podem ser respondidos de forma simples. Há o fenômeno bem estabelecido da desindustrialização (especialmente no caso da indústria têxtil indiana). Há também o problema da especialização em colheitas de grãos. Por outro lado, há desenvolvimentos de longo prazo, que resultaram de investimento na infraestrutura (mineração, estradas, portos), na melhoria da administração, da educação, da saúde. Traçar um quadro do equilíbrio econômico do colonialismo é extremamente difícil. Não somente devido à falta de dados, mas também devido a problemas teóricos.

Se é inaceitável, como foi convincentemente demonstrado pela pesquisa moderna, a explicação simples de que o imperialismo foi o resultado do capitalismo, permanece a questão: Qual *foi* a razão? Por que houve afinal “uma época de imperialismo”? No que diz respeito à Grã-Bretanha, a resposta a esta questão é fornecida também por Gallagher e Robinson. Eles declararam que não havia nenhuma. O próprio conceito de uma época de imperialismo (1880-1914) é uma falácia. Considerar esse período como o zênite do imperialismo britânico é interpretar mal sua verdadeira natureza. O número crescente de áreas vermelhas no mapa mundial durante as décadas de 1880 e 1890 parece sugerir que o poder da Grã-Bretanha estava aumentando. Entretanto, na realidade esta não era uma indicação de força, mas de fraqueza. A Grã-Bretanha era mais poderosa no início do século XIX quando regida por meios informais, do que nos últimos anos de domínio político formal.[45]

O conceito de império informal é muito atraente e muito inspirador porque explica um grande número de importantes fenômenos. Também proporciona um significado muito mais amplo ao termo "imperialismo". Neste tipo de análise, o imperialismo existe em diferentes períodos e em diferentes formas. A tarefa do historiador é explicar a transição de uma forma para outra. No argumento de Gallagher e Robinson, as razões disso não serão encontradas com os políticos da Europa – que de qualquer modo preferiam o império informal –, mas em situações que se alteram no além-mar. O imperialismo é considerado um sistema de colaboração entre as forças europeias e as não europeias. As formas em mutação do imperialismo resultam de mudanças em termos de colaboração.[46] É óbvio que em uma análise desse tipo, a descolonização também perde muito de sua importância como um ponto crítico. Se existe um imperialismo informal antes do Império, logicamente pode também haver um imperialismo informal depois do Império.[47] Aqui o debate sobre o imperialismo está relacionado com aqueles sobre descolonização e subdesenvolvimento.

A descolonização e o período posterior

Só recentemente a descolonização tornou-se um tema de análise e debate histórico. É evidente que muita coisa já havia sido escrita

45 Robinson e Gallagher, "Imperialism of Free Trade" (ver nota 40).

46 R. Robinson, "Non-European Foundations of European Imperialism: Sketch for a Theory of Collaboration", em R. Owen e B. Sutcliffe (ed.), *Studies in the Theory of Imperialism*, Londres, 1972, p.117-40.

47 Ver W. J. Mommsen e J. Osterhammel (ed.), *Imperialism and After: Continuities and Discontinuities*, Londres, 1986.

a respeito, mas tudo isso foi muito em caráter *événementiel* e escrito sob uma perspectiva claramente ideológica. A mesma canção foi cantada em toda parte. Os povos colonizados queriam se tornar independentes. Depois da Segunda Guerra Mundial, eles lutaram contra seus opressores e rejeitaram o jugo do domínio colonial. Durante um longo tempo pareceu que nada mais importava. Recentemente, foram publicados vários estudos coletivos e comparativos que oferecem novas interpretações e colocam novas questões. A descolonização está finalmente emergindo, mais como um tema de análise histórica do que como um ato de Deus ou o resultado das leis da natureza.[48]

As questões discutidas são basicamente muito simples. Por que a descolonização ocorreu naquele momento, e por que assumiu aquelas várias formas? A descolonização não é mais exclusivamente descrita como a história dos atos de líderes políticos em um curto período de tempo (1947-62). Seus aspectos de longo prazo, estruturais e conjunturais, também têm de ser levados em conta. A análise das várias formas de descolonização centraliza-se em torno das três forças que estavam em atividade: o poder colonial, a situação na colônia e o fator internacional. A interação dessas forças decidiu as formas, mas não o resultado do processo, porque, apesar das diferenças, o resultado foi sempre o mesmo: a independência. Porém, mais uma vez surge aqui uma questão. O que realmente significa a independência? Será que o fim do Império foi também o fim do imperialismo, ou sua continuação por meios diferentes? Aqui, a questão da descolonização está relacionada a outro tópico, a teoria da dependência.

A teoria da *dependência* foi apresentada pela primeira vez pelo economista argentino Raul Prebish, em 1947, e posteriormente desenvolvida nos anos 1960 por estudiosos latino-americanos e por norte-americanos interessados na América Latina. A teoria nasceu

48 Ver H. L. Wesseling, "Towards a History of Decolonization", *Itinerario*, 11, p.94-106, 1987.

da observação da permanência dos problemas da América Latina: pobreza, desigualdade, favelas, dívidas externas, a dominação do capital estrangeiro – em uma palavra, dependência. A teoria da dependência declara que essa situação não é o resultado de uma falta de desenvolvimento, mas do subdesenvolvimento. Originária de estudos latino-americanos, a teoria foi mais tarde organizada e elaborada, até se tornar uma teoria universal, aplicável não somente à América Latina mas a todo o Terceiro Mundo. O Terceiro Mundo é encarado como a periferia de um sistema econômico mundial, em que o centro, ou seja, o Ocidente, está acumulando os lucros e mantendo a periferia em uma situação de permanente dependência. Portanto, o subdesenvolvimento não é uma situação, mas um processo. O Terceiro Mundo não é subdesenvolvido, mas está sendo subdesenvolvido pelo Ocidente. André Gunder Frank apresentou sua formulação mais interessante: "o desenvolvimento do subdesenvolvimento".[49]

A teoria da dependência foi logo aplicada a várias partes do Terceiro Mundo, particularmente à África. Samir Amin escreveu extensivamente sobre a questão e Walter Rodney publicou seu famoso livro sobre o problema, com o título sugestivo *How Europe Underdeveloped Africa*.[50] O problema com a teoria é que explicar o (sub)desenvolvimento particular da África é tornar o continente dependente de influências estrangeiras durante a maior parte de sua história. Esta linha de pensamento era um pouco contraditória à tendência principal que desenvolvia a história africana no mesmo período, salientando a autonomia da história africana. Os africanos não eram mais encarados como meras vítimas da expansão europeia, mas em grande parte como donos de seu próprio destino. Enquanto os neomarxistas abraçavam a teoria

49 A. G. Frank, "*The Development of Underdevelopment*" em R. I. Rhodes (ed.), *Imperialism and Underdevelopment: a Reader*, Nova York e Londres, 1960, p.5-16. Ver sobre isso L. Blussé, H. L. Wesseling e G. D. Winius (ed.), *History and Underdevelopment*, Leiden e Paris, 1980.

50 W. Rodney, *How Europe Underdeveloped Africa*, Londres, 1972.

da dependência, os historiadores e antropólogos marxistas clássicos enfatizavam a autonomia da história africana e tentavam mesmo descobrir um "modo de produção africano".[51]

Tanto a teoria da dependência quanto o conceito de império informal foram de grande valor heurístico porque questionaram algumas das hipóteses fundamentais da história de além-mar e assim mudaram nossa interpretação. O próprio conceito de uma época de imperialismo com um início e um fim nítidos pode ser derrubado, pelo menos no que diz respeito à Grã-Bretanha. O zênite do Império Britânico está agora às vezes colocado no século XVIII, com seu declínio já se iniciando no XIX. Não surpreende a questão colocada: "Por que o Império Britânico durou tanto?"[52] O perigo de conceitos e teorias como esses é que seu significado é superestimado e eles se tornam a nova ortodoxia. É um corretivo útil às interpretações existentes relativizar a importância de pontos críticos como o início do imperialismo ou a transferência de poder, mas não devemos também subestimar sua importância histórica. A perda e finalmente a recuperação da independência política são cesuras históricas suficientemente importantes, e não é conveniente deixar que sua importância histórica concreta desapareça em algum conceito mais abstrato de dependência. Aqui nos defrontamos com outro problema com conceitos como este: eles são formulados de uma maneira tão abstrata que cobrem todos os tipos de dominação. A mais recente contribuição de Ronald Robinson à teoria do imperialismo, a teoria "excêntrica", com ou sem império, sofre deste mal. Nesta, seu último modelo, o imperialismo é concebido em "termos do jogo dos mercados econômico e político internacionais, em que os graus de monopólio e competição nos negócios

51 Há uma vasta literatura sobre este tema. Para uma breve introdução, ver A. G. Hopkins, "Clio-Antics: A Horoscope for African Economic History" em Fyfe, *African Studies*, p.31-48.

52 P. M. Kennedy, "Why Did the British Empire Last So Long?" em P. M. Kennedy, *Strategy and Diplomacy, 1870-1945: Eight studies*, Londres, 1983, p.197-218.

nos níveis mundial, metropolitano e local decidem sua necessidade e lucratividade".[53] Esta é provavelmente uma descrição correta, mas também uma descrição muito abstrata do imperialismo. A assimetria do poder e as mudanças nas formas de colaboração podem ser encontradas através de toda a história. Talvez seja mais conveniente ficar um pouco mais próximo do processo histórico concreto e dar inteira atenção aos aspectos específicos e singulares da expansão europeia. Isso nos traz de volta à questão com que começamos: "O que é história de além-mar?" ou, preferivelmente, "O que será ela no futuro?"

Conclusão

Em 1979, quando P. C. Emmer e eu publicamos um volume de ensaios intitulado *Reappraisals in Overseas History*, também tivemos de fazer a nós mesmos a pergunta: "O que é história de além-mar?" Concluímos então que é um conceito muito mais amplo do que a história da expansão europeia, pois "trata não apenas dos encontros entre europeus e não europeus, mas também dos sistemas econômicos, sociais, políticos e culturais dos próprios não europeus".[54] Isso é verdade. Como observamos nesta contribuição, há de fato duas formas diferentes e claramente distintas de história de além-mar: a história autônoma da Ásia e da África e a história da expansão europeia. Mas como também observamos, esta situação não é satisfatória. Se há histórias autônomas da África, da Ásia, da América, da Austrália etc., não há motivo para se jogar todas essas histórias na cesta de lixo, pela única razão de elas não serem europeias, e chamar isso de "história de além-mar". A razão de ter acontecido isso foi que depois de 1945 a história de além-mar teve de encontrar um

53 Robinson, "The Excentric Idea of Imperialism, With or Without Empire", em Mommsen and Osterhammel, *Imperialism and After*, p.267-89.

54 P. C. Emmer e H. L. Wesseling, "What is Overseas History?" em Emmer e Wesseling, *Reappraisals*, p.3.

novo foco, e os historiadores coloniais e seus alunos voltaram-se para a própria história asiática e africana. Foi pouco antes desses campos provarem seu direito de existência. Nesse meio tempo, o termo "história de além-mar" serviu como uma cobertura neutra e por isso conveniente para suas atividades. Esta forma de história de além-mar pode, por isso, ser considerada um movimento de emancipação. Pode ser comparada com a emergência da história das mulheres ou da história dos negros ou, em um período anterior, com a história das classes trabalhadoras, dos camponeses etc. Assim que a emancipação se conclui, o tema muda o seu caráter. Do ponto de vista do historiador profissional, ele continua a existir como uma especialização, um campo especial de interesse, mas para o público torna-se parte da história "geral".

Esse é claramente também o caso da história africana e asiática. Elas provaram seu direito de existência, assim como a história europeia ou americana. Assim sendo, este ramo particular da história de além-mar está prestes a se desintegrar na história africana ou asiática etc. Mas isso também tem um outro lado. Assim como parte, mas não toda a história europeia, pode ser entendida como história autônoma, o mesmo acontece com o mundo de além-mar. Durante mais ou menos os últimos cinco séculos, as histórias de várias partes do mundo tornaram-se interligadas e várias civilizações influenciaram uma à outra. Este é o outro tópico da história de além-mar e a importância deste aspecto da história moderna está cada vez mais evidente. Sob esse aspecto, a história de além-mar ganhou um lugar distinto no campo da história moderna, não como uma disciplina especial ou uma subdisciplina, mas como uma forma particular de história mundial.

No momento, parece que há duas abordagens, duas maneiras de tratar o problema da história mundial. Uma delas pode talvez ser rotulada de macrossociologia histórica. Este tipo de história é caracterizado por uma abordagem de ciência social. Destaca um fenômeno ou tópico social específico, assim como a formação, a revolução ou a ditadura, e o analisa em vários contextos históricos. Desse modo pode-se distinguir similaridades e dissimilaridades entre, por exemplo, acontecimentos na Europa do século XVI e na China do século XX. O objetivo do jogo é aprender mais sobre o processo histórico em geral.[55] A outra abordagem é mais tradicional, na medida em que tenta distinguir um certo padrão no desenvolvimento da história moderna e considera a escrita da história como a descrição de processos e acontecimentos históricos concretos. A história é também estudada de um modo comparativo, mas dentro da estrutura de desenvolvimentos cronológicos. Há mais interesse nas diferenças entre vários desenvolvimentos e a singularidade de alguns acontecimentos do que em suas similaridades. A estrutura conceitual é aquela da unificação do mundo como uma consequência da expansão da Europa e da ascensão do Ocidente.[56] Ambas as abordagens são caracterizadas por um forte desejo de transcender os limites tradicionais, os pontos de vista provincianos e as tendências viciosas nacionalistas. No fim, elas têm o mesmo objetivo, ou seja, tornar a disciplina ocidental específica da história aplicável à história mundial. Isso é necessário porque "nossa civilização é a primeira a ter por seu passado o passado do mundo, nossa história é a primeira a ser a história do mundo". Essas palavras foram escritas por Huizinga há mais de meio século.[57] O desafio de se extrair em suas consequências é algo que ainda hoje estamos enfrentando.

---

55 Ver T. Skocpol e M. Somer, "The Uses of Comparative History in Macrosocial Inquiry", *Comparative Studies in Society and History*, 22, p.174-97, 1980.

56 Próximo a Wallerstein, Eric R. Wolf, *Europe and the People Without History*, Berkeley, 1982 e P. Curtin, *Cross Cultural Trade in World History*, Cambridge, 1985, assim como W. McNeill, *The Rise of the West: a History of the Human Community*, Chicago, 1963, são relevantes para esta questão.

57 J. Huizinga, "A Definition of the Concept of History", em R. Klibansky e H. J. Paton (ed.), *Philosophy and History*, Oxford, 1936, p.8.

Sobre a micro-história

*Giovanni Levi**

Uma dúvida sem um fim não é nem mesmo uma dúvida.
L. Wittgenstein, 1969

Não é por acaso que o debate sobre a micro-história não tem sido baseado em textos ou em manifestos teóricos. A micro-história é essencialmente uma prática historiográfica em que suas referências teóricas são variadas e, em certo sentido, ecléticas. O método está de fato relacionado em primeiro lugar, e antes de mais nada, aos procedimentos reais detalhados que constituem o trabalho do historiador, e assim, a micro-história não pode ser definida em relação às microdimensões de seu objeto de estudo. Por isso, o leitor pode talvez se surpreender pela natureza um tanto teórica deste artigo. Na verdade, muitos historiadores que aderem à micro-história têm-se envolvido em contínuos intercâmbios com as ciências sociais e estabelecido teorias historiográficas sem, contudo, sentir qualquer necessidade de se referirem a qualquer sistema coerente de conceitos ou princípios próprios. A micro-história, assim como todo trabalho

* Professor de História da Universidade de Veneza.

experimental, não tem um corpo de ortodoxia estabelecida para dele se servir. A ampla diversidade de material produzido demonstra claramente o quanto é limitada a variedade de elementos comuns. Entretanto, em minha opinião, estes poucos elementos comuns, como ocorre na micro-história, são cruciais, e são eles que vou tentar examinar aqui.

Há algumas características distintas na micro-história que derivam daquele período nos anos 1970, quando se iniciou um debate político e cultural mais geral. Não há nada particularmente incomum nisso, pois os anos 1970 e 1980 foram, em quase todo o mundo, anos de crise para a crença otimista prevalecente de que o mundo seria rápida e radicalmente transformado em linhas revolucionárias. Naquela época, muitas das esperanças e mitologias que antes haviam orientado uma parte importante do debate cultural, incluindo o domínio da historiografia, estavam se comprovando, não tanto inválidas, mas inadequadas diante das imprevisíveis consequências dos acontecimentos políticos e das realidades sociais – acontecimentos e realidades que estavam longe de estar em conformidade com os modelos otimistas propostos pelos grandes sistemas marxista ou funcionalista. Ainda estamos vivendo as fases dramáticas iniciais deste processo e os historiadores têm sido forçados a colocar novas questões sobre suas próprias metodologias e interpretações. Além de tudo, a suposição do automatismo da mudança foi corroída: mais especificamente, o que tem sido posto em dúvida é a ideia de uma progressão regular, apesar de uma série de estágios uniformes e previsíveis em que se imaginava que os agentes sociais se alinhavam, conforme as solidariedades e os conflitos em algum determinado sentido, naturais e inevitáveis.

O aparato conceitual com que os cientistas sociais de todas as convicções interpretavam a mudança atual ou passada foi sobrecarregado por uma carga de positivismo herdado. Os prognósticos de comportamento social estavam se comprovando demonstravelmente errôneos e esta falência dos sistemas e paradigmas existentes requeria não tanto a construção de uma nova teoria social geral, mas uma completa revisão dos instrumentos de pesquisa atuais. Por mais banal e simplista que esta colocação possa parecer, esta percepção da crise é tão geral que apenas a mais simples menção pareceria necessária.

Havia, contudo, várias reações possíveis para a crise, e a micro-história em si nada mais é que uma gama de possíveis respostas que enfatizam a redefinição de conceitos e uma análise aprofundada dos instrumentos e métodos existentes. Ao mesmo tempo, têm havido outras soluções propostas, absolutamente mais drásticas, que com frequência desviam para um relativismo desesperado, para o neoidealismo ou mesmo para o retorno a uma filosofia repleta de irracionalidade.

Aqueles historiadores que aderiram à micro-história[1] em geral tinham suas raízes no marxismo, em uma orientação política para a esquerda e em um secularismo radical com pouca inclinação para a metafísica. Apesar do fato de essas características estarem manifestadas de modos amplos e diversos, acredito que serviram para ancorar firmemente esses historiadores à ideia de que a pesquisa histórica não é uma atividade puramente retórica e estética.

Seu trabalho tem sempre se centralizado na busca de uma descrição mais realista do comportamento humano, empregando um modelo de ação e conflito do comportamento do homem no mundo que reconhece sua – relativa – liberdade além, mas não fora, das limitações dos sistemas normativos prescritivos e opressivos. Assim, toda ação social é vista como o resultado de constantes negociação, manipulação, escolhas e decisões do indivíduo, diante de uma realidade normativa que, embora difusa, não obstante oferece muitas possibilidades de interpretações e liberdades pessoais. A questão é, portanto, como definir as margens – por mais estreitas que possam ser – da liberdade garantida a um indivíduo pelas brechas e contradi-

---

1 A obra é centralizada em torno de duas publicações, a série *Microstorie* publicada pela Einaudi em Turim a partir de 1981 e, em parte, a revista *Quaderni Storici*, publicada pelo Il Mulino de Bolonha.

ções dos sistemas normativos que o governam. Em outras palavras, uma investigação da extensão e da natureza da vontade livre dentro da estrutura geral da sociedade humana. Neste tipo de investigação, o historiador não está simplesmente preocupado com a interpretação dos significados, mas antes em definir as ambiguidades do mundo simbólico, a pluralidade das possíveis interpretações desse mundo e a luta que ocorre em torno dos recursos simbólicos e também dos recursos materiais.

Assim, a micro-história possuía uma posição muito específica dentro da chamada nova história. Não era simplesmente uma questão de corrigir aqueles aspectos da historiografia acadêmica que pareciam não mais funcionar. Era mais importante refutar o relativismo, o irracionalismo e a redução do trabalho do historiador a uma atividade puramente retórica que interprete os textos e não os próprios acontecimentos.

Segundo Wittgenstein, "Uma dúvida sem um fim não é sequer uma dúvida".[2] O problema está em achar uma maneira de reconhecer os limites do conhecimento e também da razão, enquanto se constrói uma historiografia capaz de organizar e explicar o mundo do passado. Por isso, o principal conflito não é entre a nova história e a história tradicional, mas antes do significado da história encarada como uma prática interpretativa.[3]

A micro-história como uma prática é essencialmente baseada na redução da escala da observação, em uma análise microscópica e

---

2 L. Wittgenstein, *On Certainty*, Oxford, 1969, parágrafo 625.

3 Por isso discordo da posição assumida por Joan Scott ("History in Crisis? The Others' Side of the Story", em *American Historical Review*, 94, p.680-92, 1989), que considera positivo todo o trabalho histórico de vanguarda. Seu artigo termina evocando uma frase de renovação sem qualquer perspectiva: "Se as muitas histórias diferentes do passado, baseadas em experiências históricas diferentes, são na verdade inconciliáveis, será que não existe o menor modo de se pensar coerente e sistematicamente sobre o passado? [...] Essas questões têm resposta, mas somente se aceitamos a noção de que a própria história é uma disciplina em mutação" (p.691-2). Mas que resposta existe além das "inquirições criativas"?

em um estudo intensivo do material documental. Essa definição já suscita possíveis ambiguidades: não é simplesmente uma questão de chamar a atenção para as causas e os efeitos do fato, de dimensões diferentes coexistirem em cada sistema social; em outras palavras, o problema de descrever vastas estruturas sociais complexas, sem perder a visão da escala do espaço social de cada indivíduo, e a partir daí, do povo e de sua situação na vida. Não é, por isso, uma questão de conceituar a ideia de escala como um fator inerente em todos os sistemas sociais e como uma característica importante dos contextos de interação social, incluindo diferentes dimensões quantitativas e espaciais. Este problema tem sido amplamente discutido entre antropólogos que têm apresentado o conceito de escala exatamente nesta perspectiva: a escala como um objeto de análise que serve para medir as dimensões no campo dos relacionamentos. Para Fredrik Barth, por exemplo, que organizou um seminário fundamental sobre o tema, o problema é o de nossa "capacidade para descrever diferentes combinações da escala em diferentes organizações sociais empíricas, para medir o papel que desempenham nos diferentes setores das vidas que elas moldam".[4] Para a micro-história, a redução da escala é um procedimento analítico, que pode ser aplicado em qualquer lugar, independentemente das dimensões do objeto analisado.

Desejo por um instante encarar mais de perto este problema, pois a ideia da escala ser um objeto de estudo é uma fonte de má interpretação para muitas pessoas, em discussões sobre a micro-história. Frequentemente se supõe, por exemplo, que as comunidades locais possam ser adequadamente estudadas como objetos de sistemas de pequena escala, mas que as escalas maiores deveriam ser usadas para revelar as conexões entre as comunidades dentro de uma região, entre as regiões dentro de um país, e assim por diante. Sem dúvida, fica imediatamente óbvio que mesmo a ação aparentemente mais insignificante, como por exemplo a de alguém sair para comprar

4 F. Barth (ed.), *Scale and Social Organization*, Oslo, Bergen, Tromso, 1978, p.273.

um pão, realmente envolve o sistema bem mais amplo dos mercados de grão de todo o mundo. É apenas uma distorção paradoxal e significativa da perspectiva sugeriria que a vida comercial de uma aldeia não tem interesse, além de seu significado em uma escala local. Um exemplo desse tipo de perspectiva pode ser vislumbrado em uma divertida investida de Franco Venturi contra os estudos de comunidade e em particular contra a micro-história:[5]

> Estudar as crônicas de uma aldeia, o que é feito com enorme frequência hoje em dia, é algo completamente sem sentido. O dever do historiador é estudar as origens daquelas ideias que moldam nossas vidas, não escrever novelas. Basta eu citar um exemplo: há muita conversa atualmente sobre a necessidade de retorno ao mercado. Quem inventou o mercado? Os homens do século XVIII. E na Itália quem se preocupava com isso? Os pensadores do Iluminismo, Genovese e Verri. É importante situar firmemente no centro de nossos estudos as raízes de nossa vida moderna.

Seria possível replicar isso, parafraseando Geertz: "Os historiadores não estudam as aldeias, eles estudam em aldeias".[6]

Naturalmente, a descrição de combinações de escala diferentes, embora congruentes, é importante no fenômeno social, ainda que apenas como um meio de atribuir dimensões internas ao objeto de análise. Entretanto, é autoevidente e até banal afirmar que as dimensões particulares do objeto de análise não refletem necessariamente a escala distintiva do problema colocado. A ideia de que a escala tem sua própria existência na realidade é aceita até por aqueles que consideram que a microanálise só opera através do exemplo, ou seja, como um processo analítico simplificado – a seleção de um ponto específico da vida real, a partir do qual se exemplificam conceitos gerais – em vez de funcionar como um ponto de partida para um

5 F. Venturi, "Lumi di Venezia", *La Stampa*, Turim, 27 de janeiro de 1990.

6 O texto completo diz: "Os antropólogos não estudam as aldeias (tribos, cidades, vizinhanças ...); eles estudam em aldeias". Ver C. Geertz, *The Interpretation of Cultures*, Nova York, 1973, p.22.

movimento mais amplo em direção à generalização. O que as dimensões dos mundos sociais de diferentes categorias de pessoas e de diferentes campos estruturados de relacionamentos demonstram é a natureza precisa da escala que opera na realidade. Nesse sentido, portanto, a segmentação de sociedades complexas é delineada sem se recorrer a suposições e estruturas consideradas *a priori*, mas esta abordagem é capaz apenas de construir uma generalização que é mais metafórica que demonstrada, generalização esta baseada somente na analogia. Parece-me, em outras palavras, que deveríamos discutir o problema da escala não só como aquele da escala da realidade observada, mas também como uma questão de uma escala variável de observação para propósitos experimentais. É natural e correto que a irredutibilidade das pessoas individuais às regras dos sistemas de grande escala tivesse situado o problema da escala no âmago do debate. Em oposição a um funcionalismo supersimples, é importante enfatizar o papel das contradições sociais na geração da mudança social; em outras palavras, enfatizar o valor explanatório das discrepâncias entre as restrições que emanam dos vários sistemas normativos (ou seja, entre as normas do Estado e da família) e do fato de que, além disso, um indivíduo tem um conjunto diferente de relacionamentos que determina suas reações à estrutura normativa e suas escolhas com respeito a ela.

Embora a escala como uma característica inerente da realidade certamente não seja um elemento estranho, no debate da micro-história ela é, sem dúvida, tangencial;[7] porque o problema real está na decisão de reduzir a escala de observação para propósitos experimentais. O princípio unificador de toda pesquisa micro-histórica é a crença em que a observação microscópica revelará fatores previamente não observados. Alguns exemplos desse procedimento intensivo são a reinterpretação do caso contra Galileu como uma defesa das noções

7 G. Levi, "Un problema di scala", em Dieci interventi di Storia Sociale, Turim, 1981, p.75-81.

aristotélicas de substância, e da Eucaristia contra um atomismo que teria tornado impossível a transformação de vinho e pão em sangue e carne;[8] o enfoque sobre um único quadro e a identificação de quem ele representa como um meio de investigação do mundo cultural de Piero della Francesca;[9] o estudo das estratégias matrimoniais consanguíneas em uma pequena aldeia na região de Como para revelar o universo mental dos camponeses do século XVII;[10] a introdução do tear mecânico, observada em uma pequena aldeia têxtil, para explicar o tema geral da inovação, seus ritmos e efeitos;[11] o estudo das transações de terra de uma aldeia para descobrir as regras sociais do intercâmbio comercial que operam em um mercado que, além disso, teve de ser despersonalizado.[12]

Examinemos brevemente o último exemplo. Tem havido muita discussão com respeito à comercialização da terra e é uma crença amplamente considerada que, a precocidade e a frequência das transações de terra, ocorridas em muitos países da Europa Ocidental e na América colonial, indicam a presença precoce do capitalismo e do individualismo. Dois elementos evitaram uma avaliação mais adequada deste fenômeno. Em primeiro lugar, muitas interpretações têm sido baseadas em dados agregados, abordagem que tornou impossível examinar os fatos concretos das próprias transações. Em segundo, os historiadores foram induzidos a erro por sua própria mentalidade

---

8 P. Redondi, *Galileo eretico*, Turim, 1983. Uma tradução de Raymond Rosenthal foi publicada em Londres em 1988 como *Galileo Heretic*.

9 C. Ginzburg, *Indagini su Piero: Il battesimo, Il ciclo di Arezzo, La flagellazione di Urbino*, Turim, 1981. Uma tradução de Martin Ryle e Kate Soper foi publicada em Londres em 1985 como *The Enigma of Piero: Piero della Francesca: The Baptism, The Arezzo Cycle, The Flagellation*.

10 R. Merzario, *Il paese stretto: strategie matrimoniali nella diocesi di Como secoli XVI-XVIII*, Turim, 1981.

11 F. Ramella, *Terra e telai: sistemi di parentela e manifattura nel Biellese dell'Ottocento*, Turim, 1984.

12 G. Levi, *L'Eredità immateriale: carriera di un esorcista nel Piemonte del Seicento*, Turim, 1985, traduzido por Linda Cochrane como *Inheriting Power: the Story of an Exorcist*, Chicago e Londres, 1988.

mercantil moderna, que os levou a interpretar as quantidades maciças de transações monetárias de terra que encontraram em documentos notariais contemporâneos como evidência da existência de um mercado autorregulador. Curiosamente, ninguém observou ou deu importância ao fato de que os preços envolvidos eram extremamente variáveis, mesmo considerando-se as qualidades diferentes da terra. Assim, os preços da terra e o mercado geral normalmente estavam relacionados à suposição inquestionável de que as forças de mercado eram impessoais. Apenas reduzindo-se a escala de observação a uma área extremamente localizada foi possível observar que o preço da terra variava segundo o relacionamento de parentesco entre as partes contratuais. Também foi possível mostrar que eram imputados preços variáveis a terras de igual dimensão e qualidade. Desse modo, tornou-se possível estabelecer que se estava observando um mercado complexo, em que os relacionamentos sociais e pessoais desempenhavam um papel determinante no estabelecimento do nível de preço, do prazo de pagamento e das formas pelas quais a terra trocava de mãos. Esse exemplo parece-me particularmente revelador da maneira como a micro-história procede de modo geral. Os fenômenos previamente considerados bastante descritos e compreendidos assumem significados completamente novos, quando se altera a escala de observação. É então possível utilizar esses resultados para extrair uma generalização mais ampla, embora as observações iniciais tenham sido feitas dentro de dimensões relativamente estreitas e mais como experimentos do que como exemplos.

Apesar de ter suas raízes no interior do círculo de pesquisa histórica, muitas das características da micro-história demonstram os laços próximos que ligam a história à antropologia – particularmente aquela "descrição densa" que Clifford Geertz encara como a perspectiva adequada do trabalho antropológico.[13] Em vez de se

13 C. Geertz, "Thick Description: Toward an Interpretive Theory of Culture", em Geertz, *Interpretation of Cultures*, p.3-31.

iniciar com uma série de observações e tentativas para impor sobre elas uma teoria do tipo legal, esta perspectiva parte de um conjunto de sinais significativos e tenta ajustá-los em uma estrutura inteligível. A descrição densa serve portanto para registrar por escrito uma série de acontecimentos ou fatos significativos que de outra forma seriam imperceptíveis, mas que podem ser interpretados por sua inserção no contexto, ou seja, no fluxo do discurso social. Essa abordagem é bem-sucedida na utilização da análise microscópica dos acontecimentos mais insignificantes, como um meio de se chegar a conclusões de mais amplo alcance.

Este, segundo Geertz, é o procedimento adotado pelo etnólogo cujos objetivos são ao mesmo tempo extremamente ambiciosos e muito modestos. Ambiciosos no sentido de que a autoridade do etnólogo para interpretar o material é praticamente ilimitada e a interpretação é, em grande parte, a essência do trabalho etnográfico. Os escritos antropológicos são trabalhos imaginativos em que a habilidade do autor é medida por sua capacidade de nos colocar em contato com as vidas dos forasteiros e de fixar os acontecimentos ou o discurso social de forma a nos permitir examiná-los claramente. O poder do intérprete tornou-se portanto infinito, imensurável, não suscetível de falsificação.[14] Inevitavelmente, foram introduzidos elementos que são difíceis de ser racionalmente avaliados, variando desde uma espécie de fria empatia até uma habilidade comunicativa literária.

O perigo do relativismo é acentuado, mais que minimizado, pelo pequeno espaço destinado à teoria. Para Geertz, é proveitosa a busca de leis e conceitos gerais, pois a cultura é composta de uma trama de significados, cuja análise não é uma ciência experimental tateando leis universais, mas uma ciência interpretativa em busca de significado. Qual é, então, o papel da teoria? Geertz nega que a abordagem interpretativa deva renunciar explicitamente às formulações teóricas. Entretanto, ele imediatamente prossegue dizendo

14 J. Clifford, "On Ethnographic Authority", *Representations*, I, p.122-39, 1983.

"que os termos em que tais formulações podem ser moldados são, se não inteiramente inexistentes, muito próximos disso [...] Há várias características de interpretação cultural que tornam seu desenvolvimento teórico mais difícil que o usual" (p.24). Em primeiro lugar, está "a necessidade de a teoria ficar bem mais próxima ao campo do que tende a ser o caso em ciências mais aptas a se entregarem à abstração imaginativa" (p.24). "As formulações teóricas pairam tão baixo sobre as interpretações que governam que não fazem muito sentido ou despertam muito interesse se delas separadas" (p.25). Assim, as teorias são legitimadas, mas de pouca utilidade, "porque a tarefa essencial da teoria aqui edificada não é codificar regularidades abstratas, mas tornar possível a descrição densa, não para generalizar os casos cruzados, mas para generalizar dentro de seu interior" (p.26). Algo similar está se passando em relação à inferência clínica: não é uma questão de ajustar os casos observados a uma lei existente, mas antes de trabalhar a partir de sinais significativos – que, no caso da etnologia, são atos simbólicos – que foram organizados "em uma estrutura inteligível" para permitir que a análise do discurso social "extraia a não aparente importância das coisas". Por isso, não é uma questão de elaborar em instrumentos teóricos capazes de gerar previsões, mas de organizar uma estrutura teórica "capaz de continuar a produzir interpretações defensáveis como fenômenos sociais novos vindo à tona [...] Ideias teóricas não são totalmente criadas de novo em cada estudo [...]; elas são adotadas a partir de outros estudos relacionados e, refinadas no processo, aplicadas a novos problemas interpretativos" (p.26-7). "Nossa tarefa dupla é descobrir as estruturas conceituais que inspiram nossos atos individuais, 'ditos' do discurso social, e construir um sistema de análise em cujos termos o que é genérico àquelas estruturas, o que lhes pertence por elas serem o que são, fará contraste com os outros determinantes do comportamento humano. Na etnografia, a função da teoria é promover um vocabulário, onde o que a ação simbólica tem a dizer sobre si mesma – ou seja, sobre o papel da cultura na vida humana – possa ser expresso." Assim, a teoria é "um repertório de conceitos e sistemas de conceitos muito gerais, elaborados no interior da academia [...] que se agita no corpo de uma etnografia de descrição densa, na esperança de transformar ocorrências simples em cientificamente eloquentes" (p.28). Por isso, os conceitos são instrumentos frios tomados da bagagem da ciência acadêmica: eles são úteis na interpretação, mas é apenas nessa função que adquirem realidade concreta e especificidade. As teorias não se originam da interpretação. A teoria só tem um pequeno papel, como subalterna, para desempenhar em relação ao papel muito maior do intérprete. Os sistemas dos conceitos gerais pertencentes à linguagem acadêmica são inseridos no corpo vivo da descrição densa, na esperança de dar expressão científica a acontecimentos simples, não para criar novos conceitos e sistemas teóricos abstratos. Portanto, a única importância da teoria geral é uma parte da construção de um repertório sempre em expansão do material densamente descrito, tornado inteligível através de sua contextualização, que servirá para ampliar o universo do discurso humano.

Parece-me que a antropologia interpretativa e a micro-história têm tanto em comum quanto têm a história e a antropologia em geral. Não obstante, eu quero aqui ressaltar duas diferenças importantes, uma derivada do uso tradicionalmente mais intenso da pesquisa intensiva em pequena escala, e a outra derivada de um aspecto, que tentarei explicar em seguida, e que posso definir como uma espécie de limitação autoimposta, presente no pensamento de Geertz. Essas duas diferenças dizem respeito a trabalhos na prática da racionalidade humana e à legitimidade de se fazerem generalizações nas ciências sociais.

Examinemos, primeiro, a maneira diferente como é encarada a racionalidade. Uma vez que nega a possibilidade de uma análise específica de processos cognitivos, a antropologia interpretativa presume a racionalidade como um ponto de partida, como algo impossível de ser descrito fora da ação humana, fora do comportamento humano, visto tanto como uma ação significativa e simbólica quanto além da interpretação. Até esse ponto, podemos estar de acordo. Entretanto, Geertz extrai dessas considerações conclusões extremas. A única coisa que podemos fazer é primeiro tentar procurar conhecer e depois tornar explícitos, através da descrição densa, os prováveis significados das ações. Aqueles que concordam com essa abordagem não acreditam que seja necessário questionar as limitações, as possibilidades e a mensurabilidade da própria racionalidade. De preferência, quaisquer restrições ou limites inerentes são presumidos como determinados pelo jogo infinito de interpretações essencialmente sem valor, variando entre idealismo e relativismo em vez de estabelecidos pelos padrões de alguma concepção definida da racionalidade humana.

Pode-se prosseguir e afirmar que a concepção de Geertz é revelada por algumas características que ele extraiu de Heidegger,[15] em particular a rejeição da possibilidade de explicação total e a tentativa de construir uma hermenêutica da escuta; ou seja, escutar a linguagem poética, em outras palavras, a linguagem apreendida no esforço de inventar novos significados.[16] Na verdade, segundo Geertz, o homem não pode formular sistemas mentais sem recorrer à orientação de modelos de emoção públicos e simbólicos, pois esses modelos são os elementos essenciais com que ele percebe o mundo. Além disso, esses modelos simbólicos não podem ser encontrados em toda a fala humana, pois a fala em geral degenerou em um simples meio de comunicação. Geertz, como Heidegger, considera esses modelos simbólicos na linguagem quintessencial da poesia, que representa a mais alta expressão da experiência humana da realidade. Geertz especificamente se refere à linguagem do mito, do ritual e da arte: "Para compor nossas mentes devemos saber como nos sentimos a respeito das coisas, e para saber como nos sentimos a respeito das coisas precisamos das imagens públicas do sentimento que apenas

15 M. Heidegger, *Holzwege*, Frankfurt, 1950, traduzido para o italiano como *Sentieri interrotti*, Florença, 1968.

16 G. Vattimo, *Introduzione a Heidegger*, Bari, 1985.

o ritual, o mito e a arte podem proporcionar".[17] A posição clara e lúcida de Geertz é que o repertório infinito das possibilidades simbólicas das mentes humanas nos permite abordar a realidade, por uma série de passos infinitamente pequenos, sem, no entanto, jamais atingi-la. Essa opinião é consistente com a teoria anti-hegeliana de Heidegger, de que o conhecimento do indivíduo não deve dissolver a existência de outros em si mesmo, mas antes que a função adequada do pensamento como um "classificador hermenêutico" é permitir que as outras pessoas permaneçam sendo as outras. Acredito que esse elo heideggeriano é essencial para um entendimento, tanto da força e da sutileza das interpretações quanto da relativa debilidade das explicações dos mundos na antropologia interpretativa de Geertz. Dessa maneira, Geertz pretende evitar a questão da racionalidade e seus limites: limites que são definidos por muito mais do que um acesso simplesmente diferencial à informação. A diferença é aquela entre o "pensamento autêntico" e o pensamento governado pelo princípio da "razão suficiente". Em vista disso, poderia parecer que o etnólogo devesse talvez se contentar em interromper sua pesquisa no nível das descrições do significado.

Sem dúvida deve ser aceito que, de um ponto de vista biológico, todos os homens possuem intelectos substancialmente iguais, mas esse intelecto é completamente dependente dos recursos culturais para seu funcionamento. Essa ênfase na cultura permite que se evite qualquer teoria da superioridade do homem civilizado sobre o homem primitivo. Também evita que se considere a ideia de que a cultura surge em alguns pontos ordenados nas fases evolucionárias. A cultura, definida como a capacidade de pensamento simbólico, é parte da verdadeira natureza do homem. A cultura não é suplementar ao pensamento humano, mas seu ingrediente intrínseco. Não obstante, segundo Geertz, o problema de se evitar o relativismo

---

17 C. Geertz, "The Growth of Culture and the Evolution of Mind", em J. Scher (ed.), *Theories of the Mind*, Glencoe, 1962, p.713-40; republicado em Geertz, *Interpretation of Cultures*, p.55-85.

cultural "absoluto" – assim tornando possível a comparação entre as culturas – não pode ser resolvido e não deve nem mesmo ser mencionado. Ele se limita a definir a função do intelecto como uma "busca de informação": uma elaboração emotiva, usando-se os materiais comuns aos membros de uma cultura específica. "Em suma, a intelecção humana, no sentido específico do raciocínio diretivo, depende da manipulação de certos tipos de recursos culturais, de tal maneira a produzir (descobrir, selecionar) os estímulos ambientais necessários – seja para que propósito for – ao organismo; é uma busca de informação" (p.79), por isso uma reunião seletiva de informação. De fato, os seres humanos necessitam de constantes estímulos afetivos e intelectuais, mas, ao mesmo tempo, esses mesmos estímulos requerem um controle cultural contínuo que os organize em uma ordem significativa e inteligível. Por isso, não é apenas uma reunião de informação, mas a organização emotiva do que está envolvido. Todavia, não é um processo privado, uma vez que o significado dos símbolos repousa no fato de que eles são compartilhados e por isso comunicáveis entre os membros de um grupo pequeno ou grande: no primeiro momento, o pensamento é organizado de acordo com as estruturas simbólicas públicas à mão e somente depois disso ele se torna privado. Mas Geertz não pode ir além dessas considerações, pois uma investigação mais específica no funcionamento da razão iria inevitavelmente introduzir implicações ameaçadoras de uma hierarquização de culturas.

Geertz defende o papel desempenhado pelo relativismo cultural na destruição do etnocentrismo – e com isso nós não podemos deixar de concordar. Entretanto, ele prossegue identificando o relativismo cultural com o relativismo *tout court* e encara todo o antirrelativismo como uma tendência perigosa para considerar algumas culturas como hierarquicamente superiores a outras. Em um artigo revelador de 1984,[18] "*Anti anti-relativism*", ele identifica todo antirrelativismo com

18 C. Geertz, "Anti Anti-Relativism", *American Anthropologist*, 86, p.263-78, 1984.

aquela "posição em que a diversidade cultural, cruzada no espaço e através do tempo, reúne uma série de expressões [...] de uma realidade estabelecida, subjacente, a natureza essencial do homem". Geertz percebe, nesta visão da diversidade superficial que reveste uma profunda homogeneidade subjacente, uma confiança nas teorias da mente humana e da natureza humana, por ele rejeitadas, porque conduzem inevitavelmente ao restabelecimento de conceitos errôneos de "pensamento primitivo" e "desvio social"; em outras palavras, à hipótese de uma hierarquia de convicções e de formas de comportamento dispostas segundo diferentes níveis de racionalidade. Assim, a afirmação neorracionalista de que é possível identificar constâncias formais (universais cognitivos), constâncias relativas ao desenvolvimento (estágios cognitivos) e constâncias operacionais (processos cognitivos), seja sob que forma for, só diminui o poder de conceitos que corretamente enfatizam a diversidade cultural e a alteridade. "Seria realmente lamentável se agora, que a distância que estabelecemos e o local em que nos instalamos estão começando a impressionar, para mudar nosso sentido do sentido e nossa percepção da percepção, tivéssemos de voltar a velhas canções." (p.276) Geertz não se declara relativista, mas antes um anti antirrelativista, no sentido de que estamos em um estágio, talvez transitório, em que apenas a descrição densa e a elaboração de um repertório de significados são possíveis.

Entretanto, não me parece que sua redução de todo argumento racionalista a um renascimento potencial de conceitos hierárquicos de cultura seja defensável; e de fato é difícil considerar Gellner, Lévi-Strauss, Needham, Winch, Horton e Sperber, a quem Geertz se refere, todos como expoentes de uma ordenação hierárquica de culturas. Por que os processos cognitivos ou os universais cognitivos conduziriam apenas a uma conclusão etnocêntrica? Por que uma descrição dos processos racionais em termos formais, ou um conceito das limitações da racionalidade provaria obstáculos a uma descrição não hierárquica de cultura? Por que a formalização e a generalização que permite a possibilidade de comparação entre culturas necessariamente implicariam a destruição da alteridade? Naturalmente o perigo existe, mas a solução será realmente aceitar a ameaça irracionalista paralisante do relativismo como o preço para se escapar do etnocentrismo, um espectro de qualquer modo, até agora, já em grande parte exorcizado? Eu, antes, acredito que é a verdadeira identificação de processos cognitivos uniformes que nos permite a aceitação da relatividade cultural, enquanto rejeitamos o relativismo absoluto daqueles que limitam nossas possibilidades de conhecer a realidade, com o resultado de nos tornarmos enredados em um jogo infinito e gratuito de interpretar as interpretações.

Parece-me que uma das principais diferenças de perspectiva entre a micro-história e a antropologia interpretativa é que a última enxerga um significado homogêneo nos sinais e símbolos públicos, enquanto a micro-história busca defini-los e medi-los com referência à multiplicidade das representações sociais que eles produzem. Portanto, o problema não é simplesmente aquele do funcionamento do intelecto. Há também o perigo de se perder a visão da natureza socialmente diferenciada dos significados simbólicos e consequentemente de sua qualidade em parte ambígua. Isso leva também ao problema de se definirem as diferentes formas de funcionamento da racionalidade humana dentro do contexto de situações específicas. Tanto a quantidade de informação necessária para organizar e definir a cultura quanto à quantidade de informação necessária à ação são historicamente mutáveis e socialmente variáveis. É esse, portanto, o problema que necessita ser enfrentado, uma vez que o arcabouço das estruturas públicas, simbólicas, é uma abstração. Pois, no contexto de condições sociais diferentes, essas estruturas simbólicas produzem uma multiplicidade de representações fragmentadas e diferenciadas; e serão essas o objeto do nosso estudo.

Tanto a quantidade de informação disponível quanto as oportunidades para a observação empírica são provavelmente muito mais amplas e complexas nas sociedades contemporâneas do que nas sociedades simples ou naquelas do passado. Não obstante, o principal problema é sempre aquele estabelecido de forma extraordinariamente iluminada por Foucault;[19] o problema da seleção, a partir da variação de significados alternativos possíveis, que um sistema de classificação dominante deve impor; sem mencionar aquela seleção de informação que podemos chamar de autoprotetora, que nos permite dar significado ao mundo e funcionar de modo eficaz. A quantidade e a qualidade de tal informação não é, entretanto, socialmente uniforme, e por isso é necessário examinar a pluralidade de formas da racionalidade limitada que atua na realidade particular em observação. Essa pluralidade existe como um resultado, entre outras coisas, de mecanismos protetores desdobrados em face de informações em excesso, mecanismos estes que permitem escapar da quantidade total de informação para que as decisões possam ser tomadas. Pode-se pensar, por exemplo, nos processos de simplificação causal, e também na utilização de *slogans* simplificados nas escolhas políticas, nos sistemas etiológicos usados na medicina popular, ou nas técnicas de persuasão empregadas pela indústria de propaganda.

Parece-me, por isso, não ser suficiente conduzir uma discussão geral do funcionamento simbólico, tendo-se como base uma definição geertziana de cultura como uma busca infinita de informação. Acredito ser necessário tentar medir e formalizar os mecanismos de racionalidade limitada – uma racionalidade limitada em que a localização de seus limites varia com as várias formas de acesso à informação – para permitir um entendimento das diferenças existentes nas culturas dos indivíduos, grupos e sociedades em várias épocas e locais. A qualidade um tanto alusiva do importante, mas incompleto, sistema de Geertz, negligencia esse objetivo.

A prova dessa inadequação está exemplificada na abundância do relativismo autobiográfico que surgiu no cenário científico nos últimos anos, sob a capa de antropologia interpretativa (*Reflections*

19 M. Foucault, *Les mots et les choses: archéologie des sciences humaines*, Paris, 1966.

on Fieldwork in Morocco,[20] de Rabinow, parece-me um excelente exemplo). Existe prova adicional no fato de que o repertório das descrições densas não tem um objetivo comparativo, mas permanece simplesmente um repertório do qual se extraem casos para esclarecimento, segundo regras não especificadas. Consequentemente, a interpretação tem com frequência permanecido em aberto, imponderável e limitada. Alguns exemplos dessa imponderabilidade aparecem mais nos geertzianos do que no próprio Geertz. Um exemplo clássico parece-me ser o *Great Cat Massacre*, de autoria de Robert Darnton.[21]

Um segundo aspecto, que já foi mencionado, é se abster de qualquer tentativa de construir modelos e estabelecer as regras formais dos jogos interpretativos e comunicativos. Geertz conclui pela proposição de um uso experimental de conceituação geral, acadêmica, apenas para revitalizar os conceitos nos exemplos concretos das descrições densas. Dessa maneira, um repertório de conceitos é introduzido em um repertório de acontecimentos interpretados, na esperança de que eles operem juntos para que os acontecimentos simples possam se tornar cientificamente eloquentes e, opostamente, que conclusões de longo alcance possam ser extraídas da densidade de fatos simples. Esse método com frequência resulta em uma história cultural sem análise social, ou em uma análise social extremamente estereotipada extraída de uma história cultural intensivamente investigada. A ação é examinada em profundidade, mas sem uma reconceituação complexa e formal dos mecanismos sociais envolvidos, e por isso a análise para de repente, como se estivesse ameaçada, no efetivo limiar da história social. Por exemplo, o carisma e o simbolismo do

---

20 P. Rabinow, *Reflections on Fieldwork in Morocco*, Berkeley e Los Angeles, 1977.

21 R. Darnton, *The Great Cat Massacre and other Episodes in French Cultural History*, Nova York, 1984. Ver também seu artigo "The Symbolic Element in History", *Journal of Modern History*, 58, p.218-34, 1986, e R. Chartier, "Text, Symbols, and Frenchness", *Journal of Modern History*, 57, p.682-95, 1985, assim como G. Levi, "I pericoli del Geertzismo", *Quaderni Storia*, 20, p.269-277, 1985.

poder no cerimonial da coroação parecem falar a mesma língua a todos que pertencem a uma sociedade socialmente indiferenciada.[22] Ou, tomando-se outro exemplo, a briga de galos é apresentada como tendo uma importância universal, singular para o conjunto da sociedade, ainda que as formas de aposta sejam socialmente diversas.[23]

Por outro lado, a micro-história não rejeitou a consideração de diferenciação social da mesma maneira que a antropologia interpretativa, mas a considera essencial para se ter uma interpretação tão formal quanto possível das ações, do comportamento, das estruturas, dos papéis e dos relacionamentos sociais. Em outras palavras, embora os costumes e o uso dos símbolos sejam sempre polissêmicos, não obstante eles assumem conotações mais precisas, a partir das diferenciações sociais variáveis e dinâmicas. Os indivíduos constantemente criam suas próprias identidades, e os próprios grupos se definem de acordo com conflitos e solidariedades, que contudo não podem ser presumidos *a priori*, mas resultam das dinâmicas que são o objeto da análise.

Eu gostaria, agora, de observar outra característica comum ao trabalho dos micro-historiadores, que é o problema da comunicação com o leitor – o problema da narrativa. O restabelecimento da narrativa não deveria ser encarado meramente em termos da escolha entre história qualitativa, individualizada, e aquela história quantitativa, cuja ambição é estabelecer leis, regularidade e comportamento coletivo formal. A micro-história dirigiu especificamente o problema da comunicação e tem estado bastante consciente de que a pesquisa histórica não tem a ver apenas com a comunicação dos resultados em um livro. Esse foi um ponto central negligenciado em um conhecido artigo de Stone.[24]

---

22 C. Geertz, *Local Knowledge: Further Essays in Interpretive Anthropology*, Nova York, 1983, p.121-46.

23 C. Geertz, "Deep Play: Notes on the Balinese Cockfight", Daedalus, 101, p.1-37, 1972, republicado em Geertz, *Interpretation of Cultures*, p.412-54.

24 L. Stone, "The Revival of Narrative: Reflections on a New Old History", *Past and Present*, 85, p.3-24, 1979.

Em geral, os problemas de prova e demonstração em história, por meio do relato de momentos concretos, têm uma relação próxima com as técnicas de exposição. Não é simplesmente um problema de retórica, pois o significado do trabalho histórico não pode ser reduzido à retórica, mas especificamente um problema de comunicação com o leitor, que nunca é uma *tabula rasa*, e por isso sempre coloca um problema de recepção.[25] Parece-me que a função particular da narrativa pode ser resumida em duas características. A primeira é a tentativa de demonstrar, através de um relato de fatos sólidos, o verdadeiro funcionamento de alguns aspectos da sociedade que seriam distorcidos pela generalização e pela formalização quantitativa usadas independentemente, pois essas operações acentuariam de uma maneira funcionalista o papel dos sistemas de regras e dos processos mecanicistas de mudança social. Em outras palavras, é exibido um relacionamento entre os sistemas normativos e aquela liberdade de ação criada para os indivíduos por aqueles espaços que sempre existem e pelas inconsistências internas que fazem parte de qualquer sistema de normas e sistemas normativos. A segunda característica é aquela de incorporar ao corpo principal da narrativa os procedimentos da pesquisa em si, as limitações documentais, as técnicas de persuasão e as construções interpretativas. Esse método rompe claramente com a assertiva tradicional, a forma autoritária de discurso adotada pelos historiadores que apresentam a realidade como objetiva. Na micro-história, ao contrário, o ponto de vista do pesquisador torna-se uma parte intrínseca do relato. O processo de pesquisa é explicitamente descrito e as limitações da evidência

---

25 Recordo a controvérsia entre A. Momigliano, "La retorica della storia e la storia della retorica: sui tropi di Hayden White", em Momigliano, *Sui fondamenti della storia antica*, Turim, 1984, p.464-76 e H. White, *Metahistory*, Baltimore, 1973, em que, no entanto, Momigliano enfatiza excessivamente a oposição entre a verdade e a retórica. Como eu afirmo no texto, os problemas da teoria da argumentação são importantes na historiografia prática e não são, como declara White, incompatíveis com uma referência realista a fatos históricos.

documental, a formulação de hipóteses e as linhas de pensamento seguidas não estão mais escondidas dos olhos do não iniciado. O leitor é envolvido em uma espécie de diálogo e participa de todo o processo de construção do argumento histórico. (Um exemplo esclarecedor deste processo é o livro de Ginzburg e Prosperi.)[26] Henry James adotou uma abordagem similar em seu romance *In The Cage*,[27] que serve como uma extraordinária metáfora ao trabalho do historiador. No romance, James descreve todo o processo de interpretação da realidade, construído por um operador de telégrafo em seu local confinado de trabalho, em um distrito de Londres. Seu material tosco é a documentação escassa, fragmentária e falaciosa, apresentada pelo texto dos telegramas diários, trocados por seus clientes aristocráticos. O romance deste evidente processo de compreensão do mundo é uma metáfora para o trabalho do historiador, mas também proporciona um exemplo do papel que a narrativa pode desempenhar em tal tipo de trabalho.

A abordagem micro-histórica dedica-se ao problema de como obtemos acesso ao conhecimento do passado através de vários indícios, sinais e sintomas. Esse é um procedimento que toma o particular como seu ponto de partida (um particular que com frequência é altamente específico e individual, e seria impossível descrever como um caso típico) e prossegue, identificando seu significado à luz de seu próprio contexto específico.

Entretanto, a contextualização pode significar muitas coisas. A teoria de contexto mais coerente é a funcionalista, cujo aspecto mais característico talvez seja aquele de focalizar o contexto para explicar o comportamento social. Para o funcionalismo, não são tanto as próprias causas do comportamento que constituem os objetos de análise, mas antes a normalização de uma forma de comportamento em um sistema coerente que explica aquele comportamento, suas funções e

---

26 C. Ginzburg e A. Prosperi, *Giochi di pazienza: un seminario sul "Beneficio di Cristo"*, Turim, 1975.

27 H. James, *In the Cage*, Londres, 1898.

o modo como ele opera. O modelo durkheimiano de contextualização enfatiza a natureza restritiva de alguns de nossos conceitos gerais, mas a contextualização é um elemento funcionalista, ainda que se limite a enfatizar o ajustamento entre uma instituição, uma forma de comportamento ou um conceito, e aquele sistema do qual faz parte. Como observa Gellner,[28] mesmo Wittgenstein foi um "seguidor e sucessor" de Durkheim, pois até ele "supunha [que] as categorias eram validadas, por serem partes de uma 'forma de vida'".

Eu gostaria de ressaltar que, ao contrário da ênfase do funcionalismo na coerência social, os micro-historiadores concentraram-se nas contradições dos sistemas normativos e por isso na fragmentação, nas contradições e na pluralidade dos pontos de vista que tornam todos os sistemas fluidos e abertos. As mudanças ocorrem por meio de estratégias e escolhas minuciosas e infinitas que operam nos interstícios de sistemas normativos contraditórios. Isto é realmente uma reversão da perspectiva, pois acentua as ações mais insignificantes e mais localizadas, para demonstrar as lacunas e os espaços deixados em aberto pelas complexas inconsistências de todos os sistemas. Voltando ao exemplo previamente mencionado, é afinal mais funcionalista considerar o significado da briga de galos no contexto de um sistema coerente da cultura balinesa do que considerar os significados múltiplos socialmente fragmentados da briga de galos em si, como um meio de interpretar a cultura balinesa em geral, com todas as suas inconsistências.[29]

De fato, mesmo quando pensamos em um repertório de culturas locais não comparáveis uma com a outra e das quais regras gerais, mais ou menos abstratas, só podem ser deduzidas de uma forma puramente arbitrária, ainda é possível que tal abordagem possa produzir uma interpretação muito funcionalista, se assumir a cultura local como um todo coerente, homogêneo e sistemático. Há, por isso, duas

28 E. Gellner, "Concepts and Society", em B. R. Wilson (ed.), *Rationality*, Oxford, 1970, p.18-49, especialmente p.24.

29 Geertz, "Deep Play"; ver nota 23.

formas possíveis de interpretar um contexto social: como um local que imputa significado a particulares supostamente "estranhos" ou "anômalos", revelando seu significado oculto e consequentemente seu ajustamento a um sistema; ou, por outro lado, como um ponto de descoberta do contexto social em que um fato aparentemente anômalo ou insignificante assume significado, quando as incoerências ocultas de um sistema aparentemente unificado são reveladas. A redução da escala é uma operação experimental justamente devido a esse fato, porque ele presume que as delineações do contexto e sua coerência são aparentes, e revela aquelas contradições que só aparecem, quando a escala de referência é alterada. Esse esclarecimento pode também ocorrer de modo incidental, como observou corretamente Jacques Revel,[30] pelo aumento da escala. A escolha de microdimensões surge como um resultado direto da tradicional preponderância da interpretação macrocontextual, em vista da qual ela é a única direção experimental possível de ser tomada.

Outro conceito de contextualização é aquele que entende o contexto cultural como um processo de se colocar uma ideia dentro dos limites prescritos pelas linguagens disponíveis. Estou pensando aqui, por exemplo, na história intelectual dos contextualistas ingleses.[31] Esta teoria encara o contexto como sendo ditado pela linguagem e pelos idiomas disponíveis e utilizados por um grupo particular de pessoas em uma situação particular para organizar, por exemplo, suas lutas de poder. Essa escola de pensamento tem tido grande influência sobre a teoria social em si e tem iniciado tantas discussões que me parece supérfluo voltar a expor seus argumentos. Entretanto,

30 J. Revel, "L'histoire au ras du sol", introdução a G. Levi, *Le Pouvoir au village*, Paris, 1989, p.i-xxxiii.

31 Ver J. G. A. Pocock, *The Machiavellian Moment: Florentine Political Thought and the Atlantic Republican Tradition*, Princeton, 1975 e *Virtue, Commerce, and History: Essays on Political Thought and History, chiefly in the Eighteenth Century*, Cambridge, 1985. Ver também Q. Skinner, "Hermeneutics and the Role of History", *New Literary History*, 7, p.209-32, 1975-6, e o livro de Skinner, *The Foundations of Modern Political Thought: the Renaissance*, Cambridge, 1978.

a perspectiva da micro-história é, mais uma vez, diferente, porque uma importância fundamental é dada às atividades, às formas de comportamento e às instituições que proporcionam o arcabouço dentro do qual os idiomas podem ser adequadamente entendidos, e que permitem uma discussão significativa daqueles conceitos e convicções que de outra maneira permaneceriam hermeticamente fechados em si mesmos, sem uma adequada referência à sociedade – mesmo que o discurso seja conceitualizado, mais como uma ação do que como uma reflexão.

A contextualização pode ter um terceiro significado: este consiste na colocação formal e comparativa de um acontecimento, uma forma de comportamento ou um conceito, em uma série de outros que são similares, embora possam estar separados no tempo e no espaço. Esta contextualização pressupõe que as estruturas formalizadas e explícitas são comparáveis, mas está preocupada não apenas em agrupar os itens individuais, caracterizados por um ou mais aspectos comuns, mas também com a classificação baseada em similaridades "indiretas" via analogia. Aqui o contexto envolve não somente a identificação de um conjunto de coisas que compartilham certas características, mas pode também operar no nível da analogia – ou seja, na área em que a similaridade perfeita existe mais entre os relacionamentos que unem as coisas do que entre as próprias coisas, que podem ser muito diversas. A similaridade ocorre entre sistemas de relações envolvendo elementos diferentes. É, por assim dizer, uma identificação de semelhanças familiares. (Eu me refiro aqui em particular à posição de Needham.)[32]

A micro-história tem demonstrado a falibilidade e a incoerência dos contextos sociais como convencionalmente definidos: observe-se, por exemplo, as críticas feitas por M. Gribaudi[33] em relação à delimitação das vizinhanças da classe trabalhadora. Gribaudi demonstra

32 R. Needham, *Reconnaissances*, Toronto, Buffalo, Londres, 1980.

33 M. Gribaudi, *Mondo operaio e mito operaio: spazi e percorsi sociali a Torino nel primo Novecento*, Turim, 1987.

que as solidariedades podem estar baseadas não tanto na similaridade da posição social, mas antes na similaridade da posição nos sistemas de relacionamentos. Outro exemplo é a análise das regras do matrimônio e dos efeitos da consanguinidade na região do Como no século XVII;[34] nessa análise, uma forte contextualização social e uma redução da escala revelam a importância das regras abstratas formais do matrimônio como uma base para as categorizações sociais. Para outro exemplo, veja-se o estudo de um feudo realizado por Ago.[35]

Essas observações colocam problemas adicionais, o que é necessário considerar brevemente. Em primeiro lugar, o problema do contraste entre o conhecimento individualizado e o generalizado – debate recorrente entre os historiadores sociais. É suficiente recordar o debate sobre história qualitativa ou quantitativa da família, ou, em um contexto mais amplo, a crise que abalou uma convicção difundida nos anos 1960 da possibilidade de se quantificar as ocorrências sociais e formular leis rigorosas de comportamento social. Desejo concentrar-me aqui em um único aspecto que, embora talvez em si singular, serve para esclarecer um problema importante. Gostaria de examinar o que significa história quantitativa, ou melhor, examinar aquelas características da quantificação implícitas em um conceito mecanicista de realidade social.

A micro-história tenta não sacrificar o conhecimento dos elementos individuais a uma generalização mais ampla, e de fato acentua as vidas e os acontecimentos individuais. Mas, ao mesmo tempo, tenta não rejeitar todas as formas de abstração, pois fatos insignificantes e casos individuais podem servir para revelar um fenômeno mais geral. Em uma ciência frágil em que, se a própria experimentação não é impossível, aquele aspecto da experimentação envolvendo a capacidade de reproduzir as causas está excluído, mesmo as menores dissonâncias provam ser indicadores do signi-

34 Merzario, *Il paese stretto*, 1981.

35 R. Ago, *Un feudo esemplare: immobilismo padronale e astuzia contadina nel Lazio del '700*, Roma, 1988.

ficado que podem potencialmente presumir as dimensões gerais. Edoardo Grendi definiu essa perspectiva como sendo a atenção dada ao "normal excepcional".[36] As alternativas de sacrificar o particular ao geral, ou de concentrar apenas na singularidade do particular é, portanto, uma distinção inadequada. O problema é mais aquele de como podemos elaborar um paradigma que dependa do conhecimento do particular, embora não rejeitando a descrição formal e o conhecimento científico do próprio particular.[37] Não obstante, as comparações entre quantitativo e qualitativo, acontecimento e série, particular e geral, levaram a uma visão errônea dos instrumentos adequados à formalização. A história social tradicionalmente se considerava capaz de aplicar modelos rígidos à história e de utilizar um tipo quantitativo de formalização, em que o conceito de causalidade não poderia ser enfraquecido pela atenção às escolhas e às incertezas pessoais, às estratégias individuais e de grupo que evocam uma perspectiva menos mecanicista. Como esta tendência a identificar a formalização com a quantificação há muito tempo tem sido predominante, a história ficou paradoxalmente atrás das outras ciências sociais. Parece-me que a micro-história se movimenta mais firmemente em direção aos ramos não quantitativos da matemática para apresentar representações mais realistas e menos mecanicistas, ampliando assim o campo da indeterminação, sem necessariamente rejeitar as elaborações formalizadas. Problemas como aqueles relacionados a gráficos ou a entrelaçamentos relacionais, com a decisão em situações incertas, com o cálculo de probabilidades e com jogos e estratégias, foram todos, inacreditavelmente, negligenciados no debate sobre a chamada história quantitativa. Ao se decidir trabalhar com um quadro diferente, mais complexo e realista, da racionalidade

36 E. Grendi, "Microanalisi e storia sociale", *Quaderni Storici*, 7, p.506-20, 1972, e *Polanyi: dall'antropologia economica alla microanalisi storica*, Milão, 1978.

37 C. Ginzburg, "Spie: radici di um paradigma indiziario", em A. Gargani (ed.), *Crisi della ragione*, Turim, 1979, p.59-106, republicada no livro de Ginzburg, *Miti Emblemi Spie: morfologia e storia*, Turim, 1986, p.158-209. Uma tradução inglesa do livro foi publicada em Londres em 1990 como *Myths, Emblems, Clues*.

de atores sociais e ao se considerar a natureza fundamentalmente entrelaçada dos fenômenos sociais, torna-se de imediato necessário desenvolver e utilizar novos instrumentos formais de abstração. O campo permanece bem aberto para a exploração dos historiadores.

Estas, então, são as questões e posições comuns que caracterizam a micro-história: a redução da escala, o debate sobre a racionalidade, a pequena indicação como um paradigma científico, o papel do particular (não, entretanto, em oposição ao social), a atenção à capacidade receptiva e à narrativa, uma definição específica do contexto e a rejeição do relativismo. Estes elementos característicos são de muitas maneiras similares àqueles esboçados por Jacques Revel em um artigo recente sobre a micro-história que, talvez, até agora, seja a tentativa mais coerente de interpretar este trabalho experimental.[38] Revel[39] define a micro-história como a tentativa de estudar o social, não como um objeto investido de propriedades inerentes, mas como um conjunto de inter-relacionamentos deslocados existentes entre configurações constantemente em adaptação. Ele encara a micro-história como uma resposta às limitações óbvias daquelas interpretações da história social, que em sua busca de regularidade, dá proeminência a indicadores supersimples. A micro-história tentou construir uma conceituação mais fluida, uma classificação menos prejudicial do que constitui o social e o cultural, e um arcabouço de análise que rejeita simplificações, hipóteses dualistas, polarizações, tipologias rígidas e a busca de características típicas. "Por que tornar as coisas simples, quando se pode torná-las complicadas?" (p.xxiv) é o lema que Revel sugere para a micro-história. Com isso ele quer dizer que o verdadeiro problema para os historiadores é serem bem-sucedidos no expressar a complexidade da realidade,

38 C. Ginzburg e C. Poni, "Il nome e il come: scambio ineguale e mercato storiografico", *Quaderni Storici*, 14, p.181-90, 1979; um breve manifesto inicial que, lido hoje, parece ter sido muito superado pelo trabalho subsequente no campo prático da micro-história.

39 Revel, "L'histoire au ras du sol", em Levi, *Le pouvoir au village*, 1989.

ainda que isso envolva o uso de técnicas descritivas e formas de raciocínio, que são mais intrinsecamente autoquestionadas e menos assertivas que qualquer outra antes utilizada. O problema é também aquele de selecionar as áreas importantes para o exame: a ideia de se considerarem os indivíduos da história tradicional em uma de suas variações localizadas é análoga à ideia de ler nas entrelinhas de um determinado documento, ou entre as figuras de um quadro, para discernir significados que previamente escaparam da explicação; ou a verdadeira importância daquilo que antes parecia ter surgido meramente por circunstância ou necessidade; ou o papel ativo do indivíduo que antes parecia simplesmente passivo ou indiferente.

Com referência à definição de Revel, tentei salientar mais claramente o impulso antirrelativista da micro-história e as aspirações de formalização que caracterizam, ou em minha opinião deviam caracterizar, o trabalho do micro-historiador. Isso é importante, pois os conceitos que usamos na história e nas ciências sociais são com frequência imprecisos e usados metaforicamente. O próprio conceito de configuração, por exemplo, fórmula inteligente e intuitiva de Elias, parece-me típico no sentido de ser poderosamente expressivo, mas permanece alusivo e não se movimenta em direção a algo que, como tentei mostrar neste artigo, acredito ser possível expressar em termos mais formais.

Não sei se esta apresentação da micro-história é confiável. Gostaria de apresentar, em termos mais ou menos bem caracterizados, um grupo de pessoas que na verdade tem se envolvido em muitos e variados debates na história social italiana nos anos 1970 e 1980. Talvez eu devesse ter explicado, de modo mais amplo, as várias opiniões diferentes envolvidas e as referências a um debate histórico que se estende muito além do grupo italiano. Devo, por isso, esclarecer as coisas informando o leitor de que meus princípios diretivos são fortemente pessoais; este é muito mais um autorretrato que um retrato de grupo. Eu não poderia ter feito de outra forma e por isso advirto o leitor ser este o caso.

História oral

*Gwyn Prins**

Os historiadores das sociedades modernas, industriais e maciçamente alfabetizadas – ou seja, a maior parte dos historiadores profissionais – em geral são bastante céticos quanto ao valor das fontes orais na reconstrução do passado. "Nesta questão sou quase totalmente cético", observou A. J. P. Taylor, causticamente. "Velhos babando acerca de sua juventude? Não!" Muitos podiam nessa altura ser um pouco mais generosos e admitir a história oral – a história escrita com a evidência acumulada de uma pessoa viva, de preferência àquela de um documento escrito – como uma ilustração agradável e útil; mas poucos aceitariam que tais materiais possam se tornar essenciais no estudo das sociedades modernas, documentadas. Acham que as "histórias do povo" de Terkel, da Depressão e da Segunda Guerra Mundial jamais edificam hipóteses históricas importantes sobre aqueles grandes acontecimentos.

A fragilidade implícita das fontes orais é considerada universal e irreparável; por isso, para as sociedades sem registros escritos, o alcance convencional do discernimento é desanimador. Em um extremo, Arthur Marwick em *The Nature of History* admite que "a história baseada exclu-

* Diretor de Estudos de História e membro do Emmanuel College.

sivamente em fontes não documentais, como, por exemplo, a história de uma comunidade africana, pode ser uma história mais imprecisa e menos satisfatória do que uma extraída de documentos, mas de todo modo é uma história". No outro extremo, a menos que haja documentos, não pode haver uma história adequada. Desde o início da história (isto é, da história escrita segundo o método de Ranke), a África tem sido vista como o continente a-histórico *par excellence*. Esta opinião foi consistentemente sustentada, desde a sentença de Hegel em 1831, de que "ela não é parte histórica do mundo", até a famosa observação de Hugh Trevor-Roper em 1965, que ofendeu por uma geração os clãs de africanistas anticoloniais que rapidamente se proliferavam na época, declarando que a África não possuía história, apenas evoluções sem sentido de tribos bárbaras.[1] Esta não era somente uma visão da direita ou apenas da África. As aldeias indianas, exemplificando o modo de produção asiático, simplesmente assavam ao sol, reproduzindo-se improdutivamente "intocadas pelas nuvens tempestuosas do céu político", na famosa frase de Marx. Os defensores marxistas dos movimentos anticoloniais desde então fazem malabarismos tentando explicar que o Velho realmente não quis dizer o que claramente ele disse.

Tanto nos casos simpáticos quanto nos hostis, é aplicado o teste rankeano básico. Sob a hierarquia de dados rankeana, quando forem disponíveis fontes oficiais, escritas, elas devem ser as preferidas. Quando não se dispuser delas, tem-se de tolerar a segunda escolha, buscando-se as informações longe da fonte pura do texto oficial. Os dados orais são, nesses termos, certamente a segunda melhor ou pior escolha, pois seu papel é facilitar as histórias de segunda escolha sobre as comunidades com fontes escassas. Nesses critérios, Hegel, Trevor-Roper e Marx estão apenas sendo escrupulosos.

Por parte daqueles que empregam as fontes orais, tem havido dois tipos de reação a tal ceticismo, uma de irritação, a outra um

1 Para a visão de um caminho diferente que começa deste mesmo ponto, ver Henk Wesseling, "What is overseas history", p.97-131.

pouco menos. Paul Thompson, figura proeminente no "movimento" da história oral (uma autodescrição que já possui um halo evangelista), que defende o valor das fontes orais na história social moderna, como proporcionando presença histórica àquelas, cujos pontos de vista e valores são descartados pela história vista de cima, escreveu iradamente em seu manifesto, *The Voice of the Past*, que

> a oposição à evidência oral é muito mais fundamentada no sentimento do que no princípio. A geração mais velha dos historiadores que ocupam as cátedras e detêm as rédeas é instintivamente apreensiva em relação ao advento de um novo método. Isso implica que eles não mais comandem todas as técnicas de sua profissão. Daí os comentários depreciativos sobre os jovens que percorrem as ruas com gravadores de fita.[2]

Assim, na batalha sobre as fontes orais na história contemporânea, a linguagem imoderada revela que profundas paixões estão comprometidas de ambos os lados. Mas quanto ao papel das fontes orais para a história das sociedades não alfabetizadas, o mais renomado expoente da história oral na África, Jan Vansina, admitiu francamente o objetivo de Marwick em *seu* manifesto, *Oral Tradition as History*:

> Onde não há nada ou quase nada escrito, as tradições orais devem suportar o peso da reconstrução histórica. Elas não farão isso como se fossem fontes escritas. A escrita é um milagre tecnológico [...] As limitações da tradição oral devem ser amplamente avaliadas, de modo que ela não se transforme em um desapontamento quando, após longos períodos de pesquisa, resultar uma reconstrução ainda não muito detalhada. O que se reconstrói a partir de fontes orais pode bem ter um baixo grau de confiabilidade, na medida em que não existem fontes independentes para uma verificação cruzada.[3]

Pode-se observar que a concordância está limitada às circunstâncias em que as fontes orais têm de se estabelecer sozinhas; e uma vez

2 P. Thompson, *The Voice of the Past*: Oral History, Oxford, 1978, p.63.
3 J. Vansina, *Oral Tradition as History*, Madison, Wisconsin, 1985, p.199.

que Vansina demonstra, tanto naquele livro quanto em suas muitas monografias, que frequentemente não é este o caso, a principal estocada de seu argumento é, de fato, muito mais peremptória. A questão é que o relacionamento entre as fontes escritas e orais não é "aquele da prima-dona e de sua substituta na ópera: quando a estrela não pode cantar, aparece a substituta; quando a escrita falha, a tradição sobe ao palco. Isso está errado. [As fontes orais] corrigem as outras perspectivas, assim como as outras perspectivas as corrigem".

Por que seria tão controvertida a utilização das fontes orais? Paul Thompson sugeriu que os velhos professores não gostam de aprender novos truques e resistem ao que percebem ser uma erosão da posição especial do método rankeano. Isso pode ser verdade, mas eu suspeito de que há razões mais profundas, e menos estridentes. Os historiadores vivem em sociedades alfabetizadas e, como muitos dos habitantes de tais sociedades, inconscientemente tendem a desprezar a palavra falada. Ela é o corolário de nosso orgulho em escrever e de nosso respeito pela palavra escrita. E por que não? Como Vansina observou, a comunicação por meio da linguagem simbólica, escrita, é uma realização absolutamente estupenda. O alfabetizado tende a se esquecer disso. Os maoris da Nova Zelândia proporcionam um exemplo triste, mas esclarecedor, de uma ocorrência comum durante a expansão da Europa: os povos analfabetos que observaram, depois seguraram com uma energia feroz, mas falharam no controle desse instrumento do poder.

Os fatos triviais são particularmente impressionantes. Em 1833, talvez 500 maoris podiam ler; depois de um ano, 10 mil. Em 1840, ano do Tratado de Waitangi, em que os dirigentes maoris perderam sua terra (ou obtiveram o benefício da anexação britânica, dependendo do nosso ponto de vista), algo raro para um *pakeha* (homem branco) naquela época, um viajante expressou temor pela saúde física dos maoris. Em vez de se exercitarem (o que é próprio dos selvagens nobres), eles agora eram sedentários, tendo-se "tornado leitores". Em 1837, o tipógrafo William Colenso – membro de uma famosa família de missionários – concluiu a primeira edição de um

Novo Testamento Maori, e em 1845 os missionários protestantes distribuíram quase tantos Novos Testamentos Maoris quanto metade do número de maoris. Em 1849, o Governador George Gray acreditava que a proporção de maoris alfabetizados era maior que a de qualquer população europeia. Que poder os maoris viam na escrita, para buscá-la tão avidamente?

Era um poder triplo, mas como muitos povos recém-conquistados e recém e parcialmente alfabetizados, os maoris só conseguiram atingir uma pequena parcela dele. A primeira faceta do poder do livro era totêmica. Os maoris analfabetos levavam livros – quaisquer livros – para a igreja, ou enfiavam as páginas em orifícios ampliados nos lóbulos de suas orelhas. Era uma tentativa, comumente observada nos primeiros estágios de um encontro colonial, de obter o poder por meio da associação. A segunda faceta era manipuladora. O mesmo Colenso (utilizando o mesmo recurso com que imprimiu as escrituras) em 1840 imprimiu o texto do Tratado de Waitangi. No encontro para discutir o Tratado, ele não conseguiu convencer o Governador de que, embora todos os maoris pudessem ouvir e alguns pudessem ler as palavras do rascunho do inglês traduzido, eles não poderiam e não podiam compreender o significado legal, ou compartilhar os conceitos subjacentes de propriedade, ou ainda entender as consequências da assinatura. Don McKenzie declara que os maoris foram os que mais perderam, e durante mais tempo, na batalha sobre o controle da terra, precisamente porque sua exposição à alfabetização na década anterior deu a impressão de que eles podiam e realmente aceitaram os termos do jogo determinados pelo registro escrito, mas não foram capazes de manipulá-lo com sucesso.[4]

A terceira faceta do poder é formal e ativa. É o poder de externalizar, de acumular e fixar o conhecimento. Isso, os maoris só

4 D. F. McKenzie, "The sociology of a text: oral culture, literacy and print in early New Zealand", em P. Burke e R. Porter (ed.), *The Social History of Language*, Cambridge, 1987, p.161-97.

adquiriram em uma escala politicamente significativa na geração seguinte. Esta é a verdadeira essência do milagre de escrever e, em todas as comunidades, a capacidade de cruzar a soleira do passivo para o ativo, de passar de vítima a dominador da palavra escrita, foi a mais revolucionária de suas consequências, ainda que a mais ilusória.

Nas antigas pinturas nas cavernas de Lascaux, na França, entre as imagens de animais podem ser vistas séries de pontos dispostos aos pares. Esses podem ser os primeiros exemplos de comunicação simbólica: comunicação que é feita pelo indivíduo, embora exista independentemente dele no tempo e no espaço. A capacidade de realizar isso é um critério fundamental na distinção do *Homo sapiens* – homem sábio – de seus predecessores biológicos: a primeira grande divisória na história humana. Os pontos de Lascaux podem ser, tanto quanto os machados polidos, os primeiros prenúncios da revolução neolítica, que é a base de toda a civilização subsequente.

No antigo Oriente Próximo, o ferro, o trigo e os animais domésticos eram subjugados.[5] Lá também ocorreu a principal invenção que libertou os potenciais da escrita. A escrita simbólica foi criticamente importante, capacitando o homem a transcender a não permanência da fala, mas era difícil. Foi a criação de um sistema *alfabético* de escrita que facilitou o desenvolvimento final de uma sociedade essencialmente alfabetizada, que primeiro floresceu na Grécia no século VII antes de Cristo. Bertrand Russell chamou o nascimento da civilização na Grécia a coisa mais difícil de ser relatada em toda a história, e a mais surpreendente. Foi com certeza outra linha divisória, mas talvez não tão importante quanto aquela representada pela revolução neolítica, e talvez não merecendo uma linguagem tão elevada.

Jack Goody, em *The Domestication of the Savage Mind*, sugere que na busca da compreensão do poder da alfabetização, é útil, adaptando-se

5 O ferro foi também independentemente subjugado na Tailândia e provavelmente próximo aos Grandes Lagos na África Central; a importância da descoberta do Oriente Próximo está em sua combinação com o cavalo e com os grãos.

a terminologia de Marx, distinguir duas partes no *modo* de comunicação: os objetivos e as relações de comunicação, respectivamente as dimensões físicas e as socioculturais. Além disso, declara ele, elas devem ser sempre consideradas em conjunto. Nesses termos, a Grécia pode ser situada em um contexto.

Nós nos encontramos em uma sociedade de literatura maciça, que desfruta de um sistema alfabético de escrita e, olhando para trás, podemos distinguir três modos de comunicação. Podemos ver:

> 1. Culturas orais em que a linguagem assume uma forma puramente oral. Essas são tipificadas por linguagens locais; são hoje em dia, e têm sido há longo tempo, relativamente raras.
>
> 2. Culturas escritas em que a linguagem assume somente uma forma escrita, porque a forma oral não mais existe. Essas são tipificadas pelas línguas clássicas.
>
> 3. Culturas compostas em que uma linguagem assume tanto formas orais, quanto escritas, para todo o povo ou para uma proporção dele. Somos obrigados a categorizar mais e distinguir entre culturas *universalmente alfabetizadas*, que nós muito facilmente admitimos de modo tácito, mas que são historicamente incomuns, e culturas *restritamente alfabetiz*adas, em que a maior parte das pessoas vive à margem, mas sob o domínio do registro escrito.

A existência no interior de uma cultura composta é, de fato, típica, atualmente, para todas as grandes línguas do mundo. As pessoas, ou são individualmente analfabetas ou semianalfabetas reguladas pelo livro, assim como os maoris no século XIX, grande parte do mundo islâmico ou o mundo pós-alfabetizado no mundo novo da comunicação de massa eletrônica: dominadas pelo rádio, pela televisão e pelo telefone. Mas os historiadores são pessoas alfabetizadas *par excellence*, e para eles a palavra escrita é soberana. Estabelece seus padrões e métodos. Rebaixa as palavras faladas, que se tornam utilitárias e sem interesse, em comparação com o significado concentrado do texto. As nuanças e os tipos de dados orais não são levados em conta.

Um dos efeitos de se viver em uma cultura dominada pela palavra escrita é, devido ao rebaixamento da palavra falada, cauterizá-la.

Podemos possuir uma consciência detalhada de muitas linguagens escritas complexas, especiais. No inglês, no correr dos tempos, tivemos os modos chauceriano e shakespeareano, ou a linguagem especial da Bíblia do rei James ou do Livro de Orações, todas as quais sobrevivem. Ao observar uma cultura oral ou composta, temos de fazer um esforço consciente para tentar e retardar nosso passo de acesso, e considerar o testemunho oral como, potencialmente, do mesmo modo complexo. Devemos reconhecer a distinção entre a fala importante e a banal, assim como a Tess dos Ubervilles de Thomas Hardy passou do dialeto de Dorset para o inglês padrão, segundo seu interlocutor, assim como os rastafarianos do Caribe merecem um registro especial para o canto religioso.

Um dos exemplos mais antigos e mais conhecidos de como as linguagens especiais do registro oral e escrito se entrelaçam em uma cultura composta é a tradição oral sobre o Corão, o *hadith*. Em um magnífico estudo dessa cultura islâmica composta, Ernest Gellner mostrou como o *baraka* (autoridade carismática) dos "santos" ou Homens Sagrados das Montanhas Atlas do Marrocos deriva, para seus vizinhos analfabetos, de sua interpretação oral da lei islâmica, o *shari'a*. Mas o *shari'a* é uma lei escrita e esses Homens Sagrados podem ser eles próprios pessoalmente analfabetos. Mas extraem seu carisma da associação com o poder da palavra do livro.

Os historiadores tradicionais, orientados por documentos, buscam três qualidades em suas fontes, nenhuma das quais os dados orais manifestamente possuem. Por isso eles não são levados a sério. Exigem precisão na forma. É importante verificar a natureza estável da evidência. Um documento é um artefato. Não há dúvidas a respeito do que é, fisicamente, o testemunho: a forma é fixa. Ele também pode ser testado de várias maneiras, fisicamente (mais uma vez), mas também através de uma bateria de meios comparativos, textuais, estruturais e outros. Isso proporciona a segunda qualidade buscada: a precisão na cronologia.

Os historiadores pensam em tempo serial, como é medido pelo calendário e pelo relógio de pulso. Os documentos podem oferecer belos detalhes nessa dimensão e assim podem permitir que se derive deles argumentos sutis. A objetividade requerida pelos membros mais tradicionais da profissão histórica é colocada em grande parte sobre a suposta força de dedução extraída de um estudo concentrado da lógica da narrativa belamente estruturada. Mas, como veremos logo a seguir, o tempo serial não é o único tipo de tempo que os homens utilizam, e há outras coisas além da mudança para explicar.

Em terceiro lugar, uma vez que se é alfabetizado, a escrita é fácil e deixa um rastro marcado, e por isso vivemos em um oceano de mensagens escritas e consideramos a compreensão da mensagem de um texto lendo textos adicionais. *Testis unus, testis nullus*: uma única testemunha não é testemunha. Nós demonstramos por multiplicação. Em cada um desses campos, a evidência oral sem comprovação é considerada pobre. A forma não é fixa; a cronologia frequentemente é imprecisa; a comunicação muitas vezes pode não ser comprovada. Para os historiadores que não gostam da história oral, esses compõem campos suficientes para sua rejeição. Mas outras duas razões são com frequência adicionadas em relação a seus objetos de estudo. Uma delas, mencionada no início deste capítulo, é que a história oral está autoindulgentemente preocupada com questões tangenciais. A outra é que não pode ser outra: ela está enclausurada na irrelevância da pequena escala.

Creio que a queixa geral das premissas metodológicas sobre a precisão frequentemente refletem uma crença de que os dados orais não podem explicar a mudança, e que a mudança é o que mais os historiadores estudam. Mas isso não é totalmente verdade; e em algumas circunstâncias, em especial nas sociedades não alfabetizadas ou quase alfabetizadas, a continuidade é muito mais interessante e muito mais difícil de ser explicada do que a mudança. A queixa da autoindulgência reflete um preconceito contra a história vista de baixo, ou um medo de que, uma vez que os dados orais sejam expressos na escala das percepções do indivíduo, o historiador seja enganado por eles na pequena escala, possivelmente os interprete mal e assim seja incapaz de extrapolar de maneira eficiente. Em suma, ficaríamos irremediavelmente atravancados. A história oral só nos relata o trivial sobre as pessoas importantes e as coisas importantes (através de sua própria visão) das pessoas triviais.

Será isso realmente verdade? Evidentemente, foi para destruir esse tipo de postura de rejeição que a artilharia do "movimento da história oral" deslocou-se para o campo de batalha. Ele pode ter sido superentusiasticamente bombardeado nos disparos iniciais, mas as questões que estão em disputa são reais e estão igualmente vinculadas às funções da memória e aos propósitos da história, nas sociedades com modos de comunicação diferentes. Há outros testes, além dos rankeanos, a serem aplicados.

Para julgar essas queixas e verificar quem está escamoteando quais suposições sobre os propósitos do historiador, devemos ser precisos na definição dos termos, para evitar erros de categoria. Por isso, imediatamente distingo dois tipos, e dentro de um tipo, seguindo Vansina, quatro formas diferentes de dados orais, e devemos estar preparados para encontrar argumentos diferentes sobre cada um deles, em diferentes tipos de sociedade.

Mais precisamente, o que é evidência oral? No início eu a defini como a evidência obtida de uma pessoa viva, em oposição a fontes inanimadas, mas isso não está suficientemente detalhado. Há a tradição oral. Em *De la tradition orale,* o livro que, mais que qualquer outro, revolucionou nossa percepção da tradição oral, Jan Vansina a definiu como "o testemunho oral transmitido verbalmente *de uma geração para a seguinte,* ou mais" (a ênfase é minha). Tal material é a substância daquilo que possuímos para reconstruir o passado de uma sociedade com uma cultura oral. A tradição oral torna-se cada vez menos pronunciada, à medida que a cultura se move para a alfabetização maciça, embora alguma tradição oral possa persistir em um ambiente predominantemente alfabetizado.

O outro tipo de fonte oral é a reminiscência pessoal. Esta é uma evidência oral específica das experiências de vida do informante. Tal evidência não passa de geração para geração, exceto de modo altamente esmaecido, como por exemplo em narrativas familiares privadas. Na década de 1870, meu avô materno trabalhava como ajudante de jardineiro em uma mansão em Cornwall. O mordomo era um sádico que costumava colocar gatinhos no fogão quente da cozinha e se divertia assistindo à sua agonia. Compreensivelmente, meu avô não esqueceu esse comportamento e, na verdade, deixou a casa para trabalhar nas minas de estanho por causa daquele homem. Esse fragmento eu ouvi de minha mãe. A reminiscência pessoal direta compõe a carga esmagadora da evidência oral, utilizada por Paul Thompson e o movimento da história oral.

A tradição oral distingue-se da reminiscência de outra maneira. A transmissão de grandes quantidades e formas especiais de dados orais, de geração para geração, requer tempo e um esforço mental considerável; por isso, deve ter algum propósito. Em geral, acredita-se que o propósito seja estrutural. Alguns teóricos, como Durkheim, encarariam o propósito na criação e transmissão da história oral, desde que sistemática e dependentemente relacionados à reprodução da estrutura social. Outros veriam propósitos cognitivos mais amplos e mais autônomos. Mas, quaisquer que sejam eles, antes de poderem ser considerados, deve-se ainda subdividir a tradição oral em quatro tipos.[6]

		EXPRESSÃO	
		Automática Congelada	Não Automática Livre
FORMA	Congelada	POESIA (INCLUINDO) CANÇÕES & LISTAS e	POESIA
	Livre	FÓRMULAS (Nomes, provérbios etc.)	NARRATIVA

6 Este quadro é retirado de J. Vansina, "Once upon a time: Oral traditions as history in Africa", *Daedalus*, 2, p.442-68, primavera de 1971, na p.451.

Se um relato é aprendido automaticamente, então as palavras pertencem à tradição. Se a forma de apresentação é fixa, então a estrutura pertence à tradição. Avaliarei uma categoria de cada vez.

Os materiais aprendidos automaticamente, de forma congelada, realmente apresentam ao historiador os menores problemas de verificação, pois uma crítica textual rigorosa de versões da mesma tradição abrirão caminho para se chegar a um cerne comum de forma e de palavras. As regras de forma e linguagem podem ser identificadas. Os poemas de louvor africanos, dos quais os mais conhecidos são os *isibongo* zulus, são bons exemplos desse gênero. As palavras, a forma e a entonação são todas estritamente definidas. Frequentemente, os poemas de louvor descrevem as relações entre o governante e o governado: eles mediam um relacionamento que não poderia ser conduzido na linguagem coloquial. Assim, sua estrutura reflete seu propósito. Eis um extrato de um poema desse tipo, em louvor a Lozi, que recolhi no oeste de Zâmbia. É apresentado em luyana, o antigo idioma, tão próximo da linguagem cotidiana, o siLozi, quanto o anglo-saxão do inglês moderno.

> Embora eu esteja próximo a você, não posso lhe falar. Mas não me importo, pois sei de onde vem minha família. Venho de uma linha de parentesco que está ligada a você. Toda canção tem sua origem...
>
> Quando o rei está na corte, ele é como um elefante na vegetação espinhosa; como um búfalo na floresta densa; como um jardim de milho em um pequeno outeiro na planície alagada do Zambezi. Governe bem o país! Se o país morrer, você será responsável. Se ele prosperar, terá orgulho de você e o aclamará.

Os materiais provenientes de fórmulas[7] são especialmente úteis quando se está tentando descobrir as dimensões de uma cultura po-

7 A expressão do original é "formulaic material", impossível de ser traduzida, uma vez que não existe registro da palavra *formulaic* nos dicionários de língua inglesa. Considerando-se que o sufixo "aico", de origem latina, significa referência, pertinência, proveniência, optamos pela tradução "material proveniente de fórmulas". (N.T.)

pular. Um estudo de provérbios é frequentemente um modo eficiente de se começar a fazer um tal mapeamento, tanto no presente de uma cultura oral ou composta quanto em seu passado. Isso porque não é fácil falsificar sua expressão; ou, se estiverem falsificados, fica claro que isso foi feito. Há outra ilustração, também relacionada ao reinado de Lozi em Zâmbia. O século colonial na África foi, como em qualquer outro lugar, tumultuado. Grandes forças de mudança afetaram a sociedade lozi, assim como muitas outras. Por isso, se se percebem elementos que permanecem constantes, apesar de tais pressões, isso é particularmente interessante; e este é um dos exemplos que os exibe.

Em 1974, eu estava vivendo em Bulozi e costumava coletar provérbios em um caderno de anotações, de início principalmente por curiosidade. Um provérbio comum refere-se por analogia ao reinado. Está escrito em luyana.

> *Nengo minya malolo wa fulanga mei matanga, musheke ni mu ku onga*. (O hipopótamo [rei] agita as águas mais profundas do rio; as areias brancas dos locais rasos o traem.)

Encontrei-o novamente alguns anos depois, mas em um contexto diferente: havia se transformado em um canto antifonal por um culto de cura, misturando o moderno siLozi com o antigo luyana.

> Curandeiro (canto): *Mezi mwa nuka ki tapelo!* (A água do rio é uma oração!)
> Curandeiro (canto): *Kubu, mwana lilolo*! (Pequeno hipopótamo, filho do redemoinho!)
> Coro: *Itumukela mwa ngala*! (Ele emerge no meio do rio!)
> Curandeiro: *Musheke ni mu konga*! (As areias o traem!)
> Coro: *Itumukela mwa ngala*!

Portanto, tivemos duas variantes, compartilhando o mesmo tema importante e ambas firmemente na época pós-colonial. O exemplo mostra com clareza como os cristais da expressão permanecem inalterados no interior de um caleidoscópio de estruturas em mutação, adaptado a propósitos particulares.

A força do material proveniente de fórmulas é percebida quando aquelas versões modernas são colocadas ao lado do mesmo provérbio, exceto nas formas coletadas por um missionário francês, bem no início da experiência colonial, na década de 1890: "*wa fulanga meyi matungu, musheke ni mu k'onga*" e "*Mbu ku mwan'a lilolo, wa twelanga matungu, musheke ni mu k'onga*".[8] Tal exemplo vivo de persistência, na forma de uma fonte oral, testemunha sua contínua reprodução na cultura popular; e que por sua vez testemunha sua continuidade na posse de alguma função cultural persistente.[9] Isso, consequentemente, suscita uma questão importante sobre a memória seletiva nas fontes orais, o que veremos adiante.

Alguns materiais provenientes de fórmulas são menos propensos que outros a tal memória seletiva. Por exemplo, a identidade de alguém em sua cultura pessoal é frequentemente transmitida e expressa publicamente em uma descrição semiótica dos limites físicos. Por isso, se decodificada, a paisagem de sua terra descrita por um migrante pode demonstrar mais vivamente a reprodução cultural. Isso está brilhantemente exibido em outro estudo de caso africano. *Siyaya: the Historical Anthropology of an African Landscape* realiza tal decodificação e a utiliza para desafiar a suposição convencional de que a migração leva à quebra de relacionamentos.[10]

Os principais problemas do uso e do mau uso da tradição oral estão relacionados às tradições não apreendidas de modo automático: as epopeias e as narrativas. A forma fixa da épica implica que a maior parte da épica africana é narrativa nesta esquematização.

---

8 Para uma exposição adicional do visível e do oculto na história de Lozi, ver G. Prins, *The Hidden Hippopotamus. Reappraisal in African History: the early Colonial Experience in Western Zambia*, Cambridge, 1980.

9 Para uma discussão adicional da importância e da utilidade dos provérbios, ver J. Obelkevich, "Proverbs and social history", em Burke e Porter (ed.), *The Social History of Language*, p.43-72.

10 David W. Cohen e E. S. Atieno Odhiambo, *Siyaya, the Historical Anthropology of an African Landscape*, Londres, 1988 e uma crítica em *African Affairs*, 188, p.588-9, outubro de 1989.

Por "épica", quero me referir aqui à épica homérica: a poesia heroica composta oralmente, segundo as regras. É claro que os poemas foram escritos subsequentemente e não podemos saber o quanto foram alterados, neste ponto ou subsequentemente; mas a estrutura é bastante forte para transcender àquele processo. É uma colcha de retalhos, uma rapsódia – literalmente "costurada" (do verbo grego ῥαπτῶ) – de modo que aquela repetição das fórmulas desempenha um papel na produção da forma da obra, tanto para o poeta quanto para a audiência. Cerca de um terço da *Ilíada* consiste de versos ou blocos de versos que se repetem mais de uma vez. O mesmo acontece com a *Odisseia*. Ocorrem vinte e cinco expressões provenientes de fórmulas nos primeiros vinte e cinco versos da *Ilíada*. Por exemplo, a aurora é quase sempre "pintada de rosa", Atenas tem "olhos de coruja", a ilha de Ítaca é "rodeada de mar", Aquiles "saqueando a cidade" e, mais famosamente, o mar é "vinho escuro". Mas não é uma repetição monótona. Há trinta e seis epítetos diferentes para Aquiles, escolhidos e empregados por meio de regras fixas.[11] Assim, de tais fragmentos de material, o poeta costura uma nova obra, embora os retalhos individuais possam ser velhos e bastante conhecidos. Mas essa categoria e esse método mais uma vez suscitam questões óbvias sobre a limitação da quantidade de conhecimento que a tradição oral pode conter ou transmitir. Tudo isso não é estropiadamente restritivo?

Mesmo com uma variedade de alternativas, tal composição oral não pode avançar o conhecimento ou a precisão. É manietada pela não permanência da palavra falada e pela capacidade limitada da memória humana, mesmo quando auxiliada por artifícios mnemônicos; assim, as culturas orais não podem inovar e devem esquecer. Esse ponto de vista está no âmago do argumento do professor Jack Goody em *The Domestication of the Savage Mind*. A mente "selvagem" torna-se "domesticada" quando os "meios" de comunicação tornam possível mudar o "modo":

11 M. I. Finley, *The World of Odysseus*, Penguin edition, 1962, p.34.

> A escrita, e mais especificamente a alfabetização, tornou possível investigar o discurso de uma maneira diferente, proporcionando à comunicação oral uma forma semipermanente, essa verificação favoreceu o aumento do escopo da atividade crítica e daí da racionalidade, do ceticismo, da lógica. Aumentou as potencialidades da crítica, porque a escrita expunha o discurso diante dos olhos de uma pessoa de uma maneira diferente; ao mesmo tempo, aumentava a potencialidade do conhecimento cumulativo, especialmente de um tipo abstrato de conhecimento [...] O problema do armazenamento da memória não mais dominava a vida intelectual do homem. A mente humana estava livre para estudar o texto estático, em vez de estar limitada à participação na expressão dinâmica.[12]

Embora alguns historiadores orais pudessem discutir com Goody a questão da libertação intelectual da escrita, muitos, especialmente Vansina em *Oral Tradition as History*, discutiriam a extensão da questão de Goody dizer que as tradições orais são, por isso, também homeostáticas; que aquilo que é inconveniente, ou não possui mais importância funcional, é esquecido. Ele sugere que uma amnésia estrutural aflige as culturas orais, que são, por isso, forçadas a ser seletivas, devido às limitações da memória, e assim as tradições não podem ser bons dados históricos.

Na verdade, tal amnésia estrutural raramente é total. Em muitas obras iniciais, culminando em sua obra-prima sobre a história pré-colonial da África Central colonial, intitulada *Paths in the Rain-forest*,[13] Vansina mostra como se pode desenredar e decodificar as várias partes de uma tradição, presentes no final da cadeia de transmissão. Envolve a comparação de variantes e o entrelaçamento das fontes orais com outras de proveniência diferente. A técnica de comparação textual interna para derrotar a homeostase é bem conhecida. Os estudiosos islâmicos avaliam versões do *hadith*, estabelecendo o valor de cada um dos elos da cadeia (*isnâd*) e não aceitarão qualquer tradição para a qual os dados sobre o *isnâd* não estejam presentes e razoavelmente completos. Mas mesmo derrotando-se a homeostase e

12 J. Goody, *The Domestication of the Savage Mind*, Cambridge, 1977, p.37.

13 J. Vansina, *Paths in the Rain-forest, Madison*, Wisconsin, 1990.

estabelecendo-se quais tradições estão presentes em um testemunho, isto é, buscando-se a precisão da forma, como serão elas datadas?

A precisão da cronologia era a segunda das três qualidades buscadas pelos historiadores orientados pelos documentos. Tem sido na tentativa de satisfazer essa exigência e assim, obter os aparatos da respeitabilidade, que os dados orais têm sido mais seriamente mal utilizados. O problema é facilmente ilustrado.

A categoria da narrativa frequentemente contém três tipos de transmissão. Há tradições de gênesis, histórias dinásticas e relatos de organização social. Hoje em dia esses três tipos de narrativa não mais existem todos dentro dos mesmos conceitos de tempo, embora, em questões complicadas, a apresentação da evidência possa misturar os tipos de material como espécies diferentes de carne em uma salsicha.

TEMPO NÃO ESTRUTURADO
Tradições de gênese
TEMPO "TRADICIONAL" (sequenciado mas não serial)
Histórias dinásticas
Relatos de estrutura de governo
TEMPO SERIAL

Edward Evans-Pritchard, o grande antropólogo que estudou o povo nuer do sul do Sudão, antes da Segunda Guerra Mundial, escreveu um ensaio embrionário descrevendo o que ele denominou "tempo ecológico", ou seja, o tempo cíclico em que os homens veem sua passagem na mudança das estações, não no passar dos anos. Amplificando esse ponto, o historiador social E. P. Thompson declarou que a mudança das sensações de tempo por tarefas específicas – um "cozimento de arroz" (meia hora) em Madagascar; um "assar de milho" (quinze minutos) na Nigéria ocidental; um "par de Credos" no Chile católico do século XVII – para a geral, culturalmente autônoma e proposital disciplina de tempo do relógio, foi parte da consciência social, engendrada pela sociedade industrial e, ao mesmo tempo, para ela fundamental.[14] Imediatamente podem ser imaginados os abusos dos dados orais: os historiadores eruditos tentaram extrair cronologias de tempo serial das tradições que existem no tempo "tradicional". Ali, a importância passada ou presente do sujeito pode afetar sua posição. Por exemplo, coisas muito importantes podem ser consideradas bastante antigas – ou muito recentes – aproximando-se ou distanciando-se a visão, dependendo do contexto e dos propósitos atuais.

Mas os historiadores exploradores, perseguindo a precisão cronológica com a convicção e a devoção dos cavalheiros colecionadores do século XIX, não pensaram nisso. Eles utilizaram, digamos assim, uma lenda real. Contavam o número de reis mencionados. Consideravam que uma geração alcançasse, por exemplo, trinta e três anos. Multiplicavam um dado pelo outro e, pronto, eis as datas para as culturas orais! Um historiador em particular, David Henige, provou e explorou tais ingenuidades. *The Chronology of Oral Tradition*, eficazmente apresentando o subtítulo *Quest for a Chimera*, se estende desde os reinados africanos até as relações de reis assírios e, do mesmo modo que dissemina a iconoclastia e o ceticismo, Henige também dissemina alguma esperança.[15] Para alguém que compreenda com que espécie de tempo se está lidando e que tipo de propósitos sustentou a tradição na memória, pode-se, ainda que grosseiramente, tomar medidas defensivas. Tal conhecimento é quase sempre contextual.

Uma medida é mais importante que a maioria. Um dos capítulos mais importantes de Henige tem o título de "History as present politics". O reconhecimento do fato da invenção da tradição foi uma das introspecções mais destrutivamente criativas na história

14 E. E. Evans-Pritchard, *The Nuer*, Oxford, 1940; E. P. Thompson, "Time, Work Discipline and Industrial Capitalism", em M. W. Flinn e T. C. Smout (ed.), *Essays in Social History*, Oxford, 1974, p.40-1. Ver também Jacques Le Goff, "Au Moyen Age: temps de l'Église et temps du marchand", *Annales*, 15, p.417-33, 1960.

15 D. Henige, *The Chronology of Oral Tradition: Quest for a Chimera*, Oxford, 1974.

extraeuropeia da última geração acadêmica, e na utilização dessa ideia, por exemplo por David Cannadine, para reexaminar os mitos da monarquia britânica, vemos uma importante importação metodológica na historiografia europeia da história extraeuropeia, onde as exigências interdisciplinares e linguísticas mais severas impulsionaram grande parte do pioneirismo metodológico nos estudos históricos, durante a última geração acadêmica.[16]

A invenção da tradição não é surpreendente nem desonesta, especialmente em culturas sem um critério único de verdade. É semelhante à autodefesa do prisioneiro que se finge de bobo ou de surdo, vivamente explorado por Alexander Solzhenitsyn em *One Day in the Life of Ivan Denisovitch*. As situações coloniais são similares, pois são também marcadas por extremos de poder e ausência de poder. Em algumas circunstâncias especiais, nenhuma recuperação é possível; nas totalitárias, podem ser a simples sequência e o ritmo do tempo em si que são distorcidos; nos contextos coloniais, os relatos da estrutura social e da tradição dinástica são mais comumente reinventados.

Há alguns tipos de memória que podem ser para sempre irrecuperáveis, devido à maneira de sua perda. Tal foi o caso concluído pelo escritor italiano Primo Levi, um dos sobreviventes de Auschwitz, em relação ao Holocausto. *The Drowned and the Saved*, seu último livro, é uma das mais belas reflexões sobre a natureza da vida e o modo de operação psicológica dos campos de morte que a posteridade possui. Mas nele Levi estabeleceu a excentricidade de sua própria memória e a natureza consequentemente defeituosa de sua interpretação. Por definição, ele não poderia recuperar a memória das profundidades, onde a maioria estava afogada; dali ninguém retornou, e ele foi um dos poucos que se salvou. No fim, tanto para

16 D. Cannadine, "The Context, Performance and Meaning of Ritual: the British Monarchy and the 'invention of tradition'", em T. O. Ranger e E. Hobsbawm (ed.), *The Invention of Tradition*, Cambridge, 1983, p.101-64; a mesma questão é levantada por Wesseling na p.110.

ele quanto para o grande psicanalista freudiano Bruno Bettelheim, outro sobrevivente dos campos, parece que a carga da sobrevivência foi muito pesada e ambos, em sua velhice, cometeram suicídio. Talvez para eles o passado não pudesse ser reinventado nem comunicado. Era literalmente inenarrável.[17]

Um passo mais próximo de nós que o silêncio estabelece a reconstituição da substância. O historiador da experiência soviética, Geoffrey Hosking, ilustrou a situação totalitária com uma citação da "Rádio Armênia": "Todas as verdades fundamentais sobre a vida soviética são ilustradas por anedotas orais, muitas delas originadas da mítica Rádio Armênia. Assim: pergunta-se à Rádio Armênia, 'É possível prever o futuro?' Resposta, 'Sim, isso não é problema: sabemos exatamente como será o futuro. Nosso problema é o passado: esse está sempre mudando.'"[18] Desde o advento da *glasnost* na União Soviética, a batalha pelo controle da memória tem sido amarga. Uma facção na verdade se intitula Pamyat (Memória); a outra, inteiramente oposta ao ardente nacionalismo eslavo e ao antissemitismo da Pamyat, chama-se Memorial, esta facção sendo estimulada pelo falecido acadêmico Andrei Sakharov como uma forma de resgatar as vítimas de Stálin do esquecimento, do silêncio. A recuperação da memória popular da Sibéria da mente das pessoas tornou-se uma atividade proeminente e, de alguma forma, uma atividade política marginal na segunda Revolução Russa. A reforma do poder fez com que uma comissão relatasse a todo o Congresso dos Deputados do Povo no final de 1989 o resgate e a reinterpretação de um episódio crucial, o pacto Hitler-Stálin.[19]

---

17 Primo Levi, *The Drowned and the Saved*, Londres, 1988; Michael Ignatieff, "A cry for help – or of release", *Observer*, 1 de abril de 1990 (sobre o suicídio de Bruno Bettelheim em 13 de março de 1990).

18 Geoffrey A. Hosking, "Memory in a totalitarian society: the case of the Soviet Union", em Thomas Butler (ed.), *Memory*, Oxford, 1988, p.115.

19 "On the political and legal assessment of the Soviet-German Non-Aggression Treaty of 1939", Relatório ao Segundo Congresso dos Deputados do Povo pelo Presidente da Comissão, Alexander Yakovlev, 23 de dezembro de 1989, Moscou, 1990.

A natureza da história é combatida ferozmente também na Grã-Bretanha. Em 1985, a Inspetoria de Sua Majestade (Her Majesty's Inspectorate – HMI) publicou um parecer sobre o que as crianças deveriam aprender. O "Blue Book" da HMI sintetizava grande parte do que era mais inovador nas escolas, durante os vinte anos anteriores; um trabalho como o projeto de história do Conselho Escolar, visando ensinar as crianças de 11 a 14 anos de idade a discriminar a boa evidência da má evidência, pretendia reconhecer a legitimidade de muitos tipos de fontes, incluindo a oral, para questionar todas as verdades aprendidas, para empatizar com as situações difíceis das pessoas no passado, como um estímulo essencial à imaginação histórica.[20] Da mesma forma que os revolucionários modernos na União Soviética, os Inspetores compreendiam exatamente o significado político de um estudo vigoroso da história e por isso colocaram na contracapa do livro a seguinte frase de Nikita Khruschev: "Os historiadores são pessoas perigosas. São capazes de transtornar tudo".

O governo da Sra. Thatcher aboliu o Conselho Escolar. Houve uma tentativa encolerizada, prolongada e malsucedida da Sra. Thatcher e da direita radical para estabelecer, como termos exclusivos, aqueles do Grupo de Trabalho de História de Saunders Watson de 1990, recomendando ao Departamento de Educação e Ciência o conteúdo do currículo nacional britânico, seu programa triunfalista, *whiggista*, orientado por documentos e sumários provincianos de história política e constitucional britânica, com uma ênfase no aprendizado mecânico das datas e dos "fatos" e uma aversão à imaginação histórica. Pode-se encontrar aí também a negação à legitimação da história oral.

O Grupo de Trabalho relatava em termos similares àqueles da HMI em 1985, para ser logo abruptamente derrubado por decreto ministerial, quando o Sr. Kenneth Clarke, recém-nomeado para o ministério, impôs as opiniões rejeitadas pelo Grupo de Trabalho, orientando a profissão e também o "Blue Book" da Inspetoria. Na

---

20 *History in the Primary and Secondary Years*: an HMI View, Londres, 1985.

ocasião da redação do documento (fevereiro de 1991), houve confusão e ressentimento, pelo fato de tal atuação ser permitida na profissão.[21]

Esses episódios consideram dois pontos. A Sibéria da mente não é apenas o terreno do silêncio da morte, mas também uma negação viva da legitimidade. Renuncia à mudez em prol da condescendência dissecativa e da hegemonia proscrita dos atuais governantes. Nisso, os britânicos ecoam friamente o debate soviético. Em segundo lugar, é ressaltada a evidência da fragilidade e, sob pressão contemporânea, da maleabilidade do passado. A escala de tal invenção pode ser grandiosa.

O povo tiv da Nigéria Central não era composto de cavalheiros. No início da década de 1900, eles combateram os soldados brancos que estendiam linhas telegráficas através de sua terra, assim obtendo uma reputação de serem bárbaros, traiçoeiros e, é claro, profundamente pagãos. Além disso, cheiravam à anarquia, pois não possuíam uma hierarquia clara de chefes. Por isso, quando em 1907 um residente britânico, Charles Forbes Gordon, descreveu sua sociedade pela primeira vez, percebeu e registrou a natureza segmentar de seus clãs. Mas na ocasião da Primeira Guerra Mundial, a administração britânica na Nigéria foi bastante ampliada e achou conveniente parar de olhar os tivs como tivs, em vez disso anexando-os a seus vizinhos mais numerosos, os hausas. Obsequiosamente, os chefes tivs se "hausaíram" aos olhos coloniais: falavam hausa, vestiam-se como os hausas etc. Mas em 1930-1 os tivs foram visitados e estudados por R. C. Abraham, antropólogo do governo, e R. O. Downes, funcionário do distrito.

O relatório Abraham-Downes apresentava uma visão nova dos tivs. Eles viram a sociedade acéfala, descrita por Forbes Gordon em termos razoavelmente hierárquicos, refletida em um novo conjunto

21 Martin Kettle, "The great battle of history", *Guardian*, 4 de abril de 1990, p.23 (criticando o furor político sobre o Relatório do Grupo de Trabalho de História, publicado depois de muito atraso em 3 de abril de 1990).

de conselhos hierarquizados. Mas a legitimação desses conselhos e de seus chefes impediu uma geração mais jovem de tivs alfabetizados de um amparo político potencial. Assim, eles, por sua vez, começaram a defender uma nova causa, aquela do Tor Tiv – um chefe supremo tiv para comandar os conselhos e (por coincidência) exatamente congruente com o modelo "normal" da autoridade nativa, comandada por funcionários britânicos treinados na escola de governo indireto de Lord Lugard. Outra investigação antropológica em 1940 decidiu que os tivs eram realmente governados por patriarcas que formavam uma pirâmide de autoridade. Será que havia realmente um chefe supremo nativo? Em quarenta anos, a percepção da estrutura social tiv ficou de pernas para o ar. Depois, no final dos anos 1940, foram para lá mais dois antropólogos, os Bohannans, e seu estudo clássico dos tivs como uma sociedade de linhagem segmentar, como aquela descrita em seu primeiro contato com eles, ainda prevalece.

Cada pesquisador europeu buscava o "verdadeiro" tiv, e cada vez que os forasteiros vinham com uma nova imagem, alguma constituinte tiv, que via interesse nisso, reinventava seu passado para ser amável para com eles. Só temos conhecimento disso porque um historiador, D. C. Dorward, percebeu que os pesquisadores participavam reciprocamente da história e porque ele sabia que a invenção de grande parte da tradição era uma possibilidade.[22] Claramente, a defesa contra a tradição inventada é exatamente essa: ter uma visão menos confiante da credibilidade, tanto do testemunho oral sem suporte quanto dos predecessores acadêmicos, a menos que eles tivessem demonstrado sinais de estarem conscientes do problema. O problema também não está limitado apenas à história oral.

Outro exemplo confirma a objeção de Vansina à imagem das prima-donas e de suas substitutas. Ele mostra que uma visão muito confiável de fontes *escritas* sem suporte, combinada com demasia-

22 D. C. Dorward, "Ethnography and administration: the study of Anglo-Tiv 'working misunderstanding'", *Journal of African History*, 15, p.457-77, 1974.

do respeito para com os historiadores, pode ser uma combinação igualmente enganadora. Aplicando a dúvida sistemática, Julian Cobbing convincentemente pôs em questão três dogmas centrais da história sul-africana: a visão popular do matabele de Zimbábue como uma cultura de guerreiros; o mito do nacionalismo zimbabuano – de que seu antecedente direto está nas insurreições de 1896 (opinião predominantemente enraizada nos pontos de vista do historiador britânico orientado por documentos, T. O. Ranger) –; e, mais recentemente, a significação e existência real do *Mfecane*, aquela dispersão dos povos que se pensava haverem resultado da destruição do Estado zulu em meados do século XIX.[23] No caso das insurreições, sendo o Zimbábue moderno uma cultura composta, a interpretação nacionalista de Ranger penetrou então no registro oral dos pessoalmente analfabetos e assim tornou-se a resposta a perguntas sobre aqueles acontecimentos, obscurecendo qualquer outra tradição. Embora possa ser útil compreender as razões por que as tradições são inventadas, também é desanimador testemunhar a perda da possibilidade de algum dia se construir um relato confiante de acontecimentos importantes como esses, devido a uma técnica historiográfica inadequada. Isso também não é desculpado pelo reconhecimento da necessidade que tal comunidade tem daquilo que o próprio Ranger denominava "história usável".[24]

O reconhecimento da vulnerabilidade dos historiadores orientados por documentos a tais malogros suscita algumas apreensões quanto ao mau uso dos dados orais na busca da cronologia serial.

---

23 J. Cobbing, "The evolution of the Ndebele Amabutho", *Journal of African History*, 15, p.607-31, 1974; idem, "The absent priesthood: Another look at the Rhodesian Risings of 1896-7", *Journal of African History*, 18, p.61-84, 1977; idem, "The Mfecane as Alibi: Thoughts on Dithakong and Mbolompo", *Journal of African History*, 29, p.487-519, 1988; T. O. Ranger, *Revolt in Rhodesia*, 1896-7, edição em brochura, Londres, 1979.

24 T. O. Ranger, "Towards a usable African past", in C. Fyfe (ed.), *African Studies since 1945: A Tribute to Basil Davidson*, Londres, 1976, p.17-30.

Em ambos os casos, a solução é aquela com a qual Vansina rejeitou a analogia operacional: o uso de fontes múltiplas, convergentes e independentes. Com respeito à cronologia, a partir da análise interna, as tradições orais formais podem produzir uma história sequenciada, mas não necessariamente com uma datação rigorosa. Para maior precisão, deve-se buscar uma correlação com as fontes externas. A evidência arqueológica, eclipses do sol ou da lua, ou calamidades naturais importantes são pontos de referência comuns. Mitos de gêneses, histórias dinásticas, histórias familiares de pessoas comuns, provérbios, poesias de louvor, épicas e narrativas podem nos propiciar algum acesso ao interior de uma cultura e de uma época. Quando presos às fontes externas, podemos nos defender contra a tradição inventada, apresentar algumas datas do tempo serial e desse modo reconstruir esse tipo de passado.

Permanece uma espécie de narrativa a ser considerada. Está deliberadamente colocada em uma categoria separada, porque se refere ao indivíduo isolado e às suas experiências. Tal reminiscência pessoal é o principal dado utilizado pelos historiadores, ao estudarem as sociedades dominadas pela palavra escrita. Seu alcance estende-se do início da possibilidade biológica – cerca de oitenta anos – em diante.

Embora seja o tipo primário de dado oral, a reminiscência não é o único tipo nas sociedades alfabetizadas. A tradição formal, no sentido já discutido, ainda persiste. Um exemplo clássico disso está na obra de Iona e Peter Opie. Em *In Lore and Language of Schoolchildren,* eles estabelecem que um enigma de um parque infantil pode atravessar intacto por longas cadeias de transmissão. Como a geração das crianças em idade escolar é mais curta que aquela dos porta-vozes lozi dos provérbios reais já referidos, um ditado que é transmitido durante 130 anos atravessará vinte gerações de crianças em idade escolar, ou seja, 300 narradores: isso equivale a mais de 500 anos entre os adultos.[25] Esse cálculo obrigatoriamente enfatiza que, a continuida-

25 I. e P. Opie, *The Lore and Language of Schoolchildren,* Oxford, 1959, p.8.

de, mantida pela energia de tal renovação ininterrupta, requer mais explicação do que mudança. Dos 137 cantos registrados em 1916 nos *London Street Games* de Norman Douglas, os Opies encontraram 108 em uso nos anos 1950. Em certo caso, um poema rimado sobre um granadeiro, os Opies têm versões que abrangem os elementos cardeais estáveis a 1725. De modo contrário, a reminiscência pessoal não está ausente na sociedade não alfabetizada; mas seu lugar é na sociedade alfabetizada, onde ocupa maior preocupação e interesse. Será que a reminiscência pessoal é apenas uma vanglória dos bons velhos tempos? Sim e não.

Grande parte da crítica dos historiadores orientados por documentos segue a linha de que a reminiscência das pessoas famosas está facilmente propensa à autojustificativa conveniente *ex post facto*, e aquela das pessoas não importantes, a lapsos de memória. Seja em que caso for, a memória é sabidamente indigna de confiança e um teto inseguro quando comparada aos registros inanimados e imutáveis dos documentos, através dos anos em questão. O primeiro ponto, como podem atestar as estantes de autobiografia política, é bem aceito; o segundo não tanto, pois as fontes documentais não são tão involuntária e naturalmente legadas a nós como se poderia pensar.

A época em que o quinto Conde de Rosebery confiou seus pensamentos mais íntimos a seu diário, quando o governo levava em consideração o pensamento e os memorandos manuscritos de um grupo discreto e identificável, e quando o historiador podia, com razoável confiança, esperar encontrar e ler todos esses documentos e acreditar que poderia crer neles, terminou há um século. Desde então, o volume dos documentos oficiais ficou fora de controle. Tem de haver seleção para a preservação, de forma que os "extirpadores" tiveram de operar sistematicamente, e por isso o que os arquivos oficiais contêm, pode ser, seja por intenção consciente, em geral maldosa, ou em virtude de escolhas erradas do que preservar ou do que queimar, tão enganador quanto as outras fontes. Uma extensa lição das coisas é proporcionada pelo contraste entre a arbitrária e cada vez mais secreta política de testemunho dos departamentos de governo britânicos e o acesso permitido aos assuntos britânicos, através dos arquivos americanos pelo Ato de Liberdade de Informação. Na época da Guerra das Malvinas em 1982, por exemplo, os documentos relacionados às primeiras discussões sobre as ilhas, e especialmente uma opinião do Departamento do Exterior, datada dos anos 1930, que põe em dúvida a solidez da reivindicação britânica à soberania, foram repentinamente retirados do acesso público, embora não antes que um historiador vigilante e, como se comprovou, corretamente desconfiado, conseguisse realizar uma cópia a lápis da opinião, o que subsequentemente foi entregue à imprensa, despertando a ira da Sra. Thatcher.

O processo de Oliver North, auxiliar do presidente Reagan e administrador do caso sombrio do Irã e dos Contras da Nicarágua, forneceu uma sinistra ilustração do colapso das suposições dos historiadores tradicionais com respeito aos documentos. Uma corte fascinada ouviu em sessões prolongadas de retaliamento da glamourosa secretária do Sr. North, improvavelmente chamada Fawn Hall, sobre o escamoteamento de documentos incriminadores do Pentágono em suas botas e em suas roupas íntimas, e também sobre a tentativa de North de evitar deixar qualquer rastro documental utilizando redes de computador para enviar suas mensagens. Infelizmente para ele, comprovou-se possível a recuperação de mensagens apagadas dos bancos de computação. Mas a questão é simplesmente da volta à tecnologia oral, via informação eletrônica, para a tomada de decisão primária. Quando os documentos sobreviverem e puderem ser lidos, frequentemente vão se referir a decisões tomadas em conversações telefônicas.

De vez em quando, a distância entre o texto original oral e o subsequente texto oficial escrito vem acidentalmente à tona. Na Grã-Bretanha, durante a grande depressão, um importante comitê de finanças sentou-se diante da presidência do Juiz Macmillan. A evidência publicada do comitê é extensivamente citada em obras padronizadas sobre o período. Uma delas é *Politicians and the Slump*, de Robert Skidelsky.[26] Uma testemunha particularmente importante diante do comitê foi Montagu Norman, diretor do Banco da Inglaterra, mas a versão pública do testemunho de Norman não foi o que ele realmente disse. A submissão oral de Norman foi pesadamente reelaborada para o registro. Sabemos disso por acidente. A cópia do Departamento de Registros Públicos do testemunho verbal foi destruída, mas outra cópia foi guardada nos arquivos do Banco da Inglaterra, onde um historiador econômico, buscando outra coisa, encontrou-a por acaso.

Nos Estados Unidos, é bem-conhecida a extensão em que os funcionários do Departamento de Estado, cujos resumos são recusados, tiveram de reelaborar os testemunhos orais do grande expoente da Guerra Fria e secretário de Estado John Foster Dulles. Foi considerado não político para o *Congressional Rec*ord transmitir tais julgamentos inconvenientes sobre os aliados dos Estados Unidos, como a resposta de Dulles ao Comitê de Apropriações de que "todos os franceses tinham amantes e enviavam cartões postais obscenos", mas que não obstante "a França era um cêntimo útil do tesouro real". (Seu *obiter dicta* sobre a Alemanha e a Grã-Bretanha também compensa a descoberta.)

Assim, poderíamos virar a mesa. Poderíamos argumentar que na verdade o testemunho oral, seja ele coletado por gravação em fita (sem as lacunas nixonianas), ou pelas pesquisas de campo entre as tribos de almirantes e secretários de Estado, está mais próximo da fonte principal. Ele é certamente vulnerável a problemas tão graves quanto aqueles que afetam as fontes documentais modernas, mas eles são diferentes. Ambos têm em comum o fato de poderem estar sujeitos à invenção da tradição (como demonstrou a retirada da opinião sobre as Ilhas Malvinas do PRO), mas os problemas de má

26 R. Skidelsky, *Politicians and the Slump: the Labour Government of 1929-31*, Londres, 1967.

utilização dos dados orais são possivelmente mais fáceis de serem localizados e resolvidos.

Além da má utilização, que é evitável, há dois problemas comuns de crítica da fonte que afetam o testemunho oral, esses inevitáveis. Um deles é a influência inconsciente da forma literária sobre o testemunho oral. Isso ocorre inevitavelmente em culturas compostas. Há a reinserção da hermenêutica de um ponto de vista escrito em um testemunho oral de uma pessoa analfabeta. Isso é mais comum em contextos altamente saturados, como aquele de um encontro colonial, e o exemplo zimbabuano de reinserção da interpretação de Ranger na cultura oral já mencionado. Há também um segundo aspecto de tal influência, diferentemente sinistro, quando a predominância da forma literária corrói e finalmente destrói os modos orais de memória. Os exemplos mais conhecidos disso são musicais. Ralph Vaughan Williams, Percy Grainger e Benjamin Britten estavam entre os muitos compositores do início do século XX que coletaram e/ou utilizaram canções folclóricas em sua própria obra, que traduziram e perpetuaram as canções originais, até o momento de sua extinção nas regiões selvagens. Além disso, alguns dos mais famosos colecionadores modernos, como Ewan McColl, que resgatou e revigorou um grande número de cânticos de trabalho e baladas dos povos trabalhadores da Escócia e do norte da Inglaterra, eram também compositores do gênero, e suas canções novas e coletadas não são distinguidas pelos ouvintes e por outros intérpretes. Assim, o que é atualmente ouvido cantar em um bar em Kerry ou em Galloway, quase certamente passou pelo ciclo da reinserção da hermenêutica. Mas esses problemas podem, premeditadamente, ser antecipados e acomodados na técnica crítica; as fontes documentais, como a corrente rankeana, tornam-se poluídas pela invenção da tradição, antes mesmo de brotar do solo. No caso da reminiscência geral da vida do informante, estruturada pelo que ele acredita ser importante, podemos ter o que é comprovadamente o tipo mais puro de registro.

A bioquímica da memória é ainda muito pouco compreendida. Mas testes sobre diferentes tipos de memória tendem a concordar que a memória de longo prazo, especialmente em indivíduos que entraram naquela fase que os psicólogos chamam de "revisão da vida", podem ser notavelmente precisos. As pessoas adquirem um "poço de informações" preenchido pelo relacionamento pessoal. É circunscrito a seu contexto social, obviamente forma a identidade pessoal e tem uma incrível estabilidade. Isso, observa David Lowenthal, é especialmente verdadeiro em relação às reminiscências intensas e involuntárias da infância, quando se vê e se recorda o que está lá, não (como fazem os adultos) o que é esperado.[27] A revisão da vida é o produto final de uma vida de reminiscências. Uma narrativa estável de revisão da vida no poço de informações é o início de uma tradição oral de longo prazo. O fragmento apresentado no início sobre a época de meu avô na mansão de Cornish é um de tais cristais constituintes da tradição.

É justamente o uso de tal reminiscência que tem sido até agora a maior contribuição de historiadores como Paul Thompson. Eles são historiadores sociais e utilizam os dados orais para darem voz àqueles que não se expressam no registro documental. Embora não sejam inerentemente um instrumento de radicalização, os dados orais na sociedade contemporânea têm sido extensivamente usados por historiadores com uma propensão radical à sua utilização, pois como diz Thompson nas primeiras linhas de *The Voice of the Past*, "Toda história depende finalmente de seu propósito social", e a história oral é a que melhor reconstrói os particulares triviais das vidas das pessoas comuns para aqueles que desejam realizar isso. Está na tradição de Mayhew, que registrou as vidas dos pobres de Londres na década de 1850, de Charles Booth, que estudou a vida e o trabalho das pessoas em Londres, entre 1889 e 1903, e do estudo da pobreza em York, em 1901, realizado por Seebohm Rowntree. Tal

27 D. Lowenthal, *The Past is a Foreign Country*, Cambridge, 1985, p.202-3.

propósito tem sido proeminente na prática da história oral, a partir da reminiscência na história italiana moderna.[28]

O que a reminiscência pessoal pode proporcionar é uma atualidade e uma riqueza de detalhes que de outra maneira não podem ser encontradas. Torna possível as histórias de grupo em pequena escala, como o trabalho de Bill Williams sobre os judeus de Manchester e as obras geograficamente em pequena escala: histórias locais de aldeias ou de algumas ruas. Isso dá aos historiadores os meios para escrever o que o antropólogo Clifford Geertz chamou de "descrição densa": relatos ricamente tecidos que têm a profundidade e os contornos que permitem uma análise antropológica substancial.

Mas pondo-se de lado a simpatia ideológica ou o potencial para a análise estrutural, mesmo que a história oral através da reminiscência seja muito poderosa para a história social, os céticos ainda têm uma questão a colocar, que eu mencionei no início deste capítulo. Ela pode ser útil, pode ser ilustrativa, pode até ser historicamente libertadora; mas é passível de explicação? O testemunho oral pode permitir uma evocação descritiva bastante comovente do que provavelmente é um mexicano pobre através da obra-prima de Oscar Lewis *The Children of Sanchez*, mas, em última análise, certamente está confinado à pequena escala; e não é lá que as forças propulsoras das teorias explanatórias dos historiadores devem ser encontradas.[29]

Um bom teste para essa asserção é verificar a própria monografia de Paul Thompson, *The Edwardians*.[30] Esta é uma tentativa de recriar a estrutura e a impressão da vida nos anos imediatamente anteriores

---

28 G. Levi, L. Passerini e L. Scaraffini, "Vita quotidiana in un quartiere operaio di Torino fra le due guerre: l'opporto della storia orale", p.209-24; L. Bergonzini, "Le fonti orali come verifica delle testimonianze scritte in una ricerca sul antifascismo e la resistenza bolognese", p.263-8, ambos em B. Bernardi, C. Poni e A. Triulzi (ed.), *Fonti Orae: Antropologia e Storia*, Milão, 1978.

29 Oscar Lewis, *The Children of Sanchez: Autobiography of a Mexican Family*, Londres, 1962.

30 P. Thompson, *The Edwardians: the Remaking of British Society*, Londres, 1975.

à Grande Guerra. É um período inundado de romantismo cor-de-rosa na memória popular, quando ainda existe mel para o chá, quando o relógio da igreja de Grantchester ainda se mantém em dez para as três, quando Deus estava em seu Céu e tudo estava certo com um mundo prestes a ser feito em pedaços pela guerra. Mas, como deseja mostrar Thompson, não era assim tão simples para mais que bem poucos.

O recurso central do livro é uma série de cinco vinhetas de evocadas infâncias edwardianas, escolhidas como representativas de cada nível da sociedade, desde o muito rico até o muito pobre. Estão intimamente ligadas ao registro de arquivos pelo procedimento de amostragem que levou à seleção dos indivíduos. Eles são extremamente vivos, mas não carregam o peso essencial da visão de Thompson desses anos, que ele considera como sendo a crise edwardiana: aquela das classes conservadoras em relação à questão irlandesa e à profunda e disseminada insatisfação operária de 1911 a 1914. Mas, embora as vinhetas proporcionem uma esplêndida ilustração, a análise de Thompson das dimensões da desigualdade na sociedade, sua opinião sobre o que provocou a crise e todos os dados de maior escala sobre os quais se baseia este plano do livro, provêm de uma utilização sensível das fontes escritas.

Por isso, neste sentido, aceito a opinião da crítica. *The Edwardians* não é uma apologia das reivindicações mais exageradas feitas para a história oral escrita a partir da reminiscência pessoal. Mas aí, como vimos com o caso da tradição oral, as reivindicações exageradas desmoronam. A força da história oral é a força de qualquer história metodologicamente competente. Vem da extensão e da inteligência com que muitos tipos de fonte são aproveitados para operar em harmonia. Essa também não é uma obrigação que paira assimetricamente sobre os historiadores orais como praticantes de uma arte menor. Eu observei anteriormente que o deslocamento para uma cultura pós-alfabetizada, recente, global e eletronicamente oral e visual esvazia a autoestima profissional da historiografia tradicional orientada por documentos. Todos os historiadores são iguais diante desse desafio.

A reminiscência pessoal permite ao historiador fazer duas coisas. Primeiro, obviamente, ser um historiador no sentido amplo: um historiador que pode extrair os materiais de fonte adequados para estudar toda a variação de escalas e problemas na história contemporânea. Nenhum historiador da alta política moderna, tendo base nos registros públicos, pode esperar ser lido com confiança, se as fontes orais (e, pode-se acrescentar, as fontes fotográficas e de filmes) não tiverem sido empregadas de algum modo mais do que se poderia esperar de um historiador social dos ciganos. Como declarou Vansina, os dados orais servem para confirmar outras fontes, assim como as outras fontes servem para confirmá-los. Eles também podem proporcionar detalhes insignificantes que de outra forma são inacessíveis e, por isso, estimular o historiador a reanalisar outros dados de maneiras novas. Foi isso que ocorreu na discussão de classe de Thompson em *The Edwardians*. Foi isso que aconteceu quando o Sr. Donald Reagan, chefe de gabinete da Casa Branca do presidente Reagan, publicou seu relato autojustificativo de seu período de gabinete e de suas lutas com a Sra. Nancy Reagan que revelou, entre outras coisas concretas, que a escolha do momento da assinatura do Tratado de Intermediação das Forças Nucleares na convocação das superpotências em dezembro de 1987 foi, na verdade, orientada pelo astrólogo pessoal da Sra. Reagan, fato que não será encontrado nos papéis oficiais. É isso que está acontecendo com o estudo prestes a ser publicado de Christopher Lee sobre a política de defesa britânica a partir de 1945.

Essa é uma questão para a qual o registro documental oficial está, de qualquer modo, trancado sob a flexível lei britânica "trinta e alguma coisa", segundo a qual o governo da época pode, se quiser, prescrever um longo período de confinamento para os papéis "delicados" do governo – dos quais os assuntos de defesa são os exemplos supremos – além do período normal de trinta anos. Sabe-se que a opinião da Sra. Thatcher é de que nada relacionado às atividades dos agentes da Inteligência britânica na Rússia czarista deve ser publicado, a fim de não proporcionar ajuda ou consolo aos inimigos. Ela e as emendas de 1989 ao Ato dos Segredos Oficiais assim o desejam. No caso de Lee, seus muitos anos como Correspondente da Defesa da BBC o colocou em uma posição de conhecer e obter a confiança de seus temas. As transcrições de suas entrevistas com todos os atores centrais na peça tornam-se por si mesmas uma fonte documental vital. Seu livro será um exemplar que nenhum historiador acadêmico poderia escrever. Dará um alcance radicalmente diferente à nossa compreensão de um período vital de mudança no declínio do poder britânico. Os materiais orais se situam naquilo que o professor Hexter chama de "registro secundário", mais imediato que outros tipos de dados. A competência de Lee para localizar, ler e interpretar o "registro principal" é crucialmente afirmada por sua posse de um "registro secundário" altamente específico e raro.[31] Isso não o transforma em um novo tipo de historiador; é antes o oposto. Muitos historiadores do século XIX eram amadores, no sentido de que escreviam e viviam principalmente fora da academia. Tanto no passado quanto no presente, o trabalho de campo é um inestimável auxiliar à escrita de um livro.

Em segundo lugar, há o efeito contrário. A posse de um "registro secundário" rico e variado – por exemplo, antes por meio da experiência pessoal do que via uma entrevista – pode tirar o historiador do campo das pessoas comuns. Os historiadores das estradas de ferro são excelentes exemplos disso. Adrian Vaughan trabalhou como sinaleiro da grande linha de Brunel de Londres para o oeste do país. Ele atravessou o período de contração e fechamento nos anos 1960, assistiu ao estrangulamento das antigas formas de trabalho e ao desprezo pelos peritos especializados, tornou-se várias vezes redundante e então decidiu registrar o mundo que havia perdido. Suas primeiras obras, *Signalman's Morning* e *Signalman's Twilight*, foram composições de reminiscências. Mas à medida que se desenvolveu

31 C. R. Lee, *Whitehall Warriors: Postwar Defence Policy Decision-making* (a ser publicado).

sua capacidade como historiador, ele aprofundou sua análise e agora tornou-se o autor de uma notável biografia recente do próprio Brunel, enriquecida e informada pela educação de Vaughan na linha ferroviária de propriedade de Brunel.[32]

Outro exemplo, desta vez o último, que mais uma vez tem sua origem na ira diante da destruição dos especialistas, é encontrado em um surpreendente livro sobre arquitetura de autoria de um mestre de obras. Roger Coleman vem de uma família de artesãos especializados do norte de Londres. Tornou-se mestre de obras, mas no processo observou e sofreu a "des-especialização" do ramo da construção. Ficava encolerizado diante da arrogância e da incompetência técnica dos arquitetos, cujo trabalho ele tinha de executar, e que jamais pensavam em pedir sua opinião. Assim se desenvolveu a sombria batalha, semelhante às batalhas coloniais sobre a tradição inventada, em que se alegava a ignorância do prático e se dispensava sua cooperação, os arquitetos formados pelos livros e de mãos macias ditando as regras.

Não foi sempre assim? Estimulado por seu "registro secundário", Coleman iniciou uma longa investigação sobre arte e trabalho. No processo, assim como William Morris, ele adquiriu as habilidades convencionais da história e da crítica de arte. Mas em seu inflamado livro, *The Art of Work: an Epitaph to Skill*, as passagens originais não poderiam ter sido escritas apenas por um aprendiz dos livros. Uma passagem notável questiona por que William of Sens foi o único homem atingido no acidente durante a restauração da Catedral de Canterbury. A resposta – que ele era ao mesmo tempo o empreiteiro--chefe, mas também o artesão mais capacitado – mostra que a divisão do trabalho não era na época como é agora. Avança para um relato que passa pela recuperação de Coleman da cultura submersa dos carpinteiros, escrita a partir de seu conhecimento obtido oralmente

32 A. Vaughan, *Signalman's Morning*, Londres, 1981 e *Signalman's Twilight*, Londres, 1983. Ambos os volumes em uma edição variada em brochura, Londres, 1984; idem, *Isambard Kingdom Brunel*, a ser publicado.

e do aprendizado com homens velhos, e chega a uma exposição, única em minha leitura, de suas próprias habilidades. Ele descreve os procedimentos práticos envolvidos na fabricação de uma janela nova. Aprender sobre a característica e o uso de "tirantes" (fitas de madeira com que o carpinteiro transfere as dimensões exatas do orifício na alvenaria para a estrutura da janela) soa vulgar, se é que tem utilidade. Mas o relato de Coleman surpreendentemente vai além disso. Os tirantes dos carpinteiros unem em uma fraternidade William of Sens, Villard de Honnecourt (projetista e construtor da catedral, cujos livros de instrução medievais são, em certo sentido, os precursores do próprio livro de Coleman), os carpinteiros anônimos do século XVIII que trabalharam para Vanbrugh e John Wood, o Jovem (anônimos a menos que se saiba procurar suas marcas escondidas), os velhos professores de ofício de Coleman e a nova janela em questão. A descrição da fabricação de sua nova janela contemporânea situa histórica e analiticamente cada aspecto das tarefas que são em geral invisíveis por serem subvalorizadas.[33]

Alguns historiadores acham que seu ofício é descrever e, talvez, explicar por que as coisas ocorreram no passado. Esta é uma justificativa necessária, mas não suficiente. Há dois outros componentes essenciais da tarefa do historiador. A continuidade deve ser explicada. A continuidade histórica, especialmente nas culturas orais, requer mais atenção do que mudança. A tradição é um processo – vive apenas enquanto é continuamente reproduzida. É efervescentemente vital em sua aparente quietude. Em segundo lugar, a tarefa do historiador é proporcionar ao leitor confiança em sua competência metodológica. Para demonstrar consciência das ciladas da tradição inventada e, a partir daí, das explicações oferecidas, o historiador deve também revelar o que é provável que houvesse ali – um poeta na Grécia homérica; um aldeão na África anterior à chegada do homem branco; um maquinista vitoriano esgotado; um chefe de gabinete na Casa

33 R. Coleman, *The Art of Work: an Epitaph to Skill*, Londres, 1988.

Branca do Sr. Reagan; ou, se isso não puder ser feito, dizer que não pode e explicar o motivo.

É para essas partes vitais da tarefa do historiador que a história oral – tradição e reminiscência, passado e presente –, com seu detalhe, sua humanidade, frequentemente sua emoção e sempre seu muito desenvolvido ceticismo com relação a todo o empreendimento historiográfico é principalmente dirigida. Sem acesso a tais recursos, os historiadores das sociedades modernas, maciçamente alfabetizadas e industriais, ou seja, a maior parte dos historiadores profissionais, vão consumir-se em um poço de compreensão circunscrito por sua própria cultura, como amantes abandonados colocados sob o círculo de luz tremulante de um poste isolado em uma rua escura e varrida pelo vento.

História da leitura[1]

*Robert Darnton**

Ovídio nos aconselha sobre a maneira de ler uma carta de amor: "Se sua amante lhe fizer propostas por meio de algumas palavras inscritas em placas entregues a você por um criado esperto, medite com cuidado sobre elas, examine suas expressões e tente adivinhar se seu amor é apenas simulado, ou se suas súplicas partem na verdade de um coração sinceramente apaixonado". É extraordinário. O poeta romano poderia ser um de nós. Refere-se a um problema que poderia surgir em qualquer época, que parece existir independentemente do tempo. Lendo sobre a leitura em *The Art of Love*, parece-nos ouvir uma voz que nos fala diretamente a uma distância de dois mil anos.

Mas à medida que ouvimos mais, a voz soa estranha. Ovídio prossegue prescrevendo técnicas para a comunicação com uma amante, às escondidas de seu marido:

> De acordo com a moral e a lei, uma mulher honesta deve temer seu marido e estar cercada por uma guarda rigorosa... Mas se você tiver tantos guardiães

1 Este artigo foi reimpresso de *Australian Journal of French Studies*, 23, p.5-30, 1986, com permissão do autor.

* Professor de História da Universidade de Princeton.

> quanto Argus tem olhos, pode enganá-los a todos, se sua vontade for bastante firme. Por exemplo, será que alguém pode impedir sua criada e cúmplice *de carregar seus bilhetes no corpete* dela ou entre o pé e a sola da sandália dela? Suponhamos que seu guardião possa ver através de todos esses estratagemas. Faça então com que sua confidente ofereça as costas em lugar das placas e deixe que seu corpo se transforme numa carta viva.[2]

Espera-se que o amante dispa a criada e leia seu corpo – não exatamente o tipo de comunicação que associamos hoje em dia a uma carta de amor. Apesar de seu ar de ilusória atualidade, *The Art of Love* nos lança em um mundo que dificilmente podemos imaginar. Para compreender a mensagem, devemos conhecer algo sobre a mitologia romana, técnicas de escrita e vida doméstica. Devemos ser capazes de nos supor como a esposa de um nobre romano e avaliar o contraste entre a moralidade formal e os hábitos de um mundo dado à sofisticação e ao cinismo, em uma época em que o Sermão da Montanha estava sendo pregado em um idioma bárbaro, bem além do alcance do ouvido dos romanos.

Ler Ovídio é defrontar-se com o mistério da leitura em si. Ao mesmo tempo familiar e estranho, é uma atividade que compartilhamos com nossos ancestrais, embora ela jamais possa ser a mesma que eles experimentaram. Podemos desfrutar da ilusão de sair do tempo para entrar em contato com autores que viveram há séculos. Mas mesmo que seus textos tenham chegado intactos até nós – uma impossibilidade virtual, considerando-se a evolução dos projetos e dos livros como objetos físicos –, nossa relação com esses textos não pode ser a mesma que aquela dos leitores do passado. A leitura possui uma história. Mas como podemos recuperá-la?

Poderíamos começar buscando o registro dos leitores. Carlo Ginzburg encontrou um deles, o de um humilde moleiro de Friuli no

---

2 Ovídio, *Ars Amatoria*, Livro III, linhas 469-72 e 613-26. Segui a tradução de J. H. Mozley em *The Art of Love and Other Poems*, Londres, 1929, modificando-a em alguns locais de acordo com a versão moderna de Héguin de Guerle, *L'Art d'aimer*, Paris, 1963. Todas as outras traduções neste ensaio são de minha responsabilidade.

século XVI, nos papéis da Inquisição. Acusado de heresia, o inquisidor perguntou a sua vítima sobre sua leitura. Menocchio respondeu com uma série de títulos e elaborados comentários sobre cada um deles. Comparando os textos e os comentários, Ginzburg descobriu que Menocchio havia lido uma grande quantidade de narrativas bíblicas, crônicas e livros de viagem do tipo que existia em muitas bibliotecas aristocráticas. Menocchio não se limitou simplesmente a receber as mensagens transmitidas pela ordem social. Ele leu de um modo agressivo, transformando os conteúdos do material à sua disposição em uma visão radicalmente não cristã do mundo. Se essa visão pode ser atribuída a uma tradição popular antiga, como afirma Ginzburg, é uma questão a ser discutida; mas Ginzburg certamente demonstrou a possibilidade de se estudar a leitura como uma atividade entre as pessoas comuns há quatro séculos.[3]

Encontrei por acaso um leitor de classe média abastada em minha própria pesquisa sobre a França do século XVIII. Era um comerciante de La Rochelle, chamado Jean Ranson, e um rousseauísta apaixonado. Ranson não apenas leu Rousseau e se emocionou; ele incorporou as ideias de Rousseau na estrutura de sua vida, quando montou seu negócio, apaixonou-se, casou-se e educou seus filhos. A leitura e a vida corriam paralelas como motivos condutores em uma rica série de cartas que Ranson escreveu entre 1774 e 1785 e que mostram como o rousseauísmo foi absorvido no modo de vida do burguês provinciano, sob o Antigo Regime. Rousseau recebeu um fluxo de cartas de leitores como Ranson, após a publicação de *La Nouvelle Héloïse*. Foi, acredito eu, a primeira onda gigantesca de correspondência de admiradores na história da literatura, embora Richardson já houvesse provocado algumas ondas impressivas na Inglaterra. A correspondência revela que os leitores reagiram como Ranson em toda parte na França e, além disso, que suas reações es-

3 Carlo Ginzburg, *The Cheese and the Worms: the Cosmos of a Sixteenth-Century Miller*, trad. de Anne e John Tedeschi, Baltimore, 1980.

tavam em conformidade com aquelas que Rousseau evocou nos dois prefácios de sua novela. Deu instruções a seus leitores de como lê-la. Atribuiu-lhes papéis e proveu-os com uma estratégia para compreender sua novela. O novo modo de ler funcionou tão bem que *La Nouvelle Héloïse* tornou-se o livro mais vendido do século, a mais importante fonte isolada da sensibilidade romântica. Essa sensibilidade está agora extinta. Nenhum leitor moderno pode chorar dessa maneira, através dos seis volumes de *La Nouvelle Héloïse,* como o fizeram seus predecessores há dois séculos. Mas, em sua época, Rousseau conquistou toda uma geração de leitores, revolucionando a própria leitura.[4]

Os exemplos de Menocchio e Ranson sugerem que a leitura e a vida, a elaboração de textos e a compreensão da vida, estavam muito mais intimamente relacionadas no início do período moderno do que estão hoje. Mas antes de precipitar conclusões, precisamos examinar mais arquivos, comparando os relatos dos leitores sobre sua experiência com os registros de leitura em seus livros e, quando possível, com seu comportamento. Fui levado a crer que *The Sorrows of Young Werther* provocou uma onda de suicídios na Alemanha. Será que não chegou a hora de uma nova avaliação da *Wertherfieber*? Os pré-rafaelitas na Inglaterra proporcionam exemplos similares da vida imitando a arte, tema que pode ser rastreado desde *Don Quixote* até *Madame Bovary* e *Miss Lonelyhearts*. Em cada caso a ficção poderia ser mais detalhada e comparada com documentos – bilhetes reais de suicídio, diários e cartas ao editor. A correspondência dos autores e os papéis dos editores são fontes de informação ideais sobre os autênticos leitores. Há dúzias de cartas de leitores na correspondência publicada de Voltaire e Rousseau, e centenas nos papéis não publicados de Balzac e Zola.[5]

---

4 Robert Darnton, "Readers Respond to Rousseau: the Fabrication of Romantic Sensitivity", em Darnton, *The Great Cat Massacre and other Episodes of French Cultural History*, Nova York, 1984, p.215-56.

5 Como exemplos desses temas, ver Kurt Rothman, *Erläuterungen und Dokumente, Johann Wolfgang Goethe: Die Leiden des Jungen Werthers,* Stuttgart, 1974, e James

Em suma, seria possível desenvolver uma história e também uma teoria da reação do leitor. Possível, mas não fácil; pois os documentos raramente mostram os leitores em atividade, moldando o significado a partir dos textos, e os documentos são, eles próprios, textos, o que também requer interpretação. Poucos deles são ricos o bastante para propiciar um acesso, ainda que indireto, aos elementos cognitivos e afetivos da leitura, e alguns poucos casos excepcionais podem não ser suficientes para se reconstruírem as dimensões interiores dessa experiência. Mas os historiadores do livro sempre exibiram uma grande quantidade de informação sobre a história externa da leitura. Tendo estudado a leitura como um fenômeno social, podem responder muitas das perguntas de "quem", "o quê", "onde" e "quando", o que pode ser de grande ajuda na abordagem dos mais difíceis "porquês" e "comos".

O estudo de quem lê o quê em diferentes épocas recai em dois tipos principais: o macro e o microanalítico. A macroanálise floresceu acima de tudo na França, onde se nutre de uma poderosa tradição de história social quantitativa. Henri-Jean Martin, François Furet, Robert Estivals e Frédéric Barbier traçaram a evolução dos hábitos de leitura desde o século XVI até os dias de hoje, utilizando séries de longo prazo, construídas a partir do *dépôt legal*, dos registros de direitos do livro e da publicação anual da *Bibliographie de la France*. Podem-se observar muitos fenômenos intrigantes nas oscilações de seus gráficos: o declínio do latim, a ascensão da novela, o fascínio geral pelo mundo imediato da natureza e os mundos remotos dos países exóticos que se disseminaram por todo o público educado entre a época de Descartes e Bougainville. Os alemães elaboraram uma série ainda mais longa de estatísticas graças a uma fonte peculiarmente rica: os catálogos das feiras do livro de Frankfurt e Leipzig, que se estendem de meados do século XVI a meados do século XIX.

Smith Allen, "History and the Novel: Mentalité in Modern Popular Fiction", *History and Theory*, 22, p.233-52, 1983.

(O catálogo de Frankfurt foi publicado sem interrupção de 1564 a 1749, e o catálogo de Leipzig, que data de 1594, pode ser substituído no período posterior a 1797 pelo *Hinrichssche Verzeichnisse*.) Embora os catálogos tenham seus inconvenientes, fornecem um índex aproximado da leitura germânica desde a Renascença; e têm sido explorados por uma sucessão de historiadores alemães do livro desde que Johann Goldfriedrich publicou seu monumental *Geschichte des deutschen Buchhandels* em 1908 e 1909. O mundo da leitura em inglês não possui uma fonte comparável; mas para o período posterior a 1557, quando Londres começou a dominar a indústria da impressão, os documentos da London Stationers' Company proveram H. S. Bennet, W. W. Greg e outros com uma enorme quantidade de material, que permitiu traçar a evolução do comércio do livro inglês. Embora a tradição britânica da bibliografia não tenha favorecido a compilação de estatísticas, há um grande número de informações quantitativas nos catálogos de títulos editados desde 1475. Giles Barber extraiu alguns gráficos semelhantes aos franceses dos registros da alfândega, e Robert Winans e G. Thomas Tanselle avaliaram o início da leitura americana reexplorando a enorme *American Bibliography* de Charles Evans (dezoito mil inscrições para o período de 1638-1783, incluindo infelizmente uma população indeterminada de "fantasmas").[6]

---

6 Como exemplos dessa literatura, que é muito vasta para ser citada aqui em detalhes, ver Henri-Jean Martin, *Livre, pouvoirs et société à Paris au XVIIe siècle (1598-1701)*, Genebra, 1969, 2v.; Robert Estivals, *La Statistique bibliographique de la France sous la monarquie au XVIIIe siècle*, Paris e Haia, 1965; Frédéric Barbier, "The Publishing Industry and Printed Output in Nineteenth-Century France" em Kenneth E. Carpenter (ed.), *Books and Society in History. Papers of the Association of College and Research Libraries Rare Books and Manuscripts Preconference, 24-28 June, 1980*, Boston, Massachusetts, Nova York e Londres, 1983, p.199-230; Johan Goldfriedrich, *Geschichte des deutschen Buchhandels*, Leipzig, 1886-1913, 4v.; Rudolf Jentzsch, *Der deutsch-lateinische Buchermarkt nach den Leipziger Ostermesskatalogen von 1740, 1770 und 1800 in seiner Gliederung und Wandlung*, Leipzig, 1912; H. S. Bennett, *English Books & Readers 1475 to 1557*, Cambridge, 1952; Bennett, *English Books & Readers 1558 to 1603*, Cambridge, 1965; Bennett, *English Books & Readers 1603 to 1640*, Cambridge, 1970; Giles Barber, "Books from the Old World and for the New: the

Toda essa compilação e computação proporcionaram algumas orientações para os hábitos de leitura, mas as generalizações parecem às vezes amplas demais para serem satisfatórias. A novela, como a burguesia, parece sempre estar em ascensão; e os gráficos caem nos pontos esperados – mais especialmente durante a Guerra dos Sete Anos na feira de Leipzig, e durante a Primeira Guerra Mundial na França. A maior parte dos quantificadores classifica suas estatísticas em categorias vagas como "artes e ciências" e *belles-lettres*, que são inadequadas para se identificarem fenômenos particulares como a Controvérsia da Sucessão, o Jansenismo, o Iluminismo ou o Renascimento Gótico – exatamente os temas que atraíram mais atenção entre os estudiosos de literatura e os historiadores culturais. A história quantitativa dos livros precisará refinar suas categorias e aguçar seu foco antes de provocar um impacto importante nas correntes tradicionais da erudição.

Mas os quantificadores descobriram alguns padrões estatísticos importantes, e suas realizações teriam parecido ainda mais impressionantes se houvesse um pouco mais de esforço ao se fazerem comparações de um país para outro. Por exemplo, as estatísticas sugerem que o renascimento cultural da Alemanha no final do século XVIII estava relacionado a uma febre tipo epidêmica pela leitura, a chamada *Lesewut* ou *Leseshucht*. O catálogo de Leipzig não alcançou o nível que havia atingido antes da Guerra dos Trinta Anos até 1764, quando incluía 1.200 títulos de livros recém-publicados. Com a explosão de *Sturm und Drang*, elevou-se a 1.600 títulos em 1770; depois 2.600 em 1780 e 5.000 em 1800. O francês seguiu

British International Trade in Books in the Eighteenth Century", *Studies on Voltaire and the Eighteenth Century*, 151, p.185-224, 1976; Robert B. Winans, "Bibliography and the Cultural Historian: Notes on the Eighteenth-Century Novel", em William L. Joyce, David D. Hall, Richard D. Brown e John B. Hench (ed.), *Printing and Society in Early America*, Worcester, 1983, p.174-85; e G. Thomas Tanselle, "Some Statistics on American Printing, 1764-1783", em Bernard Bailyn e John B. Hench (ed.), *The Press & the American Revolution*, Boston, 1981, p.315-64.

um padrão diferente. A produção de livros cresceu regularmente por um século depois da Paz de Westphalia (1648) – um século de grande literatura, desde Corneille até à *Encyclopédie*, que coincidiu com o declínio na Alemanha. Mas nos cinquenta anos seguintes, quando as figuras alemãs se destacaram, a ascensão da França parece relativamente modesta. Segundo Robert Estivals, as solicitações de autorizações para publicar novos livros (*privilèges* e *permissions tacites*) chegaram a 729 em 1764, a 896 em 1770 e apenas a 527 em 1780; e os novos títulos submetidos ao *dépôt légal* em 1800 totalizaram 700. Certamente, tipos diferentes de documentos e padrões de medida poderiam produzir resultados diferentes, e as fontes oficiais excluem a enorme produção de livros franceses ilegais. Mas sejam quais forem suas deficiências, os dados indicam um grande salto para diante na vida literária alemã, após um século de dominação francesa. A Alemanha também teve mais escritores, embora a população das áreas de língua francesa e alemã fosse mais ou menos a mesma. Um almanaque literário alemão, "*Das gelehrte Teutschland*" relacionou 3.000 autores vivos em 1772 e 4.300 em 1776. Uma publicação francesa comparável, *La France littéraire*, incluiu 1.187 autores em 1757 e 2.367 em 1769. Ainda que Voltaire e Rousseau estivessem próximos à velhice, Goethe e Schiller passavam por uma onda de criatividade bem mais poderosa do que se poderia imaginar, considerando-se apenas as histórias convencionais da literatura.[7]

As comparações estatísticas cruzadas também são úteis no mapeamento das correntes culturais. Depois de tabular os direitos dos livros durante o século XVIII, François Furet encontrou um marcante declínio nos antigos ramos de ensino, especialmente da literatura humanista e da literatura latina clássica, que haviam florescido um

7 Estivals, *La Statistique bibliographique*, p.309; Paul Raabe, "Buchproduktion und Lesepublikum in Deutschland 1770-1780", *Philobiblin: eine Vierteljahrsschrift für Buch und Graphiksammler*, 21, p.2-16, 1977. As estatísticas comparativas sobre os escritores são baseadas em meus próprios cálculos.

século antes, segundo as estatísticas de Henri-Jean Martin. Os gêneros mais novos, como os livros classificados sob a rubrica de "ciências e artes", prevaleceram após 1750. Daniel Roche e Michel Marion anunciam uma tendência similar no exame dos arquivos notariais parisienses. As novelas, os livros de viagem e as obras sobre história natural tenderam a tomar o lugar dos clássicos nas bibliotecas dos nobres e dos burgueses ricos. Todos os estudos apontam para uma queda significativa na literatura religiosa durante o século XVIII. Confirmam a pesquisa quantitativa em outras áreas da história social – a de Michel Vovelle sobre os rituais funerários, por exemplo, e a pesquisa de Dominique Julia a respeito das ordenações clericais e das práticas de ensino.[8]

Os estudos temáticos da leitura alemã complementam aqueles do francês. Rudolf Jentzsch e Albert Ward encontraram, nos catálogos das feiras de Leipzig e Frankfurt, uma forte queda nos livros em latim e uma correspondente ascensão nas novelas. Segundo Edward Reyer e Rudolf Schenda, no final do século XIX os empréstimos nas bibliotecas alemãs, inglesas e americanas caíram em um padrão incrivelmente similar: 70% a 80% dos livros pertenciam à categoria de ficção leve (na maioria, novelas); 10% eram livros de história, biografias e relatos de viagem; e menos de 1% pertencia à temática religiosa. Em pouco mais de duzentos anos, o mundo da leitura foi transformado. A ascensão da novela contrabalançou um declínio na literatura religiosa, e em quase todos os casos o ponto crítico poderia ser localizado na segunda metade do século

---

8 François Furet, "La 'librairie' du royaume de France au 18e siècle", em Furet et al., *Livre et société dans la France du XVIIIe siècle*, Paris, 1965, p.3-32; Daniel Roche, "Noblesses et culture dans la France du XVIIIe: les lectures de la noblesse", em Buch und Sammler, *Private und öffentliche Bibliotheken im 18. Jahrhundert, Colloquium der Arbeitsstelle 18. Jahrhundert Gesamthochschule Wuppertal Universität Munster vom 26.-28. September 1977*, Heidelberg, 1979, p.9-27; Michel Marion, *Recherches sur les bibliothèques privées à Paris au milieu du XVIIIe siècle (1750-1759)*, Paris, 1978; Michel Vovelle, *Piété baroque et déchristianisation en Provence au XVIIIe siècle. Les attitudes devant la mort d'après les clauses des testaments*, Paris, 1973.

XVIII, especialmente a década de 1770, anos da *Wertherfieber*. *Die Leiden des jungen Werthers* provocou na Alemanha uma resposta ainda mais espetacular do que *La Nouvelle Héloïse* na França ou *Pamela* na Inglaterra. Todas as três novelas marcaram o triunfo de uma nova sensibilidade literária, e as últimas frases de *Werther* parecem anunciar o advento de um novo público leitor, juntamente com a morte de uma cultura cristã tradicional: "*Handwerker trugen ihn. Kein Geistlicher hat ihn begleitet*".[9]

Apesar de toda a sua variedade e ocasionais contradições, os estudos microanalíticos sugerem algumas conclusões gerais, algo semelhante à "desmistificação do mundo" de Max Weber. Mas isso pode parecer por demais cósmico para servir de consolo. Aqueles que preferem a precisão podem recorrer à microanálise, embora esta em geral se dirija ao extremo oposto – o excesso de detalhes. Podemos apresentar centenas de listas de livros nas bibliotecas, desde a Idade Média até nossos dias, mais do que qualquer um poderia conseguir ler. Mas a maioria de nós concorda que um catálogo de uma biblioteca particular pode servir como um perfil do leitor, ainda que não tenhamos lido todos os livros que nos pertencem e tenhamos lido muitos livros que nunca adquirimos. Esquadrinhar o catálogo da biblioteca de Monticello é inspecionar as provisões da mente de Jefferson.[10] E o estudo das bibliotecas particulares tem a vantagem de unir o "o quê" com o "quem" da leitura.

Também nessa área os franceses assumiram a liderança. O ensaio de Daniel Mornet, *Les enseignements des bibliothèques privées*, datado de 1910, demonstrava que o estudo dos catálogos das bibliotecas

---

9 Jentzsch, *Der deutsch-lateinische Buchermarkt*; Albert Ward, *Book Production, Fiction, and the German Reading Public 1740-1800*, Oxford, 1974; Rudolf Schenda, *Volk ohne Buch. Studien zur Sozialgeschichte der populären Lesestoffe 1700-1910*, Frankfurt am Main, 1970, p.467.

10 Para o modelo de Jefferson de uma biblioteca mínima para um cavalheiro educado, mas não especialmente um erudito, ver Arthur Pierce Middleton, *A Virginia Gentleman's Library*, Williamsburg, 1952.

poderiam produzir conclusões que desafiavam alguns dos lugares-comuns da história literária. Depois de tabular os títulos de quinhentos catálogos do século XVIII, ele encontrou apenas uma cópia do livro que iria ser a Bíblia da Revolução Francesa, o *Contrato Social*, de Rousseau. As bibliotecas destacavam as obras de autores que tinham sido completamente esquecidos, e não proporcionavam uma base para relacionar alguns tipos de literatura (a obra dos filósofos, por exemplo) com algumas classes de leitores (a burguesia). Setenta anos mais tarde, a obra de Mornet ainda parecia impressionante. Mas uma vasta literatura desenvolveu-se à sua volta. Agora temos estatísticas sobre as bibliotecas dos nobres, magistrados, padres, acadêmicos, burgueses, artesãos e até de alguns criados domésticos. Pesquisadores franceses estudaram a leitura através das camadas sociais de algumas cidades – a Caen de Jean-Claude Perrot, a Paris de Michel Marion – e através de regiões inteiras – a Normandia de Jean Quéniart, a Languedoc de Madeleine Ventre. Em sua maior parte, eles se baseiam em *inventaires après décès*, registros notariais de livros dos bens do falecido. Assim sendo, sofrem dos desvios apresentados nos documentos, que geralmente negligenciam livros de pouco valor comercial ou se limitam a declarações vagas como "uma pilha de livros". Mas a visão notarial enganou a muitos na França, bem mais que na Alemanha, onde Rudolf Schenda considera os inventários lamentavelmente inadequados como um guia aos hábitos de leitura das pessoas comuns. O estudo alemão mais completo é provavelmente a pesquisa realizada por Walter Wittmann nos inventários a partir do final do século XVIII em Frankfurt am Main. Indicou que os livros pertenciam a 100% dos funcionários graduados, 51% dos comerciantes, 35% dos mestres artesãos e 26% dos artífices. Daniel Roche encontrou um padrão similar entre as pessoas comuns de Paris; apenas 35% dos trabalhadores assalariados e empregados domésticos que aparecem nos arquivos notariais, por volta de 1780, possuíam livros. Mas Roche também descobriu muitas indicações de familiaridade com a palavra escrita. Em 1789, quase todos os empregados domésticos podiam assinar seus nomes nos inventários. Grande parte deles possuía escrivaninhas, amplamente equipadas com implementos de escrita e apinhadas de papéis de família. A maior parte dos artesãos e dos lojistas passou vários anos de sua infância na escola. Antes de 1789, Paris possuía 500 escolas primárias, uma para cada mil habitantes, todas mais ou menos gratuitas. Os parisienses eram leitores, conclui Roche, mas a leitura não assumia a forma dos livros que aparecem nos inventários. Envolvia literatura popular, críticas violentas, cartazes, cartas pessoais e até os letreiros nas ruas. Os parisienses liam em suas caminhadas pela cidade e liam através de suas vidas, mas seus processos de leitura não deixaram evidência suficiente nos arquivos, para que o historiador possa seguir de perto os seus calcanhares.[11]

Ele deve, por isso, buscar outras fontes. As listas de subscrição têm sido as preferidas, embora em geral cubram apenas os leitores abastados. Do final do século XVII ao início do século XIX, muitos livros foram publicados por subscrição na Grã-Bretanha e continham listas dos subscritores. Os pesquisadores do Projeto para a Biobibliografia Histórica de Newcastle upon Tyne utilizaram essas listas para elaborar uma sociologia histórica do leitor. Esforços similares estão em andamento na Alemanha, especialmente entre os pesquisadores de Klopstock e Wieland. Talvez um sexto dos novos livros alemães tenha sido publicado por subscrição entre 1770 e 1810, quando a prática atingiu seu ápice. Mas mesmo durante sua *Blutezeit*, as listas de subscrição não proporcionam uma visão acurada do leitor. Dei-

---

11 Daniel Mornet, "Les Enseignements des bibliothèques privées (1750-1780)", *Revue d'histoire littéraire de la France*, 17, p.449-96, 1910. Para uma visão geral da literatura francesa com referências bibliográficas, ver Henri-Jean Martin e Roger Chartier (ed.), *Histoire de l'édition française*, Paris, 1982, da qual os dois primeiros volumes que cobrem o período até 1830 já foram publicados. O estudo de Walter Wittmann e obras relacionadas estão discutidos em Schenda, *Volk ohne Buch*, p.461-7. Sobre o leitor comum parisiense, ver Daniel Roche, *Le Peuple de Paris. Essai sur la culture populaire au XVIII*[e], Paris, 1981, p.204-41.

xavam de lado os nomes de muitos subscritores, incluíam outros que atuavam como patronos e não como leitores, e normalmente representavam mais a venda de alguns empresários do que os hábitos de leitura do público educado, segundo uma crítica um tanto devastadora que Reinhard Wittmann dirigiu contra a pesquisa das listas de subscrição. O trabalho de Wallace Kirsop sugere que tal pesquisa pode ter mais resultado na França, onde a publicação por subscrição também floresceu no final do século XVIII. Mas as listas da França, como as outras, em geral, privilegiam os leitores mais abastados e os livros mais fantasiosos.[12]

Os registros das bibliotecas de empréstimo oferecem uma oportunidade melhor para se fazerem conexões entre os gêneros literários e as classes sociais, mas poucos deles sobrevivem. Os mais interessantes são os registros de empréstimo da biblioteca ducal de Wolfenbuttel, que se estendem de 1666 a 1928. Segundo Wolfgang Milde, Paul Raabe e John MacCarthy, eles mostram uma importante "democratização" da leitura na década de 1760: o número de livros emprestados dobrou; os empréstimos partiam das camadas sociais inferiores (incluíam alguns porteiros, lacaios e oficiais subalternos do exército); e a temática da leitura tornou-se mais leve, deslocando-se de volumes eruditos para novelas sentimentais (imitações de *Robinson Crusoe* eram especialmente bem recebidas). É curioso que os registros da Bibliothèque du Roi em Paris indicam que houve o mesmo número de usuários nessa época – cerca de cinquenta por ano, incluindo um certo Denis Diderot. Os parisienses não podiam levar os livros para casa, mas desfrutavam da hospitalidade de uma época mais calma. Embora o bibliotecário lhes abrisse as portas apenas duas manhãs por semana, oferecia-lhes uma refeição antes de mandá-los embora. As condições são diferentes hoje em dia na Bibliothèque Nationale.

12 Reinhard Wittmann, *Buchmarkt und Lekture im 18, und 19. Jahrhundert. Beiträge zum literarischen Leben 1750-1880*, Tubingen, 1982, p.46-68; Wallace Kirsop, "Les mécanismes éditoriaux", em *Histoire de l'édition française*, Paris, 1984, v.II, p.31-2.

Os bibliotecários tiveram de aceitar uma lei básica de economia: não há nada como um almoço gratuito![13]

Os microanalistas fizeram muitas outras descobertas – tantas, de fato, que se defrontam com o mesmo problema dos macroquantificadores: como reuni-las? A disparidade da documentação – catálogos de leilão, registros notariais, listas de subscrição, registros de bibliotecas – não tornam a tarefa mais fácil. As diferenças nas conclusões podem ser atribuídas mais às peculiaridades das fontes do que ao comportamento dos leitores. E as monografias frequentemente anulam umas às outras: os artesãos parecem alfabetizados aqui e não alfabetizados ali; a literatura de viagem parece popular entre alguns grupos em alguns lugares e impopular em outros. Uma comparação sistemática dos gêneros, ambientes sociais, épocas e lugares pareceria uma conspiração de exceções, tentando contestar regras.

Até agora apenas um historiador do livro foi ousado o bastante para propor um modelo geral. Rolf Engelsing declarou que ocorreu uma "revolução na leitura" (*Leserevolution*) no final do século XVIII. Segundo ele, da Idade Média até algum tempo após 1750, os homens liam "intensivamente". Possuíam apenas alguns livros – a Bíblia, um almanaque, uma ou duas obras de oração – e os liam repetidas vezes, em geral em voz alta e em grupo, de forma que uma estreita variedade de literatura tornou-se profundamente impressa em sua consciência. Em 1800, os homens estavam lendo "extensivamente". Liam todo o tipo de material, especialmente periódicos e jornais, e os liam apenas uma vez, correndo para o item seguinte. Engelsing não apresenta muita evidência para sua hipótese. Na verdade, a maior parte de sua pesquisa diz respeito apenas a uma pequena amostra de burgueses em Bremen. Mas possui uma sedutora simplicidade na relação temporal

13 John A. McCarthy, "Lekture und Lesertypologie im 18. Jahrhundert (1730-1770). Ein Beitrag zur Lesergeschichte am Beispiel Wolfenbuttels", *Internationales Archiv für Sozialgeschichte der deutschen Literatur*, 8, p.35-82, 1983.

e apresenta uma fórmula cômoda para contrastar os modos de leitura muito precoces e muito tardios na história europeia. No meu modo de ver, seu principal inconveniente é o caráter não linear. A leitura não se desenvolveu em uma só direção, a extensão. Assumiu muitas formas diferentes entre diferentes grupos sociais em diferentes épocas. Homens e mulheres leram para salvar suas almas, para melhorar seu comportamento, para consertar suas máquinas, para seduzir seus enamorados, para tomar conhecimento dos acontecimentos de seu tempo, e ainda simplesmente para se divertir. Em muitos casos, em especial entre os admiradores de Richardson, Rousseau e Goethe, a leitura tornou-se mais intensiva, não menos. Mas o final do século XVIII parece representar um ponto crítico, quando se pode visualizar a emergência de uma leitura de massa que iria atingir proporções gigantescas no século XIX, com o desenvolvimento do papel feito à máquina, as prensas movidas a vapor, o linotipo e uma alfabetização quase universal. Todas essas mudanças abriram novas possibilidades, não diminuindo a intensidade, mas aumentando a variedade.[14]

Devo por isso confessar algum ceticismo em relação à "revolução da leitura". Embora um historiador do livro, o americano David Hall, tenha descrito uma transformação nos hábitos de leitura dos habitantes da Nova Inglaterra entre 1600 e 1850, quase exatamente nos mesmos termos que aqueles utilizados por Engelsing. Antes de 1800, os habitantes da Nova Inglaterra liam pequenas coleções dos veneráveis "sempre vendidos" – a Bíblia, os almanaques, o *New England Primer*, *Rise and Progress of Religion,* de Philip Doddridge, *Call to the Unconverted,* de Richard Baxter, – e os liam várias e várias vezes, em voz alta, em grupo, e com excepcional intensidade. Depois de 1800, foram inundados com novos tipos de livros – novelas, jornais, variedades recentes e alegres de literatura infantil – e os liam avida-

14 Rolf Engelsing, "Die Perioden der Lesergechichte in der Neuzeit. Das statistische Ausmass und die soziokulturelle Bedeutung der Lekture", *Archiv für Geschichte des Buchswesens*, 10, 1969, col. 944-1002 e Engelsing, *Der Burger als Leser. Lesergeschichte in Deutschland 1500-1800*, Stuttgart, 1974.

mente, descartando uma coisa, assim que podiam encontrar outra. Embora Hall e Engelsing jamais tenham ouvido falar um do outro, descobriram ambos um padrão similar em duas áreas bastante diferentes do mundo ocidental. Talvez tenha ocorrido um deslocamento fundamental na natureza da leitura no final do século XVIII. Pode não ter sido uma revolução, mas marcou o fim de um Antigo Regime – o reinado de Thomas a Kempis, Johann Arndt e John Bunyam.[15]

O "onde" da leitura é mais importante do que se poderia pensar, pois a colocação do leitor em seu ambiente pode dar sugestões sobre a natureza de sua experiência. Na Universidade de Leyden há uma gravura na parede, datada de 1610, representando a biblioteca da universidade. Mostra os livros, pesados volumes in-fólio, encadeados em altas estantes projetando-se das paredes em uma sequência determinada pelas rubricas da bibliografia clássica: *Jurisconsulti, Medici, Historici* etc. Há estudantes espalhados pela sala, lendo os livros em balcões construídos ao nível dos ombros, abaixo das estantes. Eles leem de pé, protegidos contra o frio por grossas capas e chapéus, com um dos pés apoiado em uma barra para aliviar a pressão sobre seus corpos. A leitura não pode ter sido confortável na época do humanismo clássico. Em quadros realizados um século e meio mais tarde, *La Lecture* e *La Liseuse*, de Fragonard, por exemplo, os leitores estão reclinados em canapés ou poltronas bem acolchoadas, com suas pernas apoiadas em banquinhos. São com frequência mulheres, usando vestidos folgados conhecidos na época como *liseuses*. Em geral seguram entre os dedos um duodécimo volume de formato elegante e exibem um olhar distante. De Fragonard a Monet, que também pintou uma *Liseuse*, a leitura passa dos aposentos privados para o ar livre. O leitor carrega os livros para os campos e para os topos das montanhas, onde, como Rousseau e Heine, ele pode comungar com a natureza. A natureza deve ter parecido se deslocar

15 David Hall, "The Uses of Literacy in New England, 1600-1850", em *Printing and Society in Early America*, p.1-47.

algumas gerações depois para as trincheiras da Primeira Guerra Mundial, onde os jovens tenentes de Göttingen e Oxford de algum modo encontraram espaço para alguns volumes leves de poesia. Um dos livros mais preciosos de minha própria pequena coleção é uma edição do *Hymnen an die Ideale der Menschheit*, de Hölderlin, com a inscrição "Adolf Noelle, Januar 1916, nord-Frankreich" – presente de um amigo alemão que tentava justificar a Alemanha. Ainda não estou certo de ter entendido, mas creio que a compreensão geral da leitura avançaria se meditássemos mais diligentemente sobre sua iconografia e seus equipamentos, incluindo a mobília e o vestuário.[16]

O elemento humano no cenário deve ter afetado a compreensão dos textos. Sem dúvida, Greuze adotou uma atitude sentimental diante do caráter coletivo da leitura, quando pintou *Un père de famille qui lit la Bible à ses enfants. Restif de la Bretonne* provavelmente fez o mesmo nas leituras familiares da Bíblia em *La vie de mon père*: *"Je ne saurais me rappeler, sans attendrissement, avec quelle attention cette lecture était écoutée; comme elle communiquait à toute la nombreuse famille un ton de bonhomie et de fraternité (dans la famille je comprends les domestiques). Mon père commençait toujours par ces mots: 'Recueillons-nous, mes enfants; c'est l'Esprit Saint qui va parler.'"*[17] Mas apesar de todo o seu sentimentalismo, tais descrições procediam de uma mesma suposição: para as pessoas comuns no início da Europa moderna, a leitura era uma atividade social. Ocorria nos locais de trabalho, nos celeiros e nas tavernas. Era quase sempre oral, mas não necessariamente doutrinadora. Assim Christian Schubart, em 1786, descreveu o camponês na estalagem no campo, com alguns matizes cor-de-rosa:

16 Para observações similares sobre o estabelecimento da leitura, ver Roger Chartier e Daniel Roche, "Les pratiques urbaines de l'imprimé", em *Histoire de l'édition française*, v.II, p.403-29.

17 Citado em francês no original. A tradução é: "Eu não saberia me recordar, sem ternura, com que atenção era escutada aquela leitura; como comunicava a toda a numerosa família um tom de bondade e de fraternidade (na família eu incluo os criados). Meu pai iniciava sempre com estas palavras: 'Vamos nos concentrar, meus filhos; é o Espírito Santo quem vai falar'". (N.T.)

Und bricht die Abendzeit herein
So trink ich halt mein Schöpple Wein;
Da liest der Herr Schulmeister mir
Was Neues aus der Zeitung für.[18]

A instituição de leitura popular mais importante sob o Antigo Regime era um encontro à beira do fogo, conhecido como *veillée* na França e *Spinnstube* na Alemanha. Enquanto as crianças brincavam, as mulheres costuravam e os homens consertavam ferramentas, um do grupo que podia decifrar um texto os regalaria com as aventuras de *Les quatre fils Aymon, Till Eulenspiegel* ou algum outro favorito do repertório padronizado dos livros populares e baratos. Algumas dessas primeiras brochuras indicavam que sua intenção era que eles entrassem nos ouvidos, começando com frases como "O que você vai ouvir..." No século XIX, grupos de artesãos, especialmente fabricantes de charutos e alfaiates, revezavam-se, lendo ou ouvindo um leitor para se manterem entretidos enquanto trabalhavam. Até hoje, muitas pessoas tomam conhecimento das notícias através da leitura de um locutor de televisão. A televisão pode ser menos um rompimento do passado do que geralmente se supõe. Seja como for, para a maioria das pessoas através da maior parte da história, os livros tiveram mais ouvintes que leitores. Foram mais ouvidos do que vistos.[19]

---

18 Restif de la Bretonne, *La vie de mon père*, Ottawa, 1949, p.216-17. O poema de Schubart está citado em Schenda, *Volk ohne Buch*, p.465, e pode ser assim traduzido: "*When the evening time comes round,/I always drink my glass of wine./Then the schoolmaster reads to me/Something new out of the newspaper.*" ["Quando a noite chega,/Sempre bebo minha taça de vinho./Então o mestre-escola lê para mim/Alguma novidade do jornal."]

19 Sobre os livros populares e seu uso público na França, ver Charles Nisard, *Histoire des livres populaires ou de la littérature du colportage*, Paris, 1854, 2v.; Robert Mandrou, *De la culture populaire aux 17e et 18e siècles: la bibliothèque bleue de Troyes*, Paris, 1964; e para exemplos de estudos mais recentes, a série "Bibliothèque bleue" editada por Daniel Roche e publicada pela Editions Montalba. O melhor relato sobre a literatura popular na Alemanha é ainda Schenda, *Volk ohne Buch*, embora sua interpretação

A leitura era experiência mais reservada à minoria das pessoas educadas, que podia se permitir comprar livros. Mas muitos deles se associavam a clubes de leitura, *cabinets littéraires* ou *Lesegesellschaften*, onde podiam ler quase tudo o que queriam, em uma atmosfera sociável, por um pequeno pagamento mensal. Françoise Parent-Lardeur reconstituiu a proliferação desses clubes em Paris durante a Restauração,[20] mas eles remontam ao século XVIII. Os livreiros provincianos muitas vezes transformavam seu estoque em uma biblioteca e cobravam taxas pelo direito de frequentá-la. Boa luz, algumas cadeiras confortáveis, quadros na parede e subscrições para uma meia dúzia de jornais eram o suficiente para transformar qualquer livraria em um clube. Assim estava anunciado o *cabinet littéraire* de P. J. Bernard, um pequeno livreiro de Lunéville: "*Une maison commode, grande, bien éclairée et chauffée, qui serait ouverte tous les jours, depuis neuf heures du matin jusqu'à midi et depuis une heure jusqu'à dix, ofrirait dès cet instant aux amateurs deux mille volumes qui seraient augmentés de quatre cents par anée.*"[21] Em novembro de 1779, o clube tinha 200 associados, a maior parte oficiais da *gendarmerie* local. Pela modesta quantia de três libras por ano, eles tinham acesso a 5.000 livros, treze jornais e salas especiais para conversar e escrever (ver Apêndice deste capítulo).

Segundo Otto Dann, os clubes de leitura alemães propiciaram a base social para uma variedade distinta de cultura burguesa no século

esteja sendo desafiada por alguns trabalhos mais recentes, especialmente Reinhart Siegert, *Aufklärung und Volkslekture exemplarisch dargestellt an Rudolph Zacharias Becker und seinem "Noth-und Hulfsbuchlein"*, Frankfurt am Main, 1978. Como um exemplo de estudiosos que leem um ao outro, ver Samuel Gompers, *Seventy Years of Life and Labor. An Autobiography*, Nova York, 1925, p.80-1.

20 Françoise Parent-Lardeur, *Les cabinets de lecture. La lecture publique à Paris sous la Restauration*, Paris, 1982.

21 Citado em francês no original. A tradução é: "Uma casa cômoda, grande, bem iluminada e aquecida, que estará aberta todos os dias das nove horas da manhã até o meio-dia e da uma hora da tarde até às dez da noite, oferecendo desde agora aos amadores dois mil volumes que serão aumentados em quatrocentos por ano". (N.T.)

XVIII em uma proporção espantosa, especialmente nas cidades do norte. Martin Welke estima que talvez um entre cada 500 alemães adultos pertencia a uma *Lesegesellschaft* em 1800. Marlies Prusener conseguiu identificar bem mais de 400 clubes e esboçar alguma ideia de seu tema de leitura. Todos eles possuíam um suprimento básico de periódicos suplementado por séries irregulares de livros, em geral sobre temas bem áridos, como história e política. Parecem ter sido uma versão mais séria dos cafés, em si uma instituição importante para a leitura, que se espalhou por toda a Alemanha a partir do final do século XVII. Em 1760, Viena possuía pelo menos sessenta cafés. Eles forneciam revistas, jornais e oportunidades sem fim para discussões políticas, o que ocorreu em Londres e Amsterdã por mais de um século.[22]

Assim, já sabemos bastante sobre as bases institucionais da leitura. Temos algumas respostas para as perguntas de "quem", "o quê", "onde" e "quando". Mas os "porquês" e os "comos" nos escapam. Ainda não descobrimos uma estratégia para o entendimento do processo interno, através do qual os leitores compreendem as palavras. Nem mesmo entendemos a maneira como nós mesmos lemos, apesar dos esforços dos psicólogos e dos neurologistas para traçarem os movimentos dos olhos e mapearem os hemisférios do cérebro. Será que os processos cognitivos são diferentes para os chineses que leem ideogramas e para os ocidentais que escandem linhas? Para os israelenses que leem palavras sem vogais, movendo-se da direita para a esquerda e para as pessoas cegas que transmitem estímulos através de seus dedos? Para os asiáticos do sudeste, cujas línguas são desprovidas de tempos verbais e determinam espacialmente a realidade e para os índios americanos, cujas línguas só recentemente foram reduzidas à escrita por estudiosos estrangeiros? Para o homem devoto na presença da Palavra e para o consumidor que examina os

---

22 Os estudos de Dann, Welke e Prusener, juntamente com outras pesquisas interessantes, estão reunidos em Otto Dann (ed.), *Lesegesellschaften und burgerliche Emanzipation: ein europäischer Vergleich*, Munique, 1981.

rótulos em um supermercado? As diferenças parecem infinitas, pois a leitura não é simplesmente uma habilidade, mas uma maneira de estabelecer significado, que deve variar de cultura para cultura. Seria estranho esperar encontrar uma fórmula que pudesse considerar todas essas variações. Mas deveria ser possível desenvolver um modo de estudar as mudanças na leitura no interior da nossa própria cultura. Eu gostaria de sugerir cinco abordagens ao problema.

Em primeiro lugar, creio que seria possível aprender mais sobre os ideais e as suposições subjacentes à leitura no passado. Poderíamos estudar as descrições contemporâneas da leitura na ficção, em autobiografias, escritos polêmicos, cartas, pinturas e gravuras para descobrir algumas noções básicas daquilo que as pessoas imaginavam ocorrer quando liam. Consideremos, por exemplo, o grande debate sobre a mania de leitura na Alemanha, no final do século XVIII. Aqueles que deploravam a *Lesewut* não se limitavam a condenar seus efeitos sobre a moral e a política. Temiam que ela fizesse mal à saúde pública. Em um folheto de 1795, J. G. Heinzemann relacionou as consequências físicas da leitura excessiva: "suscetibilidade a resfriados, dores de cabeça, enfraquecimento dos olhos, ondas de calor, gota, artrite, hemorroida, asma, apoplexia, doença pulmonar, indigestão, obstipação intestinal, distúrbio nervoso, enxaqueca, epilepsia, hipocondria e melancolia". No lado positivo do debate, Johann Adam Bergk aceitou as premissas de seu oponente, mas discordou de suas conclusões. Considerou como estabelecido que nunca se deveria ler imediatamente depois de comer, ou quando se está de pé. Mas com uma disposição correta do corpo, poder-se-ia ler bastante indefinidamente. A "arte da leitura" envolvia lavar o rosto com água fria e fazer caminhadas ao ar livre, assim como concentração e meditação. Ninguém desafiava a teoria de que havia um elemento físico na leitura, porque ninguém fazia uma distinção clara entre o mundo físico e o mundo moral. Os leitores do século XVIII tentaram "digerir" os livros, absorvê-los em todo o seu ser, corpo e alma. O aspecto físico do processo às vezes se projeta nas páginas. Os livros da biblioteca de Samuel Johnson, atualmente de propriedade da Sra. Donald F. Hyde, são empenados e desgastados, como se Johnson houvesse lutado para abrir o seu caminho através deles.[23]

Desde o início da maior parte da história ocidental, e especialmente nos séculos XVI e XVII, a leitura foi encarada acima de tudo como um exercício espiritual. Mas como ela era realizada? Seria possível buscar orientação nos manuais dos jesuítas e nos tratados de hermenêutica dos protestantes. As leituras familiares da Bíblia ocorriam em ambos os lados da grande linha divisória religiosa. E como indica o exemplo de Restif de la Bretonne, a Bíblia era abordada com temor, mesmo entre alguns camponeses católicos. É claro que Boccaccio, Castiglione, Cervantes e Rabelais desenvolveram outros usos da instrução para a elite. Mas para a maioria das pessoas, a leitura permanecia uma atividade sagrada. Colocava as pessoas diante da Palavra, desvendava os mistérios sagrados. Como hipótese de trabalho, parece válido presumir que quanto mais se recua no tempo, mais afastado se fica da leitura instrumental. Não somente o livro do "como fazer" se torna mais raro e o livro religioso mais comum, mas também a própria leitura é diferente. Na época de Lutero e Loyola, ela promovia o acesso à verdade absoluta.

Em um nível mais mundano, as hipóteses sobre a leitura poderiam ser delineadas através dos anúncios e dos prospectos dos livros. Daí algumas observações típicas de um prospecto do século XVIII, tomado ao acaso da rica coleção da Newberry Library: um

---

23 As observações de Heinzemann estão citadas em Helmut Kreuzer, "Gefährliche Lesesucht? Bemerkungen zu politischer Lekturekritik im ausgehenden 18. Jahrhundert", em Rainer Gruenter (ed.), *Leser und Lesen im 18. Jahrundert. Colloquium der Arbeitsstelle Achzehntes Jahrhundert Gesamthochschule Wuppertal, 24.-26. Oktober 1975*, Heidelberg, 1977. As observações de Bergk estão espalhadas por todo o seu tratado, *Die Kunst Bucher zu Lesen* (Jena, 1799), que também contém algumas observações características sobre a importância dos livros "digestivos": ver seu frontispício e p.302.

livreiro está oferecendo uma edição in-quarto[24] dos *Commentaires sur la coutume d'Angoumois*, uma obra excelente, insiste ele, tanto por sua tipografia quanto por seu conteúdo: "O texto do *Coutume* é impresso em tipo *gros-romain*; os resumos que precedem os comentários, impressos em *cicéro*; e os comentários são impressos em *Saint-Augustin*. Toda a obra é feita de um papel muito bonito fabricado em Angoulème".[25]

Nenhum editor sonharia em mencionar o papel e o tipo ao anunciar hoje em dia um livro de direito. No século XVIII, os anunciantes presumiam que seus clientes se preocupavam com a qualidade física dos livros. Tanto compradores quanto vendedores compartilhavam do mesmo modo de um conhecimento tipográfico que atualmente está quase extinto.

Os relatórios dos censores também podem ser reveladores, pelo menos no caso dos livros do início da França moderna, quando a censura era altamente desenvolvida, além de extremamente eficiente. Um livro típico de viagem, *Nouveau voyage aux isles de l'Amérique* (Paris, 1722), de autoria de J.-B. Labat, contém quatro "aprovações" impressas por extenso próximo aos direitos. Um censor explica que o manuscrito despertou sua curiosidade: "É difícil começar a lê-lo sem sentir aquela moderada mas ávida curiosidade que nos impele a continuar a ler". Outro o recomenda por seu "estilo simples e conciso" e também por sua utilidade: "Nada em minha opinião é tão útil aos viajantes, aos habitantes daquele país, aos comerciantes e àqueles que estudam história natural". E um terceiro simplesmente o considerou uma boa leitura: "Experimentei grande prazer em lê-lo. Ele contém um número enorme de coisas curiosas". Os censores não perseguiam apenas os livros hereges e revolucionários, como tendemos a supor olhando para trás, através do tempo da Inquisição e do Iluminismo. Concediam a uma obra o selo real de aprovação, e

24 Diz-se do formato dos livros impressos em folhas dobradas duas vezes. (N.T.)

25 Newberry Library, Case Wing Z 45.18 ser.la, no 31.

assim fazendo apresentavam indicações de como ele poderia ser lido. Seus valores constituíam um padrão oficial em comparação com o qual as leituras comuns poderiam ser avaliadas.

Mas como liam os leitores comuns? Minha segunda sugestão para atacar esse problema diz respeito às maneiras como a leitura era ensinada. Ao estudar a instrução na Inglaterra do século XVII, Margaret Spufford descobriu que grande parte do aprendizado ocorria fora da escola, em oficinas e nos campos, onde os trabalhadores ensinavam a si mesmos e uns aos outros. Dentro da escola, as crianças inglesas aprendiam a ler antes de aprender a escrever, em vez de adquirir as duas habilidades ao mesmo tempo no início de sua educação, como ocorre hoje. Frequentemente juntavam-se à força de trabalho antes dos sete anos de idade, quando tinham início as instruções na escrita. Assim, as avaliações da alfabetização, baseadas na capacidade de escrever, podem ser muito baixas, e o público leitor pode ter incluído um grande número de pessoas que não podiam assinar seus nomes.[26]

Mas a "leitura" para tais pessoas provavelmente significava algo completamente diferente daquilo que significa hoje. No início da França moderna, os três Rs eram aprendidos em sequência – primeiro ler, depois escrever, depois aritmética[27] – assim como na Inglaterra, e, ao que parece, em todos os outros países do Ocidente. As cartilhas mais comuns do Antigo Regime – livros de alfabetização como a *Croix de Jésus* e a *Croix de par Dieu* – começavam como os manuais modernos, com o alfabeto. Mas as letras tinham sons diferentes. O aluno pronunciava uma vogal de apoio antes de cada consoante, de

26 Margaret Spufford, "First Steps in Literacy: The Reading and Writing Experiences of the Humblest seventeenth-century Autobiographers", *Social History*, 4, p.407-35, 1979 e Spufford, *Small Books and Pleasant Histories, Popular Fiction and its Readership in Seventeenth-century England*, Athens, Georgia, 1981. Sobre a leitura popular na Inglaterra dos séculos XIX e XX, ver R. K. Webb, *The British Working Class Reader*, Londres, 1955, e Richard D. Altick, *The English Common Reader: a Social History of the Mass Reading Public 1800-1900*, Chicago, 1957.

27 Chamados em inglês de três Rs, porque *writing*, *reading* e *arithmetics* têm um som inicial de R. (N.T.)

forma que o "p" surgia como um "eh-p" em vez de "pe", como é hoje. Quando ditas em voz alta, as letras não se ligavam foneticamente em combinações que poderiam ser reconhecidas pelo ouvido como sílabas de uma palavra. Assim, *p-a-t* em *pater* soaria como *ehp-ah-eht*. Mas a indistinção fonética realmente não importava, porque as letras eram consideradas estímulos visuais para acionar a memória de um texto que já havia sido aprendido de cor – e o texto era sempre em latim. Todo o sistema era construído na premissa de que as crianças francesas não deveriam começar a ler em francês. Passavam diretamente do alfabeto para sílabas simples e daí para o *Pater Noster*, a *Ave Maria*, o *Credo* e o *Benedicite*. Tendo aprendido a reconhecer essas orações comuns, passavam para as respostas litúrgicas impressas nas brochuras padronizadas. Nesse ponto muitas crianças deixavam a escola. Já haviam adquirido domínio suficiente da palavra impressa para preencherem as funções que a Igreja esperava delas – ou seja, participar de seus rituais. Mas jamais haviam lido um texto em uma língua que pudessem compreender.

Algumas crianças – não sabemos quantas, talvez uma minoria no século XVII e uma maioria no século XVIII – permaneciam na escola tempo suficiente para aprender a ler em francês. Mesmo assim, no entanto, a leitura era com frequência uma questão de reconhecimento de algo já conhecido, em vez de um processo de aquisição de um novo conhecimento. Quase todas as escolas eram orientadas pela Igreja, e quase todos os livros didáticos eram religiosos, em geral catecismos e livros de devoção como a *Escole paroissiale*, de Jacques de Batencour. No início do século XVIII, os Frères des Écoles Chrétiennes começaram a apresentar o mesmo texto a vários alunos e a ensinar-lhes como um grupo – primeiro passo para a instrução padronizada, que iria se tornar a regra cem anos mais tarde. Ao mesmo tempo, alguns preceptores nas famílias aristocráticas começaram a ensinar a ler diretamente em francês. Desenvolveram técnicas fonéticas e auxílios audiovisuais como as cartas brilhantes e ilustradas do abade Berthaud e o *bureau typographique*, de Louis Dumas. Em 1789, seu exemplo se difundiu para algumas escolas primárias progressistas. Mas a maior parte das crianças ainda aprendia a ler ficando de pé diante do professor e recitando passagens de seja qual fosse o texto em que conseguissem por as mãos, enquanto seus colegas lutavam com uma coleção heterogênea de livretos nos bancos de trás. Alguns desses "livros didáticos" iriam reaparecer à noite na *vieillé*, porque eram livros populares muito vendidos da *bibliothèque bleue*.[28] Portanto, a leitura ao pé do fogo tinha algo em comum com a leitura em uma sala de aula: era uma récita de um texto que todos já conheciam. Em lugar de abrir perspectivas sem limites de novas ideias, ele provavelmente permanecia no interior de um circuito fechado, exatamente onde a Igreja Pós-Tridentina desejava mantê-lo. "Provavelmente", no entanto, é a palavra principal nessa proposição. Só podemos fazer conjeturas diante da natureza dos primórdios da pedagogia, lendo as primeiras cartilhas e as reminiscências ainda em menor número que sobreviveram dessa época. Não sabemos o que realmente acontecia na sala de aula. E seja o que fosse que acontecesse, os leitores e ouvintes camponeses podem ter construído tanto seu catecismo como suas narrativas de aventuras de maneira que, absolutamente, nos escapam.[29]

Se a experiência da grande massa de leitores está além do alcance da pesquisa histórica, os historiadores deveriam ser capazes de captar algo do que a leitura significava para as poucas pessoas que dela deixaram um registro. Uma terceira abordagem poderia começar com os muito conhecidos relatos autobiográficos – aqueles de Santo Agostinho, Santa Teresa de Ávila, Montaigne, Rousseau e Stendhal, por exemplo – e passar para fontes menos familiares. J.-M. Goulemot

28 Coleção de livros populares de capa azul, publicada do século XVII a meados do século XIX, em sua maioria adaptações de romances medievais de cavalaria. (N.T.)

29 Esta discussão é baseada na pesquisa de Dominique Julia, especialmente seu "Livres de classe et usages pédagogiques", em *Histoire de l'édition française*, v.II, p.468-97. Ver também Jean Hébrard, "Didactique de la lettre et soumission au sens. Note sur l'histoire des pédagogies de la lecture", em *Les textes du Centre Alfred Binet*: L'enfant et l'écrit, 3, p.15-30, 1983.

utilizou a autobiografia de Jamerey-Duval para mostrar como um camponês podia ler e escrever sua trajetória nas fileiras do Antigo Regime, e Daniel Roche descobriu um vidraceiro, Jacques-Louis Ménétra, que transcreveu sua viagem em um circuito característico pela França. Embora não levasse muitos livros na sacola às suas costas, Ménétra constantemente trocava cartas com companheiros viajantes e com namoradas. Esbanjou alguns soldos em manifestos em execuções públicas e até compôs versos burlescos para as cerimônias e as farsas que representava com os outros trabalhadores. Quando contou a história de sua vida, organizou sua narrativa de modo picaresco, combinando a tradição oral (contos folclóricos e fanfarronadas estilizadas de reuniões masculinas) com gêneros de literatura popular (as pequenas novelas da *bibliothèque bleue*). Ao contrário de outros autores plebeus –, Restif, Mercier, Rousseau, Diderot e Marmontel –, Ménétra jamais conseguiu um lugar na República das Letras. Ele mostrou que a literatura tinha um lugar na cultura do homem comum.[30]

Esse lugar pode ter sido à margem, mas as margens em si fornecem indícios para a experiência dos leitores comuns. No século XVI, as notas lançadas à margem apareciam impressas sob a forma de glossários, que orientavam o leitor através dos textos humanistas. No século XVIII, o glossário deu lugar à nota de rodapé. Como o leitor seguia a peça entre o texto e o paratexto; na base ou na lateral da página? Gibbon criou uma distância irônica através do desdobramento magistral das notas de rodapé. Um estudo cuidadoso de cópias anotadas do século XVIII de *The Decline and Fall of Roman Empire* poderia revelar o modo como a distância foi percebida pelos contemporâneos de Gibbon. John Adams cobriu seu livro de rabiscos. Acompanhando-o através de sua cópia do *Discourse on the*

30 Jean-Marie Goulemot (ed.), Valentin Jamerey-Duval, *Mémoires. Enfance et éducation d'un paysan au XVIIIe siècle*, Paris, 1981; Daniel Roche (ed.), *Journal de ma vie. Jacques-Louis Ménétra compagnon vitrier au 18e siècle*, Paris, 1981; Daniel Roche (ed.), *Journal de ma vie. Jacques-Louis Ménétra compagnon vitrier au 18e siècle*, Paris, 1982.

Origin of Inequality, de Rousseau, pode-se ver o quanto a filosofia do Iluminismo parecia radical para um revolucionário isolado no clima maravilhoso de Quincy, em Massachusetts. Assim dizia Rousseau, na primeira edição em inglês: "*There was no kind of moral relation between men in this state [the state of nature]; they could not be either good or bad, and had neither vices nor virtues. It is proper, therefore, to suspend judgment about their situation [...] until we have examined whether there are more virtues or vices among civilized men*".[31] E Adams, na margem: "*Wonders upon wonders. Paradox upon paradox. What astonishing sagacity had Mr. Rousseau! Yet this eloquent coxcomb has with his affectation of singularity made men discontented with superstition and tyranny*".[32]

Christiane Berkvens-Stevelinck encontrou um excelente local para mapear a República das Letras nas notas à margem de Prosper Marchand, bibliófilo da Leyden do século XVIII. Outros estudiosos levantaram as tendências da história literária, tentando reler os grandes livros como os grandes escritores os haviam lido, utilizando as anotações de exemplares de colecionadores, como a cópia de Diderot da *Encyclopédie* e a cópia de Melville dos ensaios de Emerson. Mas a pesquisa não precisa se restringir aos grandes livros ou aos livros em geral. Peter Burke está atualmente estudando os *graffiti* da Itália renascentista. Quando se rabiscava na porta de um inimigo, os rabiscos muitas vezes funcionavam como insultos rituais, que definiam as linhas do conflito social que dividia vizinhanças e clãs. Quando ligados à famosa estátua de Pasquino em Roma, esses rabiscos públicos estabeleciam a tônica de uma cultura de rua intensamente

---

31 "Não havia qualquer espécie de relação moral entre os homens neste estado [o estado da natureza]; eles não podiam ser bons ou ruins, e nem possuíam vícios ou virtudes. É conveniente, portanto, suspender-se o julgamento sobre sua situação... até que tenhamos examinado se há mais virtudes e vícios entre os homens civilizados." (N.T.)

32 "Maravilhas sobre maravilhas. Paradoxo sobre paradoxo. Que surpreendente sagacidade possuía o Sr. Rousseau! Mas esta eloquente pretensão, com sua simulação de singularidade, tornou os homens descontentes com a superstição e a tirania." (N.T.)

política. Uma história da leitura poderia ser capaz de avançar em grandes saltos da Pasquinade e da Commedia dell'Arte até Molière, de Molière até Rousseau e de Rousseau até Robespierre.[33]

Minha quarta sugestão diz respeito à teoria literária. Concordo que ela possa parecer desencorajadora, especialmente para quem está de fora. Aparece envolta em rótulos imponentes – estruturalismo, desconstrução, hermenêutica, semiótica, fenomenologia – e desaparece tão rapidamente quanto surgiu, pois as tendências substituem umas às outras com desconcertante velocidade. Por meio delas todas, entretanto, segue uma preocupação que poderia conduzir a alguma colaboração entre os críticos literários e os historiadores do livro – a preocupação com a leitura. Seja desenterrando estruturas profundas ou demolindo sistemas de sinais, os críticos têm cada vez mais tratado a literatura antes como uma atividade do que como um corpo estabelecido de textos. Insistem em que o significado de um livro não está determinado em suas páginas; é construído por seus leitores. Assim sendo, a reação do leitor torna-se o ponto chave em torno do qual gira a análise literária.

Na Alemanha, esta abordagem conduziu a um renascimento da história literária como *Rezeptionsästhetik*, sob a liderança de Hans Robert Jauss e Wolfgang Iser. Na França, provocou uma reviravolta filosófica na obra de Roland Barthes, Paul Ricoeur, Tzvetan Todorov e Georges Poulet. Nos Estados Unidos, está ainda no estágio de fusão. Wayne Booth, Paul de Man, Jonathan Culler, Geoffrey Hartman, J. Hillis Miller e Stanley Fish acrescentaram ingredientes para uma teoria geral, mas nenhum consenso emergiu de seus debates. Não

---

33 As notas à margem de Adams estão citadas em Zoltán Haraszti, *John Adams & the Prophets of Progress*, Cambridge, Mass., 1952, p.85. Sobre os glossários e as notas de rodapé, ver Lawrence Lipking, "The Marginal Gloss", *Critical Inquiry*, 3, p.620-31, 1977 e G. W. Bowersock, "The Art of the Footnote", *The American Scholar*, 53, p.54-62, 1983-84. Sobre os manuscritos de Prosper Marchand, ver os dois artigos de autoria de Christiane Berkvens-Stevelinck, "L'Apport de Prosper Marchand au 'système des libraires de Paris'" e "Prosper Marchand, 'trait d'union' entre auteur et éditeur", em *De gulden Passer*, 56, p.21-63 e 65-99, 1978.

obstante, toda essa atividade crítica aponta para uma nova "textologia", e todos os críticos compartilham um modo de trabalho quando interpretam textos específicos.[34]

Consideremos, por exemplo, a análise de Walter Ong das primeiras frases de *A Farewell to Arms*:

> No final do verão daquele ano nós vivíamos em uma casa em uma aldeia que parecia atravessar o rio e a planície até chegar às montanhas. No leito do rio havia seixos e pedregulhos, secos e brancos ao sol, e a água era clara, movia-se depressa e era azul nos canais.

Que ano? Que rio? pergunta Ong. Hemingway não diz. Pelo uso não ortodoxo do artigo definido – "o rio" em vez de "um rio" – e do desdobramento esparso de adjetivos, ele sugere que o leitor não necessita de uma descrição detalhada da cena. Um lembrete será suficiente, porque imagina-se que o leitor já esteve lá. Hemingway dirige-se a ele como se fosse um confidente e companheiro de viagem, que apenas necessita ser lembrado das coisas para recuperar o brilho forte do sol, o sabor vulgar do vinho e o cheiro fétido da morte na Itália da Primeira Guerra Mundial. O leitor poderia objetar – e pode-se imaginar muitas reações como "Eu sou uma avó de sessenta anos de idade e não sei nada sobre os rios da Itália" – não ser capaz de "acompanhar" o livro. Mas se aceitar o papel que lhe é imposto pela retórica, seu ser ficcionalizado pode se avolumar até às dimensões do herói de Hemingway; e pode seguir a narrativa como um companheiro de armas do autor.[35]

---

34 Para pesquisas e bibliografias da crítica leitor-resposta, ver Susan R. Suleiman e Inge Crosman (ed.), *The Reader in the Text: Essays on Audience and Interpretation*, Princeton, 1980 e Jane P. Tompkins (ed.), *Reader-Response Criticism: From Formalism to Post-Structuralism*, Baltimore, 1980. Uma das obras mais importantes deste estilo de crítica é Wolfgang Iser, *The Implied Reader: Patterns of Communication in Prose Fiction From Bunyan to Beckett*, Baltimore, 1974.

35 Walter J. Ong, "The Writer's Audience Is Always a Fiction", *PMLA*, 90, p.9-21, 1975.

A retórica anterior em geral operava da maneira oposta. Presumia que o leitor nada sabia sobre a história e necessitava ser orientado por ricas passagens descritivas ou observações introdutórias. Assim, a abertura de *Pride and Prejudice*:

> É uma verdade universalmente reconhecida, que um homem solteiro de posse de uma boa fortuna deva estar desejoso de uma esposa.
>
> Por menos que se conheçam os sentimentos ou as opiniões de um tal homem que pode estar se introduzindo pela primeira vez em um ambiente, esta verdade está tão arraigada nas mentes das famílias das cercanias que ele é considerado propriedade de direito de uma ou outra de suas filhas.
>
> "Meu caro Sr. Bennet", disse-lhe sua esposa certo dia, "ouviu falar que Netherfield Park foi finalmente alugado?"

Este tipo de narrativa move-se do geral para o particular. Coloca primeiro o artigo indefinido e ajuda o leitor a atingir seu rumo aos poucos. Mas sempre o mantém à distância, porque se presume que ele entre na história como alguém de fora e que está lendo para se instruir, para se divertir ou por algum propósito moral elevado. Como no caso da novela de Hemingway, deve desempenhar seu papel para que a retórica funcione; mas o papel é completamente diferente.

Os escritores inventaram muitas maneiras de introduzir seus leitores nas narrativas. Uma grande distância separa o "Chame-me Ismael" de Melville do devoto de Milton que reza por ajuda para "justificar os caminhos de Deus até os homens". Mas toda narrativa pressupõe um leitor, e toda leitura se inicia a partir de um título inscrito no texto. O texto pode escavar a si mesmo e o leitor reagir contra a semente ou extrair novo significado de palavras familiares: daí as infinitas possibilidades de interpretação propostas pelos desconstrutivistas e pelas leituras dos originais que moldaram a história cultural – a leitura de Rousseau de *Le Misanthrope*, por exemplo, ou a leitura de Kierkegaard do *Gênesis* 22. Mas seja o que for que se faça dela, a leitura ressurgiu como o fato central da literatura.

Se é assim, chegou o momento de realizar uma união entre a teoria literária e a história dos livros. A teoria pode revelar a variedade nas reações potenciais a um texto – ou seja, aos constrangimentos retóricos que dirigem a leitura sem determiná-la. A história pode mostrar que as leituras realmente ocorrem – ou seja, dentro dos limites de um corpo imperfeito de evidência. Estando atento à história, os críticos literários podem evitar o perigo do anacronismo; pois eles, às vezes, parecem supor que os ingleses do século XVII liam Milton e Bunyan como se fossem professores secundários do século XX. Levando em conta a retórica, os historiadores podem encontrar indícios para o comportamento que de outra forma seria desconcertante, como as paixões despertadas de *Clarissa* até *La Nouvelle Héloïse* e de *Werther* até *René*. Por isso eu argumentaria em prol de uma estratégia dupla, que combinaria a análise textual com a pesquisa empírica. Dessa maneira, seria possível comparar os leitores implícitos dos textos com os leitores reais do passado e, através dessas comparações, desenvolver tanto uma história, quanto uma teoria da reação do leitor.

Tal história poderia ser reforçada por um quinto modo de análise, baseado na bibliografia analítica. Estudando os livros como objetos físicos, os bibliógrafos demonstraram que a disposição tipográfica de um texto pode, em uma extensão considerável, determinar seu significado e a maneira como foi lido. Em um estudo notável de Congreve, D. F. McKenzie mostrou que o dramaturgo neoelizabethano obsceno, conhecido por nós pelas edições in-quarto do final do século XVII, passou por um renascimento tipográfico em sua velhice e emergiu como o imponente autor neoclássico dos três volumes in-oitavo[36] das obras publicadas em 1710. As palavras isoladas raramente mudam de uma edição para outra, mas uma transformação no formato dos livros proporcionou às peças um sabor inteiramente novo. Acrescentando divisões de cena, personagens agrupados, linhas realocadas e apresentando as *liaisons des scènes*, Congreve adapta seus antigos

36 Diz-se do formato de livro cuja folha, dobrada três vezes, é composta de dezesseis páginas, isto é, oito de cada lado. (N.T.)

textos ao novo modelo clássico derivado do palco francês. Passar dos volumes in-quarto para os volumes in-oitavo é transferir-se da Inglaterra elizabethana para a georgiana.[37]

Roger Chartier encontrou implicações similares porém mais sociológicas nas metamorfoses de um clássico espanhol, *Historia de la vida del Buscón*, de Francisco de Quevedo. A novela foi originalmente destinada a um público sofisticado, tanto na Espanha, onde foi publicada pela primeira vez em 1626, quanto na França, onde foi lançada em uma elegante tradução em 1633. Mas em meados do século XVII, as editoras Oudot e Garnier em Troyes começaram a publicar uma série de edições baratas em brochura, que a tornaram durante duzentos anos a peça principal vital da literatura popular conhecida como *bibliothèque bleue*. Os editores populares não hesitaram em remendar o texto, mas concentraram-se primeiramente no formato do livro, o que Chartier chama de *mise en livre*. Fragmentaram a narrativa em unidades simples, encurtando as frases, subdividindo parágrafos e multiplicando o número de capítulos. A nova estrutura tipográfica implicava um novo tipo de leitura e em um novo público: as pessoas humildes, a quem faltava a facilidade e o tempo para absorver longos trechos de narrativa. Os episódios curtos eram autônomos. Não necessitavam ser unidos por subtemas complexos e desenvolvimento de personagens, porque proporcionavam material suficiente para preencher uma *vieillée*. Assim sendo, o livro em si tornou-se antes uma coleção de fragmentos do que uma narrativa contínua, e poderia ser reunido por cada leitor-ouvinte à sua própria maneira. Exatamente como esta "apropriação" ocorreu, permanece um mistério, porque Chartier se limita a analisar o livro como um objeto físico. Mas mostra como a tipografia se abre para a sociologia, como o leitor implícito do autor tornou-se o leitor implícito do editor, descendo a escala social do Antigo Regime e

37 D. F. McKenzie, "Typography and Meaning: The Case of William Congreve", em Giles Barber e Bernhard Fabian (ed.), *Buch und Buchhandel in Europa im achtzehnten Jahrhundert*, Hamburgo, 1981, p.81-126.

penetrando no mundo que seria reconhecido no século XIX como "o grande público".[38]

Poucos bibliógrafos e historiadores do livro, aventureiros, começaram a especular sobre as tendências de longo prazo na evolução do livro. Argumentam que os leitores reagem mais diretamente à organização física dos textos que ao ambiente social que os rodeia. Assim pode ser possível aprender algo sobre a história remota da leitura praticando-se uma espécie de arqueologia textual. Se não podemos saber precisamente como os romanos liam Ovídio, podemos supor que, assim como a maior parte das inscrições romanas, os versos não continham pontuação, parágrafos ou espaços entre as palavras. As unidades de som e significado provavelmente estavam mais próximas dos ritmos da fala do que as unidades tipográficas – os prefixos, as palavras e as linhas – da página impressa. A página em si como uma unidade do livro data apenas do terceiro ou quarto século d.C. Antes disso, tinha-se que desenrolar um livro para lê-lo. Uma vez que as páginas reunidas (o *codex*) substituíram os rolos (*volumen*), os leitores podiam facilmente se movimentar para trás e para diante através dos livros, e os textos tornaram-se divididos em segmentos que podiam ser limitados e indexados. Mas muito tempo depois dos livros terem adquirido sua forma moderna, a leitura continuou a ser uma experiência oral, apresentada em público. Em um momento indeterminado, talvez em alguns mosteiros no século VII e certamente nas universidades do século XIII, os homens começaram a ler silenciosamente e sozinhos. A mudança para a leitura silenciosa pode ter envolvido um ajustamento mental maior que a mudança para o texto impresso, pois ela transformou a leitura em uma experiência individual, interior.[39]

---

38 Roger Chartier, *Figures de la gueuserie*, Paris, 1982. Ver também as reflexões gerais de Chartier em seu ensaio, "Une histoire de la lecture est-elle possible? Du livre au lire: quelques hypothèses", a ser publicado nas transações do Colloque de Saint-Maximin, outubro de 1982.

39 Paul Saenger, "Manières de lire médiévales", *Histoire de l'édition française*, v.I, p.131-41 e Sanger, "From Oral Reading to Silent Reading", *Viator*, 13, p.367-414, 1982. É

É claro que a impressão fez diferença, mas provavelmente foi menos revolucionária do que em geral se acredita. Alguns livros tinham frontispício, índice, índex, paginação, e editores que produziam muitas cópias, a partir do original para um grande público leitor, antes da invenção do tipo móvel. Durante o primeiro meio século de sua existência, o livro impresso continuou a ser uma imitação do livro manuscrito. Sem dúvida, era lido pelo mesmo público da mesma maneira. Mas após 1500, livros, panfletos, manifestos, mapas e cartazes impressos atingiram novos tipos de leitores e estimularam novos tipos de leitura. Cada vez mais padronizado em seu formato, mais barato em seu preço e espalhado em sua distribuição, o novo livro transformou o mundo. Ele simplesmente não supria mais informação. Proporcionava uma forma de entendimento, uma metáfora básica do sentido da vida.

Portanto, foi durante o século XVI que os homens tomaram posse da Palavra. Durante o século XVII, começaram a decodificar o "livro da natureza". E no século XVIII aprenderam eles próprios a ler. Com a ajuda dos livros, Locke e Condillac estudaram a mente como uma *tabula rasa*, e Franklin formulou um epitáfio para si mesmo:[40]

O Corpo de
B. Franklin, Impressor,
Como a capa de um velho Livro,
Seu Conteúdo é arrancado,

---

claro que se podem encontrar casos excepcionais de indivíduos que liam silenciosamente, muito antes do século XVII, o mais famoso sendo Santo Ambrósio, como está descrito nas *Confessions* de Santo Agostinho. Para uma discussão adicional da leitura e do início da história do livro, ver Henri-Jean Martin, "Pour une histoire de la lecture", *Revue française d'histoire du livre*, nova série, n.16, p.583-610, 1977.

40 Sobre a história de longo prazo da ideia do mundo como um livro a ser lido, ver Hans Blumenberg, *Die Lesbarkeit der Welt*, Frankfurt am Main, 1981. O epitáfio de Franklin na verdade não aparece em seu mausoléu. Ele provavelmente o escreveu em 1728, quando era um jovem tipógrafo e um talento do "Junto club": ver Leonard W. Labaree (ed.), *The Papers of Benjamin Franklin*, New Haven, 1959-, v.1, p.109-11. A linguagem é ligeiramente diferente em cada um dos três textos autografados.

E despido de sua Inscrição & Brilho
Aqui jaz. Alimento para os Vermes.
Mas a Obra não será perdida:
Pois, como ele acreditava,
Vai aparecer uma vez mais
Em uma Edição nova e mais elegante
Corrigida e melhorada
Pelo Autor.

Não quero interpretar muito a metáfora, pois Franklin já se empenhou nisso até a morte, mas antes voltar a um ponto tão simples que pode escapar à nossa observação. A leitura tem uma história. Não foi sempre e em toda parte a mesma. Podemos pensar nela como um processo direto de extrair informação de uma página; mas se a considerássemos um pouco mais, concordaríamos que a informação deve ser esquadrinhada, retirada e interpretada. Os esquemas interpretativos pertencem a configurações culturais, que têm variado enormemente através dos tempos. Como nossos ancestrais viviam em mundos mentais diferentes, devem ter lido de forma diferente, e a história da leitura poderia ser tão complexa quanto a história do pensamento. Seria tão complexa, de fato, que os cinco passos aqui sugeridos poderiam conduzir a direções disparatadas ou nos pôr circulando indefinidamente em torno do problema sem penetrar em seu âmago. Não há caminhos diretos ou atalhos, porque a leitura não é uma coisa distinta, como uma constituição ou uma ordem social, que pode ser rastreada através do tempo. É uma atividade que envolve uma relação peculiar – por um lado o leitor, por outro o texto. Embora os leitores e os textos tenham variado segundo circunstâncias sociais e tecnológicas, a história da leitura não deve ser reduzida a uma cronologia dessas variações. Deveria ir além para confrontar o elemento de relação no cerne da questão: como as funções variadas do leitor interpretavam textos desiguais?

A questão soa obscura, mas muita coisa depende disso. Consideremos a frequência com que a leitura mudou no curso da história –

a leitura que Lutero fez de Paulo, a leitura que Marx fez de Hegel, a leitura que Mao fez de Marx. Esses pontos se sobressaem em um processo muito mais profundo, muito mais vasto – o esforço eterno do homem para encontrar significado no mundo que o cerca e no interior de si mesmo. Se pudéssemos compreender como ele tem lido, poderíamos nos aproximar de um entendimento de como ele compreende a vida; e dessa maneira, da maneira histórica, poderíamos até satisfazer parte de nossa própria ânsia de significado.

Apêndice:
Um *Cabinet littéraire* provinciano em 1779

A circular que se segue apresenta um raro vislumbre de um *cabinet littéraire* ou clube de leitura na França pré-revolucionária. Foi enviada por P. J. Bernard, um livreiro de Lunéville, para os oficiais da *gendarmerie* local em setembro de 1779. Bernard queria convencer os *gendarmes* a se associarem a seu *cabinet* e por isso enfatizava a sua utilidade para os militares. Mas provavelmente se parecia com estabelecimentos similares disseminados por meio da França provinciana. A circular provém do arquivo de Bernard, localizado entre os documentos da Société typographique de Neuchâtel, na Bibliothèque publique et universitaire de Neuchâtel, na Suíça. Sua ortografia não foi modernizada ou corrigida.

A Messieurs les Gendarmes
Messieurs,

Le Sr. Bernard, propriétaire du Cabinet Littéraire de la Gendarmerie, autorisé par Monsieur le Marquis d'Autichamp, a l'honneur de vos représenter qu'encouragé par le suffrage de ses abonnés, il désireroit fonder un établissement plus étendu et plus utile.

Il voudroit qu'au moyen d'un abonnement certain & invariable, Messieurs les Gendarmes trouvassent chés lui tous les secours littéraires qu'ils peuvent désirer. Une maison commode, grande, bien éclairée & chauffée, que seroit ouverte tous le jours, depuis neuf heures du matin jusqu'à midi & depuis une heure jusqu'à dix, offriroit, dès cet instant, aux amateurs, deux mille volumes qui seroient augmentés de quatre cens par année. Les livres seroient à la disposition de Messieurs les Gendarmes, qui cependant ne pourront les sortir de la bibliothèque.

Le Sr. Bernard s'engage à se procurer par chaque ordinaire:

Deux journaux de Linguet
Deux Mercures
Deus Journaux militaires
Deus Journaux des affaires de l'Amérique & de l'Angleterre
Deux Esprits des journaux
Deux Courriers de l'Europe
Deux Gazettes de France
Deux Gazettes de Leyde
Deux Gazettes de la Haye
Deux Gazettes de Bruxelles
Deux Courriers du Bas Rhin
Deux Courriers de Deux-Ponts
Deux Bulletins

Auxquels seront joints les ouvrages & instruments de mathématiques, les cartes géographiques, les ordonnances militares, & tout ce que concerne un officier.

Le Sr. Bernard aussi sensible au plaisir d'être utile qu'à son intérêt particulier, se bornera pour chaque abonnement à trois livres par an.

Voilà quel sera l'ordre de sa maison:

Une salle au rais de chaussée sera destinée pour la conversation, ainsi qu'une chambre au premier étage; & les autres seront abandonnées aux lecteurs des gazettes, des ouvrages de littérature, etc.

Il ne sera question d'aucun jeu quelconque, sous tel prétexte que ce soit.

La reconnaissance que le Sr. Bernard a vouée à la Gendarmerie, lui fait saisir tous le moyens de lui être agréable. Il se flate que Messieurs les Gendarmes voudront bien jetter sur son projet un coup d'oeil favorable & le mettre à portée d'ajouter aux obligations qu'il leur a deja l'hommage d'une éternelle reconnaissance.

N.B. Le Sr. Bernard prie ceux de ces Messieurs les Gendarmes qui lui seront favorables de vouloir bien lui accorder leur signature.[41]

---

41 Citado em francês no original. A tradução é:

"Aos Senhores Gendarmes

Senhores,

O Sr. Bernard, proprietário do Cabinet Littéraire de la Gendarmerie, autorizado pelo Sr. Marquês d'Autichamp, tem a honra de comunicar-lhes que, encorajado pela aprovação de seus subscritores, desejaria fundar um estabelecimento de maior alcance e mais útil.

Ele gostaria que, mediante uma subscrição certa e invariável, os senhores Gendarmes encontrassem em seu estabelecimento todos os recursos literários que pudessem desejar. Uma casa cômoda, grande, bem iluminada e aquecida, que estaria aberta todos os dias, das nove da manhã ao meio-dia e da uma da tarde às dez da noite, ofereceria desde agora, aos amadores, dois mil volumes que seriam aumentados em quatrocentos a cada ano. Os livros estariam à disposição dos senhores Gendarmes, que entretanto não poderiam retirá-los da biblioteca.

O Sr. Bernard se compromete a conseguir, habitualmente: Dois jornais de Linguet, dois Mercures, dois Journaux militaires, dois Journaux des affaires de l'Amérique & d'Angleterre, dois Esprits des jornaux, dois Courriers de l'Europe, duas Gazettes de France, duas Gazettes de Leyde, duas Gazettes de La Haye, duas Gazettes de Bruxelles, dois Courriers du Bas Rhin, dois Courriers de Deux-Ponts, dois Bulletins, aos quais seriam acrescentados obras e instrumentos de matemática, mapas geográficos, editos militares e tudo o que diz respeito a um oficial.

O Sr. Bernard, tão sensível ao prazer de ser útil quanto ao seu interesse particular, limitará cada subscrição a três libras por ano.

Assim será a disposição da casa:

Uma sala ao rés do chão será destinada à conversão, assim como um aposento no primeiro andar; os outros ficarão à disposição dos leitores das gazetas, das obras de literartura etc.
Não será permitido nenhum jogo, por qualquer pretexto.
O reconhecimento de que o Sr. Bernard tem devotado ao Corpo dos Gendarmes faz com que ele utilize todos os meios para ser-lhe agradável. Está convencido de que os senhores Gendarmes vão considerar favoravelmente o seu projeto e acrescenta às obrigações que já lhes deve a homenagem de um eterno reconhecimento.
N. B. O Sr. Bernard roga aos senhores Gendarmes que apoiarem seu projeto queiram conceder-lhe sua assinatura." (N.T.)

História das imagens

*Ivan Gaskell**

Material visual

Embora os historiadores utilizem diversos tipos de material como fonte, seu treinamento em geral os leva a ficarem mais à vontade com documentos escritos. Consequentemente, são muitas vezes mal equipados para lidar com material visual, muitos utilizando as imagens apenas de maneira ilustrativa, sob aspectos que podem parecer ingênuos, corriqueiros ou ignorantes a pessoas profissionalmente ligadas à problemática visual. Mas é claro que isso não ocorre sempre. Alguns historiadores têm proporcionado valiosas contribuições à nossa visão do passado – e do local em que nele está inserido o material visual – usando as imagens de uma forma sofisticada e especificamente histórica. Não obstante, é raro que a opinião do historiador seja levada em conta quando as imagens são debatidas em um contexto mais amplo. Essa carência não continuaria a existir se os historiadores fossem informados de algumas das

* Curador de Pinturas do Museu Margaret S. Winthrop dos Museus de Arte da Universidade de Harvard.

preocupações que dominam os pensamentos e a prática daqueles que lidam com material visual. É isso que espero fazer no presente capítulo, no contexto de uma discussão de uma seleção de obras recentes, em um campo de pesquisa terrivelmente vasto.

Para evitar possíveis mal-entendidos, antes de prosseguir vou definir meu uso dos termos. Por história, entendo antes o discurso realizado pelos historiadores do que "o passado". Por arte, entendo aqueles artefatos e, às vezes, os conceitos a eles associados produzidos por aqueles designados como artistas, seja por si próprios, por seus contemporâneos ou retrospectivamente por outros. (Também deveriam estar incluídos aqueles meios desenvolvidos pelos artistas, para escaparem da arte como um artefato, especialmente estando entre eles a arte da representação, embora esta não vá ser aqui tratada.) Mas minha discussão não está limitada à arte, ainda que eu desconheça algum termo isolado para descrever a ampla variedade de material visual a que desejo me referir. Este inclui a arte como acabou de ser definida, mas também, primeiramente, aqueles constituintes do ambiente visual, feito pelo homem, que são ou foram avaliados por outras razões, além de seu propósito prático ostensivo (se é que possuem um), seja por sua destinação desde o início (por exemplo, a cadeira não simplesmente designada para ser sentada) ou retrospectivamente (o "objeto encontrado" ou "coletável", investido de uma nova importância pela designação); em segundo lugar, aqueles constituintes do ambiente visual feito pelo homem que são primariamente comunicativos, incluindo o desenho gráfico e a fotografia. Vou denominar essa massa um tanto nebulosa – que inclui a arte – "material visual".

Este capítulo tem o título de "História das Imagens", em vez de "História da Arte", pela simples razão de que eu desejo considerar as questões relacionadas ao material visual além dos limites da arte, assim como em seu interior. Na verdade, a distinção entre a arte e os outros materiais visuais sugere não somente questões de terminologia, mas também a relativa posição ou privilégio dos diferentes tipos de material. A história da arte é em grande parte relacionada apenas à arte e à percepção das hierarquias qualitativas em seu interior, embora este aspecto discriminatório da disciplina esteja sendo cada vez mais questionado por alguns profissionais nos últimos anos. Todavia, tanto a história da arte quanto outras formas de estudo do material visual são em grande parte e legitimamente a-históricas. (No presente contexto, parece importante salientar que a história da arte não é uma subdisciplina da história.)

Além disso, muito trabalho interpretativo relacionado à arte e a outros materiais visuais não assume a forma escrita, ou apenas a forma escrita. Na verdade, muitos daqueles mais intimamente envolvidos com a consideração do material visual desconfiam, ou mesmo rejeitam, o discurso acadêmico, e a reivindicação implícita de precedência interpretativa com frequência tem propiciado isso. A apresentação e a interpretação implícita de tal material por museus e galerias, em mostras e no interior da arte em si, são igualmente ou até mais importantes.

Na cultura ocidental, três instituições interligadas são centrais à definição pela prática daquilo que constitui material visual e – de igual importância – seus limites e hierarquias internos. Estas instituições são: primeiro, os negociantes, os leiloeiros e os colecionadores; segundo, as diretorias dos museus e das galerias públicas e, por trás delas, os burocratas dos fundos públicos; em terceiro, os historiadores de arte acadêmicos, os editores e (como companheiros mais novos) os críticos. Embora alguns membros de cada grupo individual possam reivindicar permanecer à parte dos outros, há um considerável intercâmbio entre os três em muitos níveis, desde aquele das ideias e das suposições até aquele do dinheiro. Na verdade, os dois primeiros são claramente interdependentes (por exemplo, o patrocinador de uma exibição pode deslizar entre eles). Fora dessa tríade central, tendo uma influência limitada sobre ela, podem estar situados os artistas e os professores de arte. Sua prática quase não tem efeito imediato sobre a discussão do material visual pré-moderno nessa tríade, e em certo sentido apenas um efeito limitado sobre a discussão das questões contemporâneas. O que os artistas fazem pode ser facilmente ignorado e eles não podem ter uma voz independente efetiva, pois seu trabalho e até certo ponto eles próprios são tratados como propriedade dos membros da tríade.

É difícil formular-se uma análise da opinião recebida subjacente à constituição hierárquica do "material visual", devido à complexidade do material e à falta de consenso verdadeiro. Entretanto, o que se segue pode servir como um amplo guia geral. Dentro deste vasto corpo de material, a distinção primária a ser feita é entre "arte" e "outros". Na "arte" há uma distinção, baseada em critérios humanistas renascentistas classicamente derivados, entre "arte erudita" (como uma expressão da criação humana individual) e arte decorativa ou aplicada, termos que têm sido parcialmente superados por *design* quando se refere à época moderna.

Estabelecida paralelamente aparece uma atividade cuja posição mudou um pouco até se tornar ambígua: a arquitetura. Escritores renascentistas italianos como Leon Battista Alberti e Giorgio Vasari seguiram o arquiteto e teórico romano Vitruvius na concepção da arquitetura como o pináculo das artes visuais, devido a sua combinação de constituintes funcionais e abstratos, dando espaço à criatividade individual. Em muitas análises subsequentes da história da arte, a ênfase é colocada menos sobre a função prática ou social dos edifícios do que sobre a criação por tratarem as estruturas e os planos a elas relacionados quase exclusivamente como veículos de expressão artística individual, uma abordagem também basicamente derivada de Vitruvius (*De architectura*, II, ii). Por outro lado, a prática atual da arquitetura é em geral encarada como a preservação de uma profissão separada, cujos membros e cujos críticos tendem a tratar ambiguamente a definição do relacionamento entre as considerações práticas e as expressivas. Há uma tendência a tratar a prática corrente da arquitetura não como uma "arte erudita" (como pode ter sido concebida quando Michelangelo alternadamente esculpiu estátuas, pintou quadros e projetou edifícios), mas como o *design* em uma grande escala, embora mantendo vestígios do prestígio de suas associações anteriores preservadas em parte pela obra dos historiadores de arte, que escrevem sobre arquitetura.

Também entre "arte" e "outros", em uma situação de categoria curiosamente não resolvida, embora de uma maneira completamente diferente daquela da arquitetura, está a fotografia. Embora a variedade de imagens que pode ser produzida por essa técnica em certo sentido não seja muito grande, seu espectro de significação cultural é importante, sendo considerada em um extremo como um meio transparente de transmissão de informação, e em outro, como um meio de arte opaco. O impacto cultural da fotografia sobre os últimos cento e cinquenta anos, tanto em si mesma quanto na forma da imagem visual em movimento a que ela também deu origem, tem sido imenso, alterando completamente o ambiente visual e os meios de troca de informação de uma grande parte da população do globo. A fotografia transformou sutil, radical e diretamente a disciplina da história da arte e a prática de todos os membros da tríade anteriormente definida, não importando se seus objetos de preocupação foram criados antes ou depois de sua invenção. Quase todos fazem uso diário da fotografia, seja como ilustrações, auxílios à memória ou como substitutos de objetos descritos através dela. Entretanto, a maior parte dos membros dessas profissões tem evitado explicitamente considerar as consequências da fotografia à medida que ela afeta o seu próprio trabalho, bem como em uma escala mais ampla.

A categoria inadequadamente designada anteriormente como "outros" é na prática em grande parte definida pelos museus e pelo comércio. Uma preocupação com o passado local durante muito tempo transformou os museus locais em depósitos de objetos. Itens domésticos obsoletos, evocando práticas, rotinas e até relacionamentos sociais do passado, passaram a ser expostos, em acréscimo às obras de arte, arqueologia e história natural que caracterizavam os museus locais, fundados na Grã-Bretanha nos anos que se seguiram ao Ato dos Museus de 1845. A partir da década de 1970, uma preocupação maior com a "cultura popular" revestiu esses artefatos de uma significação ampliada e mais estritamente orientada do ponto de vista histórico, devido a mudanças nas técnicas de exposição. Toda a área foi estimulada, a partir das ondas de estudos folclóricos, para assumir seu lugar no interior de um estudo revivificado da cultura popular, intimamente relacionado aos desenvolvimentos concomitantes na escrita da história representada na Grã-Bretanha pela *Popular Culture in Early Modern Europe* (1978), de Peter Burke. A nova posição conferida ao estudo do material remanescente dos setores externos à elite das sociedades passadas está resumida em termos claros pela construção suntuosa do Musée National des Arts et des Traditions Populaires em Paris. Enquanto vitrinas apresentam implementos agrícolas ou instrumentos profissionais, exibindo a variação regional e o valor do trabalho anônimo, a sala de pintura é um repositório de folhetos e ninharias predominantemente anônimos, produzidos para o consumo popular do século XVI em diante.

O engajamento do comércio com essa ampla variedade de "outros" materiais visuais certamente não está definido por uma participação erudita em debates relativos à importância cultural de tais objetos. Na verdade, o impacto do comércio sobre esta área do ambiente visual e sobre a percepção que as pessoas têm do passado é provavelmente mais considerável que aquele do saber das diretorias dos museus e dos historiadores sociais. Mesmo os principais leilões têm tido problemas consideráveis para desenvolver a área conhecida como "colecionáveis" (potes, cartazes de propaganda de cigarro, brinquedos etc.). Esta área reflete a intersecção de várias preocupações. Primeiro, apela para um sentido de ordenação e serve como uma técnica de recreação equivalente às técnicas comerciais de contabilidade e câmbio; mas, ao contrário dos interesses do colecionador, ela promete uma conclusão e um encerramento final. Os colecionadores de selos são o seu paradigma. Segundo, os "colecionáveis" apelam para outro impulso comercial: a atribuição do valor na conclusão de conjuntos definidos e a expectativa de um retorno sobre o investimento. Terceiro, a coleção é postulada sobre a noção implícita de que o conhecimento relativo aos objetos é ostensivamente finito: a possibilidade de interpretação não faz parte da atitude mental. Certa vez eu visitei uma casa de campo paladiana[1] em que muitos aposentos estavam desprovidos de mobília e decoração, mas os assoalhos estavam cobertos de bules de chá. Os bules, um diferente do outro, estavam colocados de um extremo a outro nos corredores e em partes das escadas, tornando-as intransitáveis. Para o proprietário, esse não era um arranjo expressando ou convidando à interpretação, mas simplesmente uma questão de conveniência. Quarto – e mais importante para o historiador –, as coleções deste tipo implicam um relacionamento particular com o passado. Dois de seus elementos são a nostalgia baseada nas qualidades "sinedóquicas" observadas em um objeto (um brinquedo em miniatura evocando uma infância dos anos 1950, por exemplo) e a suposta aderência de uma qualidade imutável devida ao contato pessoal com uma pessoa ou com pessoas celebradas ou reverenciadas (um par de botas que pertenceu a Elvis Presley ou ao primeiro Duque de Wellington, por exemplo). Na verdade, quando esta atitude evocativa de mágica sedutora é institucionalizada, o que ocorre de uma maneira cada vez mais disseminada, podemos nos surpreender se for possível fazer-

---

1 O estilo paladiano é aquele estilo de arquitetura inaugurado por Palladio (arquiteto italiano do século XVI), uma das maiores influências das artes plásticas. O estilo de Palladio é uma adaptação das regras da arquitetura greco-romana às necessidades e conveniências da aristocracia na Renascença, conferindo à vida cotidiana uma solenidade quase religiosa, sobretudo na construção de palácios residenciais e grandes casas de campo. O estilo paladiano dominou toda a arquitetura dos séculos XVII e XVIII, sobretudo na Inglaterra, onde a Villa Rotondo foi várias vezes imitada. A partir da segunda metade do século XIX, começou-se a desprezar esse estilo, tachado de pseudoclássico. Esboça-se atualmente um movimento de reabilitação do estilo paladiano. (N.T.)

-se uma distinção entre, digamos assim, Graceland e Apsley House, pois ambas implicam uma atitude profundamente não analítica em relação a um passado dominado por grandes homens, cuja essência pode ser conhecida através do exame dos objetos com os quais eles se cercaram.

Tendo realizado algumas incursões na vasta massa de material visual ("arte", temas de categoria não resolvida, como a arquitetura e a fotografia, e "outros", incluindo algumas categorias de artefato e "colecionáveis"), a chegada à conjunção de todos esses fenômenos na apresentação institucionalizada de heróis (Presley como "o Rei", Wellington como "o Duque de Ferro") pode ser o ponto em que se deve falar no problema de como o conhecimento do material visual pode ser estabelecido, de forma a poder ser exibido com vários propósitos (diversão, propaganda, negócio e relação do presente com o passado). Tentarei explorar apenas três dos vários aspectos da especulação, com referência à obra recente selecionada: a autoria, a canonicidade e a interpretação.

Autoria

Buscar estabelecer a autoria não é simplesmente uma consequência dos valores do mercado de arte, como sustentam os céticos (ou seja, um quadro de Van Gogh valerá incomparavelmente mais que uma pintura que parece ser de Van Gogh, mas não o é). É antes uma consequência da concepção do artista e da percepção do relacionamento dele (e muito ocasionalmente dela) com a arte na tradição ocidental. Como um corolário, a autoria do material visual não considerado arte (produtos artesanais ou industriais) é em geral julgada de pequena importância, embora o desenvolvimento do *design* como uma estratégia para subordinar os elementos imediatamente exploráveis da "arte" para propósitos diretamente comerciais esteja conduzindo a uma transferência parcial da prerrogativa do artista para o *designer*. Aqui, no entanto, dificilmente existe o campo de discórdia a ser encontrado no campo da arte, especialmente em seu subgrupo pré-moderno (ou do "velho mestre") de pintura e desenho.

O "connoisseurismo"[2] – técnica pela qual a autoria das obras de arte individuais é em geral reconhecida – é "o id do ego da história da arte", como expressou Gary Schwartz em uma crítica recente.[3] Muitos historiadores de arte que estão longe de ser radicais em suas opiniões reconhecem a base intelectualmente insegura do "connoisseurismo" e concentram-se em outras áreas de pesquisa (iconografia, patronato). Os apologistas do "connoisseurismo" não podem ajudar, mas revelam suas contradições internas. Em 1985, a casa de leilões Sotheby's, de Londres, e o Museu Fitzwilliam da Universidade de Cambridge uniram-se para produzir a "Primeira Mostra Sotheby Fitzwilliam". Seu tema era *The Achievement of a Connoisseur: Philip Pouncey*, que, durante uma longa carreira, trabalhou tanto em museus quanto no comércio, primordialmente no que dizia respeito aos desenhos da Renascença italiana. Descrevendo o trabalho de Pouncey na introdução do catálogo que acompanhava a mostra,[4] John Gere descreveu a "clareza, a acurácia, a concisão e a exatidão de expressão, atenção às nuanças de significado, a distinção entre hipótese e fato e o relevante e o irrelevante, além da expressão de concordância e discordância em termos graduados". Ele continua, dizendo que: "O Sr. Pouncey é um estudioso [...] para quem [...] a acurácia não é uma virtude, mas um dever". Entretanto, por toda a página Gere revela os estranhos padrões duplos do "connoisseurismo", declarando que: "Uma coisa é realizar uma atribuição

2 *Connoisseurism*, no original. Derivado da palavra francesa "connoisseur", que indica pessoa com profundo conhecimento de algum assunto – principalmente em questões de arte. O neologismo foi utilizado no inglês e optamos por mantê-lo em português (aspas nossas), uma vez que não existem, em ambas as línguas, palavras correspondentes indicando o significado preciso do termo francês. (N.T.)

3 "Connoisseurship: the penalty of ahistoricism", *International Journal of Museum Management and Curatorship*, 7, p.261-8, 1988.

4 *The Achievement of a Connoisseur. Philip Pouncy, Italian Old Master Drawings*, de Julien Stock e David Scrase, Fitzwilliam Museum, Cambridge, 1985, sem paginação.

satisfatória, mas outra completamente diferente é justificá-la satisfatoriamente", mais adiante descrevendo o uso de Pouncey do gestual na resposta a este problema: "Inesquecível, mesmo depois de trinta anos, foi sua maneira de demonstrar o 'correggiosismo' do nº 19 na presente mostra, colocando-se ele mesmo na posição de São Sebastião no desenho". Para muitos historiadores de arte, a incapacidade de expressão que permite a pantomima e – mais seriamente – "as anotações resumidas nos montes de desenhos" como sendo o principal modo de expressão do *connoisseur* (descrito por Gere como "o monumento tangível de seu [de Pouncey] notável trabalho de uma vida") está intrincadamente sujeito ao autoritarismo, pois se afasta do argumento racional e apela para a reputação pessoal. Muitos encontram dificuldade em aceitar a pura afirmação de um estudioso. Em consequência disso, vários historiadores de arte e teóricos radicais denigrem abertamente o "connoisseurismo" como uma atividade inerentemente de direita, limitada, que simplesmente sustenta o mercado de arte e estimula a evasão de questões importantes, concentrando-se nas minúcias discretas e insignificantes. Em contraposição, muitos *connoisseurs* desconsideram os historiadores de arte, cujas especulações se relacionam a outras questões além da autoria. Existe uma polarização ideológica.

O "connoisseurismo" merece antes uma avaliação mais cuidadosa que uma rejeição. Gere, na introdução anteriormente citada, apresenta uma excelente definição da concepção tradicional de "connoisseurismo", digna de ser citada integralmente. (Eu numero os critérios de Gere para facilitar a subsequente referência.)

> O "connoisseurismo", no sentido técnico da identificação dos autores de obras de arte, não é exatamente uma ciência, interpretada como um sistema racional de inferência a partir de dados comprováveis; nem é exatamente uma arte. Está situado em algum lugar entre ambas, e requer uma combinação particular de qualidades do espírito, algumas mais científicas que artísticas, outras mais artísticas que científicas: [1] uma memória visual para as composições e os detalhes de composições, [2] um conhecimento exaustivo da escola ou do período em questão, [3] a consciência de todas as respostas possíveis, [4] uma percepção da

> qualidade artística, [5] uma capacidade para estabelecer a evidência e [6] um poder de empatia com o processo criativo de cada artista individualmente, além de [7] uma concepção positiva do artista como uma personalidade artística individual.

Se se aceita que o "connoisseurismo" é uma atividade necessária (o que eu aceito, mas como um meio para uma variedade de fins, não como um fim em si mesmo), os critérios de números 1, 2 e 5 parecem incontestáveis. O de número 3, no entanto, é uma impossibilidade racional da forma como está expresso, e espero não prejudicar Gere sugerindo que a qualidade que percebo estar ele desejando transmitir está realmente compreendida tanto quanto o racionalmente possível por seus dois primeiros critérios. O de número 4 pode ser considerado como supondo várias questões vitais, mas nem a menor delas poderia ser aceita nas presentes circunstâncias. Os verdadeiros problemas estão nos critérios de números 6 e 7, o último especialmente sendo básico para o "connoisseurismo" como é em geral concebido. A ideia de que cada artista individual inevitavelmente se revela de uma maneira única por seus traços estilísticos inconscientes que o *connoisseur* pode reconhecer, compõe a verdadeira base do "connoisseurismo". Gere admite que "o 'connoisseurismo' dos desenhos italianos é baseado quase inteiramente na evidência interna, estilística": portanto, apenas o refinamento e a discussão das inconsistências percebidas no interior de um conjunto de argumentos circularmente definidos estão abertos ao participante. É essencialmente um sistema fechado, autorratificado, e por isso demonstravelmente não é nada além de uma ficção. (Não estou negando, no entanto, que uma ficção possa expressar uma verdade.) Além disso, a contradição subjacente aos critérios de números 6 e 7 não é em si demonstrável. Os parâmetros estilísticos, no interior dos quais um artista individual trabalha, podem concebivelmente ser bem mais amplos do que permitiria o princípio de um sistema de "connoisseurismo" baseado na diferenciação ostensiva entre minúcias inexplicáveis. Vários agrupamentos de obras podem ser feitos, tendo-se como base as semelhanças e as diferenças observadas, mas isso em si não proporciona motivo necessário ou suficiente para atribuir aquelas que exibem características semelhantes do mesmo artista. Fazer isso é aceitar um sistema arbitrário não reconhecido, não necessariamente correspondente à realidade. Isso pode se tornar inevitável; mas eu proponho, primeiro, que a posição de tal sistema deva ser reconhecida por seus profissionais; segundo, que quaisquer reivindicações relativas à sua vinculação com o mundo devam ser examinadas com cuidado em exemplos individuais; e, terceiro, que a pesquisa recente relativa à percepção e à cognição seja levada em conta.

Atualmente têm sido feitos grandes esforços para evitar esse problema, embora não se reconhecendo explicitamente que ele exista. Ainda que permanecendo silenciosos a respeito do mito do "olho" refinado e sofisticado, que funciona de maneira explicitamente reconhecida como algo muito próximo da intuição, os novos *connoisseurs* colocam sua fé no exame técnico e científico. Isso tem se tornado possível graças aos desenvolvimentos na prática da conservação e à aplicação de técnicas científicas às análises dos componentes das obras de arte, especialmente das pinturas a óleo. O problema deste tipo, que provavelmente recebeu mais atenção pública nos últimos anos, não se relaciona a um objeto de arte como tal, mas a um item de material visual, cuja situação incerta como uma verdadeira relíquia ou uma imagem feita pelo homem tem sido de interesse geral: o Sudário de Turim. Em 1988, fragmentos foram analisados em três laboratórios na Suíça, na Grã-Bretanha e nos Estados Unidos, simultaneamente, através de técnicas de datação de carbono, os resultados sugerindo que o material era do final da Idade Média, ao invés de ter uma origem paleocristã. Esta experiência pode nos lembrar que a prática antiquíssima do exame e da subsequente certificação ou rejeição das supostas relíquias, pelas autoridades eclesiásticas, poderia bem ser considerada o antecedente intelectual do "connoisseurismo" atual.

Entre os respeitáveis projetos atuais de "connoisseurismo", o Projeto de Pesquisa Rembrandt é preeminente. Durante mais de vinte anos um pequeno grupo de estudiosos holandeses, trabalhando em conjunto, examinou pinturas atribuídas a Rembrandt van Rijn e reuniu quantidades consideráveis de informações técnicas. Está prestes a ser publicado um catálogo cronológico das obras aceitas (com uma consideração das duvidosas e de algumas obras previamente aceitas, rejeitadas pelo grupo).[5] Entretanto, a premissa básica de todo o projeto em si parece cada vez mais questionável: ou seja, a suposição de que é tão desejável quanto possível definir um conjunto da obra produzida pelo próprio Rembrandt, distinta daquela de seus alunos, assistentes, seguidores e imitadores contemporâneos. É interessante observar que tanto o desejo quanto a viabilidade parecem consideravelmente menos seguros agora do que devem ter sido para os iniciadores do Projeto, em grande parte e inadvertidamente graças ao trabalho do próprio grupo. A questão agora é: se o "Rembrandt" é o produto de um grupo de trabalho que compreende um número de membros flutuante, em que o próprio Rembrandt é o único constante, seria realmente apropriado tentar identificar as pinturas de autoria apenas de Rembrandt, mesmo que isso fosse possível, dadas as limitações das técnicas de "connoisseurismo" que neste momento só podem se basear na estilística interna e na evidência técnica? Entretanto, estamos culturalmente relutantes em renunciar ou pelo menos em qualificar a concepção do artista como um criador essencialmente individual, cuja atividade ("o processo criativo") e caráter ("personalidade artística") singulares podem ser discernidos pelo observador empático (comparar com os critérios de Gere de números 6 e 7 citados anteriormente).

Grande parte do exame técnico é realmente uma busca acentuada dos traços ostensivamente únicos do artista: seu toque, suas abreviaturas pessoais. Embora o local de uma obra no interior de

5 J. Bruyn, B. Haak, S. H. Levie, P. J. J. van Thiel e E. van de Wetering, *A Corpus of Rembrandt Paintings*, v.1, 1625-1631, 1982, v.2, 1631-1634, 1986, v.3, 1634-1639, 1989.

categorias amplas, como a data aproximada e provavelmente o local de produção, possa ser proveitosamente estabelecido, os resultados em geral só autorizam as declarações negativas ("a análise tem demonstrado que não é empregado nenhum material anacrônico em um quadro do século XVII"). A análise comparativa pode estabelecer padrões de prática de grupo de trabalho. Por exemplo, é improvável que uma tela sem um campo duplo distintivo discernível em cortes transversais da camada de pintura, realizados para exame microscópico, tenha sido preparada na oficina de trabalho de Rembrandt. Todas as técnicas disponíveis, desde a autorradiografia até a análise de difração de Raio X, podem ser e são utilizadas para estabelecer parâmetros dentro dos quais as obras podem ser discutidas, através de processos legítimos de comparação e exclusão. Não obstante, o principal objetivo na interpretação de tais resultados pelos historiadores e curadores de arte permanece sendo o estabelecimento, ou a desqualificação, do conjunto da obra de um artista individual. O processo da tomada de decisões do "connoisseurismo" permanece fundamentalmente inalterado, e a única diferença é que mais dados estão à disposição do *connoisseur*. A importância disso, contudo, raramente é precisa o suficiente para suas (dele ou dela) exigências.

Hoje em dia, o uso da análise técnica está se intensificando, sem a devida consideração às implicações epistemológicas. Algumas das hipóteses de trabalho publicadas do Projeto de Pesquisa Rembrandt foram recentemente postas em dúvida, como resultado do exame técnico e científico do acervo de Rembrandt da National Gallery de Londres: o exame mais completo de um conjunto de obras associadas ao grupo de trabalho de Rembrandt está ainda comprometido.[6] Sua insinuação foi a de que a informação técnica extensiva e detalhada utilizada pelo Projeto de Pesquisa Rembrandt é na verdade inade-

6 *Art in the Making. Rembrandt*, por David Bomford, Christopher Brown e Ashok Roy, National Gallery, Londres, 1988-9.

quada. Se assim for, onde se deve parar e em que ponto as decisões podem ser tomadas? A autorradiografia por ativação de nêutron (que efetivamente revela a disposição dos constituintes da pintura individual em uma série de imagens radiográficas) não era uma técnica disponível para o grupo da National Gallery, mas uma série de pinturas atribuídas a Rembrandt, em número suficiente para proporcionar material comparativo, foi analisada por esse procedimento. Será que um exame similar das pinturas da National Gallery atrapalharia suas hipóteses atributivas recentemente publicadas? Ou, de preferência, as limitações do "connoisseurismo" – por mais extensivos que fossem os dados técnicos à disposição do *connoisseur* – deveriam ser examinadas e todo o projeto de especulação atributiva verificado em seguida em uma nova base, base esta em que a hipótese é reconhecida pelo que ela é, e a opinião não é apresentada como um conhecimento seguro?

O problema da posição epistemológica do conhecimento derivado do "connoisseurismo" torna-se mais agudo, quando aquela informação necessariamente insegura é empregada na construção de argumentos complexos da história da arte, em associação com o conhecimento estabelecido por processos mais dignos de confiança (por exemplo, inferências extraídas de fontes mutuamente corroborativas). Se a evidência do "connoisseurismo" tiver um peso igual àquela sustentada por uma evidência estabelecida, de modo mais seguro em tais estruturas, essas estruturas devem ser frágeis. Mais que a qualidade da evidência apenas nas circunstâncias individuais, deve ser levada em conta a qualidade da natureza da evidência. Através dessa avaliação, a evidência do "connoisseurismo" por sua própria natureza não pode ser tão persuasiva quanto algumas outras formas de evidência. O reconhecimento disso não conduziria à rejeição ou exclusão da evidência do "connoisseurismo", mas antes à sua utilização adequada, discreta.

As questões sobre o peso relativo de diferentes tipos de evidência não surgem da mesma maneira, quando se consideram formas de argumento em que apenas o "connoisseurismo" está envolvido. Mas reconhecer as limitações epistemológicas do "connoisseurismo" dificilmente interessaria aos direitos adquiridos do mundo da arte. Um deslocamento da ênfase é improvável, porque as obras de arte funcionam como objetos individuais (mais que como componentes indeterminados) no contexto determinante: o mercado e seu companheiro e dependente, o museu. Dentro deste contexto, é altamente desejável que a posição de cada objeto individual não deva ser duvidosa. Em consequência disso, a falta de conhecimento é regularmente compensada pela apresentação de opinião corroborada por reputação e autoridade, à guisa de um conhecimento seguro. Uma confissão de ignorância é muito frequentemente encarada como uma falha indesculpável, uma atitude que envergonha a prática no campo. (Somente aqueles a quem grande autoridade foi atribuída podem prosseguir com ocasionais admissões de ignorância: se realizadas de maneira sensata, tais confissões podem realmente confirmar aquelas posições de grande autoridade.) Muito está em jogo para os participantes reconhecerem este estado de coisas: posição, prestígio (tanto individual quanto institucional) e, acima de tudo, dinheiro. Como em qualquer outro mercado capitalista, a confiança e a credulidade passam de mão em mão. Aqueles cujo principal meio de troca é a ideia, em vez da moeda, estão em considerável desvantagem.

Do ponto de vista daqueles preocupados com o relacionamento entre o presente e o passado, deveríamos observar que a definição da prática passada, estabelecida apenas pelo "connoisseurismo", deve ser considerada uma ficção, embora ela seja convincente quando bem argumentada. Deveríamos também notar que aqueles argumentos da história da arte que depositam muito peso no "connoisseurismo" devem ser tratados com muito cuidado, pois provavelmente devem conter elementos frágeis, se não absolutas imperfeições. Uma das consequências de uma aceitação deste argumento provavelmente será que a questão da autoria individual tornar-se-á menos premente do que antes. Mas, se aceitamos que as mudanças na prática dos artistas resultam, pelo menos em parte, de escolhas intencionalmente motivadas, realizadas por indivíduos que são subsequentemente divulgados por "influência" (o que pode compreender a imitação e a emulação), a questão da autoria individual não será inteiramente suplantada.

Canonicidade

A diferenciação retoricamente exagerada entre conhecimento e opinião, apresentada no tópico anterior, está, evidentemente, longe de ser a adequada para a análise do procedimento crítico e histórico, a que a consideração do material visual está relacionada. Libertar o conhecimento da opinião não é uma questão simples, como declarou Frank Kermode em *Forms of Attention* (1985), ao examinar a formação e perpetuação dos cânones, tanto na literatura quanto nas artes visuais. Ele demonstrou que a opinião mal-informada e a moda podem, mais que o julgamento crítico erudito, criar as circunstâncias em que um artista pode ser "redescoberto" e sua obra admitida no cânone do tema material para repetidos reexames de estudiosos e críticos. Kermode descreveu o caso de Sandro Botticelli, cujas pinturas foram em grande parte ignoradas entre o século XVI e o final do século XIX. Ele convincentemente argumentou que nem o interesse de Herbert Horne, que se esforçou muito para definir o conjunto das pinturas de Botticelli, através do "connoisseurismo" e de pesquisa de arquivos,[7] nem aquele de Aby Warburg, que examinou aspectos da obra de Botticelli no contexto de suas próprias teorias sistemáticas de história cultural,[8] teriam percebido que não havia ocorrido uma mudança cultural popular que acomodasse um gosto pela obra atribuída a Botticelli. Tanto Horne quanto Warburg estavam

7 *Alessandro Filipepi called Sandro Botticelli, Painter of Florence*, 1908; nova edição com uma introdução de John Pope-Hennessy, 1980.

8 *Sandro Botticelli's "Geburt der Venus" und "Fruhling". Eine Untersuchung über die Vorstellungen von der Antike in der italienischen Fruhrenaissance*, 1893.

na verdade nadando com a corrente do *fin-de-siècle*. Em consequência disso, a obra de Botticelli foi (em termos gerais) adequadamente distinguida daquela de seus contemporâneos, alunos e imitadores, e possuía uma "personalidade artística" definida.[9]

Aquelas pinturas designadas como as obras-primas de Botticelli, especialmente o *Nascimento de Vênus* e a *Primavera* (ambas na Galleria degli Uffizi, em Florença) reuniram-se ao grupo totêmico de imagens maciçamente reproduzidas, familiares a um amplo público, através de muitas formas de reprodução. A *Primavera* chegou à sua apoteose como o definitivo "maior tesouro" da Galeria Uffizi, com suas figuras femininas centrais aparecendo na capa do guia de turistas publicado em vários idiomas. Uma longa e extensiva restauração dessa pintura foi concluída em 1982. Foi apresentada ao público como o clímax da mostra *Metodo e scienza – Operatività e ricerca nel restauro* (Palazzo Vecchio, Florença, 1982-3), quando foi exibida sozinha em um aposento escuro, dramaticamente iluminado como uma tela de cinema, um espetáculo propositadamente impressionante. A introdução no catálogo que acompanhava sua exibição (p.207-50) foi a mais longa até então dedicada nessa forma de publicação à descrição técnica de uma única pintura. Já vimos que a informação técnica é empregada a serviço do "connoisseurismo". Entretanto, a apresentação ao público de achados técnicos, embora ostensivamente desmistificadora, é (entre outras coisas) um meio moderno, importante de aumentar a mística e a posição de uma obra de arte, apresentando publicamente seu tratamento especial. Enquanto há duzentos anos os visitantes da Uffizi esperavam admirar a *Venus de' Medici* como seu "maior tesouro", a Sala Botticelli agora tomou o lugar da Tribuna (apesar de sua restauração historicista recente) como o objetivo final da peregrinação artística popular, sendo a *Primavera* sua peça central. Este é, pelo menos em parte, um desenvolvimento perfeitamente

9 Ronald Lightbown, *Sandro Botticelli: Life and Works and Complete Catalogue*, 2v., 1978 é atualmente o texto padrão.

calculado, em que a direção da galeria intencionalmente desempenhou um papel preponderante.[10]

Podemos ver, assim, que várias questões interligadas, complexas são levantadas, quando se considera a canonicidade. Duas destas estão intimamente vinculadas ao débito da história da arte a seu reconhecido texto básico: *Lives of the Artists*, de Giorgio Vasari.[11] São elas, em primeiro lugar, sua coincidência com os estudos literários, tratando predominantemente o trabalho da vida de um indivíduo como uma unidade básica a ser considerada. Como já vimos, esta abordagem é sustentada pelas suposições subjacentes de grande parte do "connoisseurismo". Segundo, o cânone baseado na autoria é perpetuado, entre outros meios, escrevendo-se à maneira de Vasari. O cânone está, também, sujeito à modificação: o próprio Vasari estabeleceu o precedente na segunda edição de suas *Lives*. Os artistas são acrescentados à medida que suas carreiras se desenvolvem, com ou sem tendências nacionais (por van Mander, Bellori, de Piles...). Os artistas, ou as "escolas" em que são agrupados, são ocasionalmente abandonados (como Guido Reni e os bolonheses do século XVII) ou descobertos (como Botticelli ou, mais recentemente, Caravaggio). Essas alterações afetam e são afetadas pelas mudanças ocorridas nas instituições de arte: o mercado e o museu. Um modo de tratar essas mudanças e aferir as disparidades em qualquer época entre as atitudes de eruditos em relação ao "cânone" e a um estado de coisas públicas (como é expresso primeiramente pelas coleções) é a área de estudo que tem crescido consideravelmente nos últimos anos: a história do gosto.

---

10 Isto ficou claro durante a mesa redonda entre os diretores de várias importantes galerias europeias e americanas e outros estudiosos, que concluiu a conferência de 1982 sobre a história e o futuro da Galeria Uffizi. Uma transcrição da reunião foi subsequentemente publicada em *Gli Uffizi. Quattro secoli di una galleria*, editada por Paola Barocchi e Giovanna Ragioneri, 1983, v.2, p.557-635.

11 Principalmente em sua segunda edição, *Le vite de' più eccellenti pittori, scultori ed architettori*, 1568.

O principal expoente da história do gosto é Francis Haskell. Suas *Rediscoveries in Art. Some Aspects of Taste, Fashion and Collecting in England and France* (1976) e (com Nicholas Penny) *Taste and the Antique: The Lure of Classical Sculpture, 1500-1900* (1981) ajudaram a engendrar uma consciência de que os cânones da excelência artística observada são historicamente contingentes e determinados por uma variedade de fatores, alguns dos quais necessariamente não têm, de início, nada a ver com as questões artísticas. Haskell lida com a vida dos objetos subsequente às circunstâncias de sua criação (preocupação em recuperar a história da arte, a ser discutida mais adiante) e anteriores a seus possíveis efeitos ativos no presente (a matéria-prima da crítica). Mas longe de simplesmente intensificar uma atitude histórica às circunstâncias em que a arte atua, esta obra tem ajudado a efetuar uma reavaliação crítica completa da apresentação da arte do passado no museu. Esse desenvolvimento nas instituições públicas de arte pode ser encarado como uma abordagem inerente e às vezes explicitamente não modernista à canonicidade. Por exemplo, seria difícil imaginar o renascimento de interesse sério pela arte acadêmica francesa do século XIX sem a obra de, entre outros, Francis Haskell e Albert Boime,[12] que culminou com a elaboração de um século XIX não modernista no novo Musée d'Orsay em Paris. A teleologia que sustentava o projeto modernista (concedendo um privilégio crítico retrospectivo a Courbet, a Manet, aos impressionistas e a Cézanne) decididamente não é mais apoiada. Para uma nova geração de visitantes de galerias, os nomes de Couture, Gérôme e Bouguereau podem atingir uma posição canônica.

O desenvolvimento da história do gosto também ajudou a sancionar uma atitude regressiva em relação às coleções. Os provedores e a direção dos museus estão menos propensos a argumentar contra a aceitação de presentes ou doações de coleções, com a condição de que

12 Albert Boime, *The Academy and French Painting in the Nineteenth Century*, 1971; idem, *Thomas Couture and the Eclectic Vision*, 1980.

elas só sejam exibidas intactas, em vez de dispersas entre os acervos do museu, como as direções julgam adequado. Tem estado em andamento uma tentativa de retornar as coleções abertas ao público nos ambientes originais de suas disposições originais. Talvez o exemplo mais bem-sucedido na Grã-Bretanha seja a Wallace Collection, em Londres, que de forma alguma é uma coleção "morta": nada pode ser acrescentado ou retirado, mesmo que temporariamente, como empréstimo. Entretanto, uma abordagem muito pouco exigente a essa questão pode conduzir a uma falta de consciência crítica da função social das coleções, como monumentos a um supostamente grande homem (ou ocasionalmente mulher), e acredito ser dever dos curadores tratar essa questão por seu direito próprio, ou pelo menos reconhecer sua natureza problemática. A subordinação da obra de arte individual a um esquema geral é inerente em qualquer disposição de galeria, mas quando aquela disposição é escolhida devido a sua iluminação ao gosto do indivíduo de uma maneira não crítica e é instituída como uma disposição permanente, não temporária, um autoritarismo petrificante parece inerente ao projeto.

A posição é ainda pior quando a suposta restauração das disposições originais ocorre em uma coleção variável e, além disso, é falsificada. O exemplo mais notável desse tratamento é a nova remodelação da National Gallery da Escócia, em Edimburgo, que foi asperamente censurada por Caroline Elam em um editorial da conservadora revista de arte *Burlington Magazine*.[13] O motivo aparente da restauração da autenticidade do século XIX é desmentido pela arcaização artificial da ampliação do mezanino em 1970 com, na descrição detalhada de Elam, "guarnições de mármore, lambris, cornijas, tapetes pseudovitorianos, otomanas de veludo cotelê franjado e painéis de seda de Lyons violentamente coloridos [...] extraindo a cor até dos Van Goghs". Ela observou que nas galerias principais um pendente duplo ou triplo indica que "são necessários

13 "The hanging's too good for them", *Burlington Magazine,* 131, p.3-4, 1989.

binóculos para os quadros pendurados demasiado alto". Concluindo, Elam sugeriu que "a moda atual de decoração autêntica e historização dos quadros pendurados é apenas uma manifestação da incerteza contemporânea sobre os valores estéticos quando abordamos o segundo milênio".

O desenvolvimento da história do gosto implica uma nova atitude para com a canonicidade, paradoxalmente unindo um novo ecletismo crítico – alguns poderiam chamá-lo de não crítico – que implicitamente desafia o cânone teológico da história da arte e uma atitude que pode encorajar uma petrificação autoritária das coleções individuais para produzir um critério alternativo de canonicidade, a coleção em si. Outras forças estão também em ação, modificando ou minando tanto o cânone quanto a ideia de canonicidade. Algumas dessas estão centradas em noções de interpretação, significado e intenção.

Interpretação

Partindo do cânone definido pela autoria e do cânone definido pela coleção, volto-me agora para o significado e a interpretação pictórica. Aqui, mais uma vez, vamos nos confrontar com alguns temas agora familiares. "Se o historicismo prevalecer", escreveu Caroline Elam em seu editorial do *Burlington Magazine* já mencionado, "a obra de arte individual fica trancada em seu período e não pode aparecer para encontrar a visão contemporânea". A apresentação direta do material visual está cada vez mais afetada pela aplicação dos critérios da "história do gosto". Contudo, no discurso acadêmico este tem um lugar pequeno; as linhas de batalha são (obviamente) entre a recuperação histórica (a tentativa de interpretar o material visual como deveria ter ocorrido, quando ele foi feito, seja pelo autor, por seus contemporâneos ou por ambos) e o engajamento crítico direto de vários tipos, com frequência, mutuamente irreconciliáveis. Esses incluem, em primeiro lugar, a abordagem que admite a possibilidade de acesso intuitivo, direto, à "personalidade artística" e ao "processo criativo" (que já encontramos no tópico sobre o "connoisseurismo"); segundo, uma preocupação teoricamente engajada, pós-estruturalista, com a hermenêutica visual; e, terceiro, uma abordagem que enfatiza a continuidade essencial da arte, de forma que a arte de qualquer período do passado não possa ser compreendida além do contexto de sua relação com a prática corrente na arte e por extensão, em nenhum meio visual.

Estes conflitos de interpretação têm sido cada vez mais politizados nos últimos anos. Em um artigo apaixonado intitulado "*The Death of British Art History*",[14] o historiador de arte acadêmico Michael Rosenthal reviu as tônicas políticas de alguns acontecimentos do mundo da arte, no contexto de uma denúncia dos acadêmicos britânicos por seu fracasso no engajamento ao debate cultural e político em amplas bases. Rosenthal reexaminou o furor de 1982 sobre a exibição da Galeria Tate da obra de um pintor de paisagens britânico do século XVIII, Richard Wilson. David Solkin fez uma tentativa discreta na própria mostra e de uma maneira completa e erudita no catálogo que a acompanhava, para situar as paisagens ideais de Wilson, dentro do contexto social e cultural de sua criação e de seu consumo inicial.[15] Isso foi denunciado em vários órgãos influentes, incluindo um editorial do *Daily Telegraph*, como subversão marxista. Dois anos antes, o estudioso de literatura John Barrell havia publicado um exame histórico igualmente questionador das pinturas de temas rurais do século XVIII em *The Dark Side of the Landscape: The Rural Poor in English Painting (1730-1840)* (1980). Barrell examinou a ideologia implícita na representação dos trabalhadores rurais nas pinturas de Thomas Gainsborough, George Morland e John Constable, sugerindo que sua condição é mostrada antes como sendo natural do que como socialmente determinada. Ele opôs uma mitologia nostálgica a um apelo à história, argumentando que "devemos olhar duas vezes

14 *Art Monthly*, n.125, p.3-8, abril de 1989.

15 *Richard Wilson. The Landscape of Reaction*, por David Solkin, Tate Gallery, Londres, 1982.

para um conceito de natureza através do qual parece 'natural' que alguns homens deveriam trabalhar enquanto outros, não".[16] Sendo simplesmente um texto acadêmico e, além disso, não especialmente bem informado sobre o papel da tradição artística na geração das imagens, o livro de Barrell poderia ser ignorado pelo comércio e pelas galerias. Podemos reconhecer com Michael Rosenthal que o texto acadêmico é, acima de tudo, uma atividade socialmente marginal na Grã-Bretanha. Neil McWilliam e Alex Potts explicaram, claramente, porque a contribuição de Solkin para a história da arte social não foi da mesma forma simplesmente ignorada:[17] Solkin rompeu as regras, infiltrando a instituição da "prestigiosa exibição do velho mestre em uma galeria nacional importante". McWilliam e Potts prosseguiram: "Ainda que os tesouros culturais declinassem, como o deleite inglês diante da paisagem e o suposto gosto e refinamento da época georgiana, teriam de ser defendidos, se desafiados no território, onde ainda parecessem vagamente dignos de crédito".

A abordagem histórica do material visual não está restrita à atribuição de significação ideológica, como ela foi percebida, correta ou erroneamente, por Barrell e Solkin. A significação na época da produção vai além de uma conformidade, muitas vezes inconsciente com a ideologia sociopolítica do consumidor para acompanhar os modos de percepção, que não são inclinados a provocar uma atenção politicamente motivada nos dias de hoje. Sua elucidação tem uma historiografia longa e importante, que foi examinada em um contexto arte-histórico mais amplo por Michael Podro em *The Critical Historians of Art* (1982). Um dos primeiros profissionais desse tipo de recuperação da história da arte é Michael Baxandall, cujo livro *Painting and Experience in Fifteenth Century Italy* (1972) tem o notável subtítulo de *A Primer in the Social History of Pictorial Style*. Baxandall

16 p.164.

17 Na nova seção introdutória a seu artigo "The Landscape of Reaction", em *The New Art History*, editado por A. L. Rees e Frances Borzello, 1986, p.106-19, originalmente publicado em *History Workshop*, 16, p.171-5, 1983.

procurou ir além da simples análise iconográfica. Ele escreveu: "Parte do equipamento mental com que um homem organiza sua experiência visual é variável, e grande parte desse equipamento variável é culturalmente relativo, no sentido de ser determinado pela sociedade que influenciou sua experiência". Por isso, a tarefa do historiador é recuperar a "visão do período": a maneira de ver culturalmente específica, peculiar a, digamos assim, os escultores de madeira calcárea do sul da Alemanha no início do século XVI e aos seus clientes, como Baxandall tentou em *The Limewood Sculptors of Renaissance Germany* (1980). Outros estudiosos aplicaram suas próprias versões da abordagem de Baxandall a outras culturas visuais, uma das mais controvertidas sendo o exame de Svetlana Alpers da arte holandesa no século XVII, *The Art of Describing* (1983). Alpers declarou que era característico dos holandeses no século XVII buscar conhecer o mundo taxonomicamente, através de descrição pictórica detalhada, compreendendo mapeamento, microscopia e transcrição representacional realística da realidade observada. Isso, afirmou ela, deveria assumir precedência sobre qualquer alusão ou alegoria na interpretação do material visual holandês, um ponto de vista que provocou um vigoroso debate com outros estudiosos da área.[18] Este debate demonstrou que a especulação nos processos cognitivos suplantados pode ser mais controvertida que a busca de elucidação do significado pictórico original das obras individuais, através da comparação das imagens visuais umas com as outras e com os textos contemporâneos, procedimento hoje em dia arte-historicamente ortodoxo entre os acadêmicos, ainda que isso não ocorra entre as figuras proeminentes dos museus e do mercado de arte.

---

18 Para a reação hostil a Alpers pelo renomado iconologista holandês, Ed de Jongh, ver sua crítica em *Simiolus*, 14, p.51-9, 1984. Minha própria crítica foi julgada por outros como simpática a Alpers, mas é na verdade crítica, embora não ao longo das "linhas do partido": *Oxford Art Journal*, 7, n.1, p.57-60, 1984. Para uma visão geral, ver Egbert Haverkamp-Begemann, "The state of research in northern baroque art", *Art Bulletin*, 69, p.510-19, 1987, especialmente p.510-11.

Todas essas formas de recuperação da história da arte estão atualmente sob ataque por três ilustres direções. Alguns daqueles interessados na hermenêutica visual questionam a noção de que a significação cultural pode ser codificada em material visual e subsequentemente decodificada por uma interpretação posterior para produzir um "significado" adequado. Hans Belting, por exemplo, em *Das Ende der Kunstgeschichte?* (1983) observou como este processo ostensivamente simétrico de codificação e decodificação degenera no "jogo de salão humanista" da iconologia renascentista, enquanto as imagens pictóricas tendem a ser interpretadas com referência a textos literários ostensivamente equivalentes (frequentemente programas ideados por estudiosos humanistas para tradução para termos pictóricos em esquemas decorativos). Além disso, o modelo de interpretação pictórica derivado da distinção de Erwin Panofsky entre os níveis pré-iconográfico, iconográfico e iconológico[19] foi há muito tempo teoricamente superado pela compreensão de que a indicação é afinal indistinguível da conotação, e que mesmo o significado mais simples (a imagem de um cachimbo para significar um "cachimbo", por exemplo) é culturalmente contingente. (Ver, por exemplo, a seção de abertura de Roland Barthes, *S/Z*, 1970, e Michel Foucault, *Ceci n'est pas une pipe*, 1973.) Talvez a posição mais interessante adotada hoje em dia seja a de que o material visual do passado, especificamente a sua arte, só pode ser adequadamente interpretado através da criação de novo material visual – a arte como parte de um campo de com-

19 Erwin Panofsky, "Introductory", em *Studies in Iconology. Humanistic Themes in the Art of the Renaissance*, 1939 e, do mesmo autor, "Iconography and Iconology: an Introduction to the Study of Renaissance Art", em *Meaning in the Visual Arts*, 1955. O "pré-iconográfico" diz respeito ao reconhecimento do espectador de um objeto ou de um ato representado; o "iconográfico", ao lugar de uma representação, dentro de um conjunto de convenções para produzir significação específica reconhecível (por exemplo, as características individuais dos santos); o "iconológico" diz respeito ao manejo inovador ou singular do artista do tema dentro de parâmetros culturalmente contingentes para gerar uma significação implícita, requerendo uma reação imaginativa do espectador para sua elucidação.

portamento representacional – que seja rigorosa e conceitualmente disciplinado. O teórico cultural e o artista podem se tornar um só e o mesmo (por exemplo, Victor Burgin, artista, escritor teórico e acadêmico, cujo trabalho foi competentemente descrito por Chris Miller como "o contra-abuso ideológico da 'imageria apropriada' a partir da propaganda"[20] e cujas publicações incluem *Between*, 1986, e *The End of Art Theory. Criticism and Postmodernity*, 1986).

Algum questionamento da recuperação da história da arte surge também de fontes arte-históricas mais ortodoxas, entre elas Michael Baxandall. Em *Patterns of Intention: On the Historical Explanation of Pictures* (1985), Baxandall descreve o uso de Giorgio Vasari do que é, provavelmente, uma ficção histórica para fazer uma observação puramente crítica sobre o aparecimento dos tecidos nas pinturas de Piero della Francesca:

> Piero gostava muito de fazer modelos despidos que ele vestiria com tecidos úmidos dispostos em muitas dobras, e daí o uso para o desenho e para propósitos similares [...] Qualquer leitor atento de Vasari aprende a reconhecer este tipo de observação à medida que Vasari arrisca sua arma inferencial: é improvável que ele tivesse o tipo de evidência para esta prática que atualmente faria com que nos sentíssemos felizes por fazer a declaração de maneira tão firme. Isso não importa. O próprio caráter genérico de Vasari situa sua observação no que ela é – uma verdade crítica, por assim dizer, como a vemos quando nos defrontamos com ela, assim como o anjo branco do meio no *Batismo* de Cristo – e nenhum leitor da própria época de Vasari teria tido um sentido falso de sua historicidade. Na verdade, a agilidade de Vasari entre o crítico e o histórico é invejável; mas vivemos em épocas mais muscularmente hipertrofiadas nessas questões, e se eu dissesse tal coisa agora sobre Piero, de modo tão franco, vocês estariam autorizados a esperar que eu tivesse um subsídio real de uma espécie que eu não poderia produzir. (p.117)

Em seu ensaio sobre o "connoisseurismo", Gary Schwartz observou que "Os historiadores de arte, treinados desde o início para se articularem para trás e para diante, entre as abordagens históricas e a-históricas da arte, nunca parecem observar as contradições básicas

20 *European Photography*, 8, n.3, p.47, 1987.

entre elas".[21] Pode-se inferir do texto de Baxandall que esta contradição pode ser reconciliada pelo reconhecimento de que a veracidade histórica é contingente e que a aplicação de critérios históricos para o estudo do material visual produz ficções que não são necessariamente epistemologicamente distinguíveis dos comentários críticos a-históricos. Por isso, situar a discussão da arte dentro de uma estrutura histórica não é mais do que o que Baxandall denomina um "gosto especial": a recuperação histórica e a avaliação crítica não são inerentemente melhores uma que a outra; na verdade, na medida em que a recuperação histórica é baseada em critérios contingentes, não é nada mais que uma forma especial de avaliação crítica. Pode-se, por isso, sugerir que a crítica que abertamente se ocupa das atuais preocupações culturais e sociais e que não reivindica um acesso improvável a "verdades" universais e perpétuas pode estar menos propensa a interpretar mal os expectadores e leitores do que poderiam ostensivamente os relatos puramente históricos. Talvez só possamos sempre conhecer a arte do presente, parte da qual é o que sobrevive do passado, proporcionando apenas o acesso mais tênue e incerto àquele passado. O significado do material visual se modifica; as interpretações diferem através dos limites cronológicos e culturais: aqueles que conhecemos só podem ser sempre aqueles que nós próprios geramos.

Consideravelmente mais preocupantes que as dúvidas expressas e sugeridas pelos historiadores de arte, propensos à história, são as tentativas de interpretar o passado, ou como prontamente acessível pela resposta emocional do momento ao material visual ou pela "indústria da herança" em que a "resposta emocional do momento" é com frequência explorada. A crítica mais cáustica do desenvolvimento da "*herança*" como um fator social e cada vez mais político nos últimos anos é *The Heritage Industry: Britain in a Climate of Decline* (1987), de Robert Hewison. Eu mencionarei apenas dois pontos levantados pelo livro de Hewison: a "herança" é profundamente não analítica

21 G. Schwartz, "*Connoisseurship*", 1988, p.265.

e implica que a história, como um processo de mudança, está – ou deveria estar – superada. A produção de uma população capaz de enxergar o passado apenas em termos de nostalgia e patriotismo ajuda a assegurar a docilidade política.

O material da herança é um "tesouro" e seu paradigma é a casa de campo. A casa de campo está investida, não somente de uma mística social, mas de uma mística estética. Por exemplo, a frase "A casa de campo como uma obra de arte coletiva é uma das contribuições britânicas mais importantes à civilização ocidental" pode ser encontrada na contracapa do catálogo que acompanha a enorme mostra, *The Treasure Houses of Britain: Five Hundred Years of Private Patronage and Art Collecting* (National Gallery of Art, Washington, DC, 1985-6). Essa mostra foi descrita no *Economist* como "um palavrório de vendedor desavergonhado em favor da herança britânica".[22] Outros buscam solicitar dinheiro de uma forma menos direta: inspirando simpatia pela sugestão de que a casa de campo é uma instituição ameaçada, com frequência em termos políticos levemente velados. As palavras iniciais do primeiro ensaio do catálogo que acompanha a mostra ligada ao Fundo Memorial de Herança Nacional do Museu Britânico em 1988-9, *Treasures for the Nation: Conserving our Heritage*, são: "Dificilmente decorre uma semana, sem que vejamos o anúncio de um leiloeiro da venda e dissolução iminente de alguma grande propriedade pública". Continuando a citar W. G. Hoskins, Marcus Binney prossegue: "A casa é confiscada pelos empreiteiros da demolição, seu parque é invadido e danificado" e assim por diante. Essa mitologia da destruição, patrocinada por nobres do museu como Roy Strong (na mostra e em seu catálogo *The Destruction of the Country House*, Victoria & Albert Museum, Londres, 1974) e políticos como Patrick Cormack (*Heritage in Danger*, 1976), proporciona uma cortina de fumaça conveniente atrás da qual o poder e o privilégio continuam a operar. Em *The Latest Country Houses* (1984), John Martin Robinson

22 Citado por Robert Hewison, *The Heritage Industry*, 1987, p.52.

revelou que mais de duzentas novas casas de campo foram construídas na Grã-Bretanha desde a Segunda Guerra Mundial. Isso é pelo menos politicamente prudente (e poderia trazer vantagens de impostos) para aqueles que desfrutam de riqueza privada para desempenhar o papel de guardiães de uma "herança nacional", parte da qual é exibida ao público como a síntese do bom gosto e de um passado invariavelmente *bom* que deveria ser preservado acriticamente para todo o sempre. Não há interpretação, apenas uma acumulação que sanciona um *status quo* social e estético.

A fotografia é o meio visual em que os acontecimentos passados são com frequência tornados mais acessíveis pela resposta emocional do momento. Isto porque a fotografia traz em si uma relação material e causal com seu sujeito. Parte de nossa resposta é para o fotógrafo como um traço real de um acontecimento. Os apologistas do fotojornalismo vão adiante, para sugerir que a informação sobre qualquer acontecimento comunicado por um fotógrafo nos proporciona o conhecimento vital desse acontecimento. Na verdade, o passado recente é cada vez mais conhecido através de imagens parcialmente fortuitas e instantâneas. Como expressou o editor de jornal Harold Evans: "Nossas impressões dos acontecimentos importantes e complexos podem ser permanentemente moldadas por um único repórter fotográfico" – observação citada no painel introdutório na mostra *Eyewitness: 30 Years of World Press Photography*, no Museu Nacional de Fotografia, Cinema e Televisão, em Bradford (1989). Entretanto, alguns pontos são agora óbvios e têm sido repetidamente relatados, e não apenas nas mostras permanentes daquele museu: o momento captado necessita comunicar ao observador pouco ou nada de um acontecimento que ocorre no tempo; os fotógrafos estão sujeitos a muitas formas de manipulação (a excisão de figuras; cortes e atenuações para alterar a interpretação do observador) e o significado prontamente legível muitas vezes é apenas gerado pela combinação com uma legenda. Legendas diferentes para a mesma fotografia com frequência produzem significados radicalmente diferentes ou até contraditórios. A informação correta fornecida por uma fotografia pode ser de uso tangencial em um relato analítico de um acontecimento passado, mas preservando-se um detalhe que de outro modo poderia ser ignorado, podem ser reveladas novas linhas de curiosidade, não necessária e estritamente históricas sobre o passado. Por que, por exemplo, a mulher que administrou o juramento presidencial a Lyndon Johnson a bordo do Airforce One em 22 de novembro de 1963, em seguida ao assassinato de John F. Kennedy, colocou seu polegar sobre o dedo mínimo da mão com que ele segurava a Bíblia, como pode ser visto na fotografia de Cecil Stoughton do acontecimento?

Uma das áreas de discussão atuais mais interessantes em relação à imprensa e à documentação fotográfica diz respeito ao papel do fotógrafo nos acontecimentos que ele ou ela descreve. Pode-se argumentar que a ideia do "olho inocente" não é mais defensável e que a câmera é sempre uma presença intrusa. Uma fotografia como aquela de Sadayuki Mikami da dor dos parentes dos passageiros mortos a bordo do voo 007 da Korean Airlines, tirada em setembro de 1983, em um barco no local em que o aeroplano submergiu no mar, poderia ser interpretada tanto como uma intromissão quanto como seu assunto: as lentes são um impacto nas faces dos parentes em pranto, incluindo, por implicação, o autor dessa fotografia. É uma estocada de baioneta no estômago de uma vítima porque um fotógrafo (Michel Laureat) está presente, ou aquilo de qualquer forma teria ocorrido; ou será que a presença de um fotógrafo desencorajaria prováveis assaltantes de investir outros golpes de baioneta em outros estômagos? Seja qual for a resposta em qualquer exemplo dado, é difícil não se considerar o fotógrafo como um participante.

História

Pelo que já foi dito, o leitor pode deduzir que eu não acredito que o historiador esteja mais bem situado para tratar da imagem visual: ele ou ela está antes de tudo preocupado com a interpretação do passado, não com a prática visual e com as questões críticas atuais. No entanto, os historiadores levantaram questões sobre o material visual de maneiras proveitosas que podem lembrar àqueles de nós que estão primeiramente ligados à crítica e aos assuntos culturais atuais, que todo o material do passado é potencialmente admissível como evidência para o historiador.

For the Sake of Simple Folk: Popular Propaganda for the German Reformation (1981), de Bob Scribner, é um exemplo do efeito de nivelação atual que o olhar de um historiador pode lançar a uma mistura de material – xilogravuras alemãs do início do século XVII – que os historiadores de arte não podem evitar, exceto tratando do assunto de uma maneira hierárquica, segundo o mérito artístico percebido. Scribner tentou elucidar as convenções iconográficas e formais que permitiam que a propaganda pictórica para e contra a Reforma religiosa fosse entendida pelas pessoas comuns. Por sua vez, a imagem é tomada para revelar seus limites de entendimento cultural e as ideias em seu interior (o Anticristo, o mundo virado de cabeça para baixo) a que os reformadores poderiam recorrer. É adequado para ele tratar as obras de Dürer e os Cranachs nos mesmos termos que as gravuras de seus contemporâneos, que os historiadores de arte poderiam rejeitar como inferiores e de pouco interesse intrínseco; ainda que quando o sucesso da imagem seja estabelecido (em termos da imitação ou da emulação dos motivos e dos artifícios visuais), a qualidade, o senso artístico e o papel da tradição visual existente devam também ser considerados, como o seriam diferentes mercados prováveis para imagens de qualidade diferente.

Um segundo exemplo de um livro em que um historiador faz um uso sofisticado do material visual é *The Embarassment of Riches: An Interpretation of Dutch Culture in the Golden Age* (1987), de Simon Schama. Em sua descrição dos hábitos sociais e das crenças da classe média holandesa com respeito à identidade nacional, à probidade doméstica, aos deveres das mulheres e dos empregados domésticos e à educação das crianças, Schama convoca à ação uma grande variedade de material, incluindo a poesia, a coreografia, os relatos dos viajantes, os documentos notariais, os registros dos tribunais, os impressos e as pinturas. Assim fazendo, mostrou uma consciência dos atuais debates arte-históricos relativos à interpretação da arte holandesa e produziu o que já descrevi como sendo "uma reorganização magistral do 'antiquarismo' anedótico do século XIX ao longo de linhas antropológicas, à luz de uma erudição moderna histórica e arte-histórica".[23]

Embora eu, sinceramente, espere que os historiadores cada vez mais voltem sua atenção para o material visual, lamento que poucos até agora tenham demonstrado suficiente percepção das questões necessariamente envolvidas, ou das habilidades particulares necessárias para enfrentar tal material. A contribuição para o estudo do material visual que o historiador está provavelmente mais bem equipado para realizar é a discussão de sua produção e de seu consumo como atividades sociais, econômicas e políticas. Uma área em que os historiadores já realizaram um considerável progresso diz respeito a uma forma especial de consumo de imagens: a destruição deliberada, ou o iconoclasmo. Para a maior parte dos historiadores de arte, o iconoclasmo continuará sendo marginal porque os objetos não sobrevivem ou são curiosidades prejudicadas.[24] Isso, contudo, não desencoraja o historiador da religião ou o historiador social. No estudo do iconoclasmo da Reforma, os historiadores sociais determinaram a iniciativa, pois esta é uma atividade em que não apenas a teoria da elite, mas as noções analfabetas e populares (especialmente em relação à mágica da imagem) e o comportamento (relativo ao Carnaval ou à festividade) frequentemente parecem ser acessíveis. Isso levou a uma tendência a tratar o iconoclasmo como um fenômeno invariável, sendo dada mais atenção a fatores comuns em momentos variados, do que às diferenças entre eles. Atualmente os historiadores sociais estão cada

23 *Burlington Magazine*, 130, p.636-7, 1988.

24 Uma exceção é David Freedberg; por exemplo, seu *Iconoclasts and their Motives*, 1985.

vez mais voltados para aquilo que tem sido chamado de micropolítica ou o estudo dos acontecimentos individuais, à luz dos quais eles estão aprendendo a modificar as estruturas teóricas, permitindo uma maior atenção às nuanças. Isso pode ser visto, por exemplo, na obra de Lee Wandel sobre o iconoclasmo em Zurich, por ela apresentada em um simpósio que teve lugar na Herzog August Bibliothek, em Wolfenbuttel, em 1986.[25] Este simpósio também marcou uma prontidão para reunir especialistas de diferentes disciplinas – historiadores literários, sociais, religiosos e de arte – para discutirem o fenômeno do iconoclasmo a partir de pontos de partida complementares.

Um exemplo menos dramático, embora não menos compensador, do que o historiador pode fazer para situar o material visual em um contexto socioeconômico de produção e consumo é proporcionado pela obra do economista John Michael Montias. Seu estudo, *Artists and Artisans in Delft: A Socioeconomic Study of the Seventeenth Century* (1982) recorda aos leitores que a pintura da arte erudita era uma questão de oportunidade financeira determinada pela classe, tanto para o comprador quanto para o autor. Além de delinear as fortunas dos pintores de Delft, Montias descreveu a organização capitalista protoindustrial de seus impressores e fabricantes de porcelana. Em contraste com os profissionais das duas últimas especialidades, os pintores precisavam de pouco, em termos de investimento de capital; mas antes de ser uma profissão aberta, Montias descobriu que o gasto do aprendizado de seis anos efetivamente limitava os aprendizes apenas aos filhos dos artesãos mais prósperos, dos notários, dos advogados e dos próprios pintores. As crianças patrocinadas pela Câmara dos Órfãos, ao contrário, tinham muito menos probabilidade de ser aprendizes de um porcelanista e, embora pertencentes à mesma corporação dos pintores, era pouco provável que ascendessem das fileiras de um nascente proletariado.

25 "Iconoclasts in Zurich", em *Bilder und Bildersturm im Spätmittelalter und in der fruhen Neuzeit*, ed. Bob Scribner e Martin Warnke (*Wolfenbutteler Forschungen*, 46), 1990, p.125-41.

Concluindo, portanto, podemos ver que nenhuma profissão tem, ou em minha opinião deveria ter, um monopólio sobre a interpretação do material visual, incluindo a história das imagens. Se os historiadores têm muito a aprender nesta área, têm pontos importantes também a ensinar. Inadequações muito piores têm sido descritas na prática daqueles que lidam profissionalmente com a arte. Os historiadores de arte se desenvolveram acostumados a ouvir que muitos deles ainda não haviam captado as questões levantadas pela semiótica, pela comunicação de massa e pela teoria da mídia, ficando à mercê de se informarem de como prosseguir lutando com a fotografia, com a arte da representação, o cinema, a televisão e o vídeo. O historiador e o curador de arte, por exemplo, podem parecer se refugiar em problemas aparentemente mais imediatos: o refinamento, a aplicação imediata e a transmissão de técnicas analíticas experimentadas, incluindo o "connoisseurismo", o refinamento dos cânones e diferentes formas de interpretação pictórica. Embora assumindo uma visão crítica, não acredito que pudéssemos simplesmente ser impacientes com aqueles que praticam essas especialidades. Eles não são úteis apenas ao mercado e ao museu. Algumas questões que devem ser levantadas à luz das preocupações contemporâneas (e não do futuro antecipado) só podem ser respondidas com a sua ajuda.

Enquanto isso, atualmente vivemos em um clima mental de fragmentação, de dessistematização do conhecimento descrito por Jean Baudrillard,[26] em que versões do passado são constantemente recicladas, em potenciais permanentemente presentes, reutilizáveis alternadamente como pontos de informação. Nosso relacionamento com o passado não é mais primeiramente definido pela história, mas antes por uma variedade de prática, grande parte dela visualmente baseada, sujeita a análises em termos do "visualismo" e do "olhar expandido"[27] em que os historiadores (e a maior parte dos

26 "La précession des simulacres", *Simulacres et Simulation*, 1981.

27 Por exemplo, Norman Bryson, "The gaze in the expanded field", em *Vision and Visuality*, ed. Hal Foster, 1988.

historiadores de arte), em geral, se sentem muito longe de casa: a propaganda, a televisão, o fotojornalismo, a arquitetura e algumas áreas da arte. As palavras-chave agora são "fragmento" e "ruína",[28] nenhuma delas mencionada no manual cultural de meados dos anos 70, as *Keywords: A Vocabulary of Culture and Society* (1976), de Raymond Williams. E o leitor atento irá observar que por todo este capítulo eu não utilizei nem uma vez o termo "pós-moderno".[29]

28 Por exemplo, Douglas Crimp, "On the Museum's Ruins" em *Postmodern Culture*, ed. Hal Foster, 1985 e Arthur Kroker e David Cook, *The Postmodern Scene Excremental Culture and Hyper-Aesthetics*, 1986: "Excurses on the (Post) Nouveau. The body in ruins [...] science in ruins [...] theory in ruyins [...] philosophy in ruins [...] history in ruins [...]"

29 Gostaria de agradecer a Patricia Rubin por seus aguçados comentários sobre um esboço anterior deste ensaio.

História do pensamento político

*Richard Tuck**

No decorrer da década de 1960, vários historiadores do pensamento político (por uma coincidência agradável e conveniente, muitos deles vinculados à Universidade de Cambridge) publicaram suas reflexões de caráter geral sobre sua atividade profissional. Três destes ensaios conseguiram uma reputação duradoura – *The History of Political Thought: A Methodological Enquiry*[1] de John Pocock, *The Identity of the History of Ideas*,[2] de John Dunn, e *Meaning and Understanding in the History of Ideas*,[3] de Quentin Skinner. E desses três, foi o de Skinner que provocou mais discussão, em parte devido a sua extensão e abrangência muito maiores, mas sobretudo porque, ao contrário de Pocock e Dunn, ele tornou seus objetivos muito precisos e especificou-os. O principal objetivo, e aquele que os escritores

---

* Assistente de História da Universidade de Cambridge e Membro do Jesus College.

1 Em *Philosophy, Politics and Society*, série II, ed. Peter Laslett e W. G. Runciman, Oxford, 1962, p.183-202.

2 Em *Philosophy*, 43, p.85-104, 1968; reeditado em Dunn, *Political Obligation in its Historical Context*, Cambridge, 1980, p.13-28.

3 Em *History and Theory*, 8, p.3-53, 1969; reeditado em James Tully (ed.), *Meaning and Context*, Oxford, 1988, p.26-67.

subsequentes estiveram mais propensos a defender, foi descrito por Skinner na seguinte passagem.

> Antes de mais nada vou considerar a metodologia ditada pela reivindicação de que o próprio *texto* deve compor o objeto autossuficiente de pesquisa e de entendimento. Pois essa é a suposição que continua a orientar o maior número de estudos, levantar as mais amplas questões filosóficas e dar margem ao maior número de confusões. Esta abordagem em si está logicamente ligada, na história das ideias não menos do que em estudos mais estritamente literários, a uma forma particular de justificativa para a condução do próprio estudo. É característico dizer-se que o objetivo fundamental do estudo de obras passadas de filosofia (ou de literatura) deve ser o fato de elas conterem (em uma expressão aprovativa) "elementos atemporais", sob a forma de "ideias universais", até mesmo uma "ciência não datada" com "aplicação universal".
>
> Atualmente, o historiador que adota tal ponto de vista já está, na verdade, ele próprio comprometido com a questão de como melhor obter uma compreensão de tais "textos clássicos". Pois se o objetivo fundamental de tal estudo é concebido em termos da recuperação das "perguntas e respostas atemporais" colocadas nos "grandes livros", e assim demonstrar sua continuada "relevância", não deve ser apenas possível, mas essencial, que o historiador se concentre simplesmente naquilo que cada um dos escritores clássicos *disse* a respeito de cada um desses "conceitos fundamentais" e "questões permanentes". O objetivo deve ser, em suma, promover uma "reavaliação dos escritos clássicos, deixando de lado o contexto do desenvolvimento histórico, como tentativas perenemente importantes para se estabelecerem proposições universais sobre a realidade política". Para sugerir, em vez disso, que um conhecimento do contexto social seja uma condição necessária para um entendimento dos textos clássicos é equivalente a negar que eles realmente contêm quaisquer elementos de interesse atemporal e perene, e é por isso equivalente a remover o objetivo fundamental de estudar o que eles disseram (p.30).

Um grande número de cientistas políticos (em sua maioria americanos) foi relacionado nas notas de rodapé para esta passagem: Peter Merkl, Hans J. Morgenthau, Mulford Q. Sibley, William T. Bluhm, G. E. G. Catlin, Andrew Hacker, R. G. McCloskey, Karl Jaspers, Leonard Nelson, Charles R. N. McCoy, Leo Strauss e Joseph Cropseh.[4]

4 Ibidem, p.291-2.

Embora Dunn não apresente nenhuma relação comparável de pessoas, é claro que ele tinha em mente seu tipo de abordagem, quando no ano anterior se queixou de que:

> poucos ramos da história das ideias têm sido escritos como a história de uma atividade. Estruturas complicadas de ideias, dispostas de uma maneira quase tão restrita quanto é possível (frequentemente mais restritas do que a evidência permite) para os sistemas dedutivos, têm sido examinadas em pontos diferentes no tempo e sua morfologia tem atravessado os séculos. Reconstruções reificadas das ideias mais acessíveis de um grande homem têm sido comparadas àquelas de outros grandes homens; daí a tendência estranha de muitos escritos, mais especialmente na história do pensamento político, serem compostos daquelas proposições daqueles grandes livros que recordam aquelas proposições daqueles outros grandes livros [...] (p.15)

Como uma alternativa para isso, tanto Skinner quanto Dunn enfatizaram que a maneira adequada de ler um texto histórico é como um produto histórico, em que as verdadeiras intenções do autor (à medida que elas podem ser razoavelmente reconstruídas) devem ser nosso principal guia como o porquê de o texto ter assumido a forma particular que assumiu (embora é claro que nenhum deles supusesse que a intenção fosse um guia *suficiente* – o fracasso também necessita de reconhecimento e explicação).

Ainda que um argumento desse tipo não tenha sido a primeira intenção de Pocock, seu ensaio de seis anos antes poderia ser restabelecido nessa causa, e Skinner sempre reconheceu generosamente a influência de Pocock, juntamente com aquela de R. G. Collingwood, Alasdair Macintyre e Peter Laslett. O ensaio de Pocock era na verdade um apelo no interior da profissão da história das ideias, para se levar a sério, como o material a ser compreendido e explicado, todo o conjunto de escritos ou outros produtos sobre política disponíveis de uma sociedade particular – o que ele chamou de "estereótipos" e "linguagens", e o que subsequentemente nomeou de "paradigmas". Sua própria obra, *The Ancient Constitution and the Feudal Law* (1957), tem sido uma ilustração brilhante do que ele queria dizer – que os principais filósofos políticos só poderiam ser lidos em contraposição a uma estrutura minuciosamente especificada e historicamente particular de práticas linguísticas (neste caso, a prática de suposições históricas dentro da tradição forense), e que somente dessa maneira poderiam ser compreendidas sua originalidade ou convencionalidade. Era verdade, reconheceu Pocock, que:

> como a linguagem empregada na discussão política tornou-se de crescente generalidade teórica, então o êxito de persuasão dos argumentos do pensador se apoia menos em seu êxito na invocação dos símbolos tradicionais do que na coerência racional das declarações que ele é levado a fazer em algum campo do discurso político, em que as declarações de ampla generalidade teórica são consideradas possíveis. Aqui, mais cedo ou mais tarde, nosso historiador deve abandonar seu papel de estudante do pensamento como a linguagem de uma sociedade, e tornar-se um estudante do pensamento como filosofia – ou seja, em sua capacidade de fazer declarações gerais inteligíveis, [...] [Mas como o historiador aproximou-se de seu filósofo através de um estudo da linguagem mais ampla, ele] agora pode considerar o nível de abstração em que a linguagem do pensador tende a fazer com que ele opere, e o nível de abstração em que as preocupações do pensador tendem a fazer com que ele use sua linguagem. Agora pode dar alguma precisão de significado à expressão vaga – todo pensador opera dentro de uma tradição; pode estudar as exigências que pensador e tradição fazem um ao outro. (p.200-1)

Este relato sobre os anos 1960 tem sido atualmente feito muitas vezes; os estudantes têm à sua disposição copiosos resumos das questões envolvidas neste debate metodológico das faculdades.[5] Têm havido muitas reações levemente impertinentes a Dunn, a Pocock e a Skinner, e algumas tréplicas defensivas por parte dos próprios autores. Mas para aqueles de nós que pertencem a uma geração mais jovem, para quem esta luta tinha a qualidade curiosamente remota que as questões dos irmãos mais velhos sempre possuem, a dificuldade sem-

---

5 Os melhores são John Gunnell, *Political Theory: Tradition and Interpretation*, Cambridge, Mass., 1979, Conal Condren, *The Status and Appraisal of Classic Texts*, Princeton, NJ, 1985 e James Tully (ed.), *Meaning and Context, Oxford*, 1988.

pre foi compreender qual tem sido o objetivo do estudo *não* histórico (no sentido de Dunn) da história das ideias. Era óbvio para nós que (como colocou Collingwood devastadoramente trinta anos antes), se alguém quisesse compreender a história de algo, teria realmente que realizar o relevante trabalho de pesquisar a evidência e elaborar o que as pessoas preocupadas com ela seriam capazes de fazer.

> "Maldição!" diz Hamlet, "você acha que eu sou mais fácil de ser tocado do que uma flauta?" Aqueles eminentes filósofos, Rosencrantz e Guildenstern, acham *tout bonnement* que podem descobrir o que *Parmenides* está fazendo simplesmente o lendo; mas se você os levar até o portão sul de Housesteads e disser: "Por favor, distinga os vários períodos de construção aqui, e explique que propósitos tinham em mente os construtores de cada período", eles protestariam: "Acredite-me, eu não posso". Será que eles acham que *Parmenides* é mais fácil de ser entendido do que um fortim romano podre? "Maldição!"[6]

Se isso era tão óbvio em 1939, por que necessita ser dito novamente agora, embora com um conjunto diferente de considerações filosóficas, em 1969?

Dos comentadores dessas questões, apenas Gunnell tratou desse problema, encarando-o (corretamente) como um problema sobre o caráter da ciência política do século XX. Mas a resposta particular que Gunnell deu à questão foi menos plausível, e vou sugerir uma diferente. Como parte de seu tratamento do tema, Gunnell esboçou uma história em que o desenvolvimento do "behaviourismo" na ciência política, durante as décadas de 1950 e 1960, levou a ataques sobre a escrita da história do pensamento político como uma atividade de pouca importância. Gunnell citou David Easton em 1951, queixando-se de que o pensamento político ocidental tradicional havia sido substituído por investigações na história do pensamento político, atividade que vivia "parasitariamente" das ideias passadas e

6 R. G. Collingwood, *An Autobiography*, Oxford, 1970, p.39-40.

não mais buscava promover uma ciência política empírica adequada, ou construir "uma estrutura apreciável de referência" (p.4).

O "behaviourismo" significa aqui[7] uma ampla noção de uma ciência política empírica, marcada por estudos (com frequência quantitativos) de leis gerais, quase científicas, do comportamento humano, e por um divórcio rigoroso entre fatos e valores – "a avaliação ética e a explicação empírica envolvem dois tipos de proposições que, para garantir a clareza, devem ser mantidas analiticamente distintas" (Gunnell, p.7). Gunnell considerava o objetivo principal da crítica de Easton da história do pensamento político como um chamado implícito para a ciência política empírica tornar-se o modo de pensamento dominante sobre política; ele conjecturou que "a reação dos historiadores de teoria política ao desafio dos 'behaviouristas' em relação à importância de se estudar a tradição não era apenas para reafirmar que ela é relevante, tanto para a ciência política quanto para a política, mas para sustentar que ela era, agora, absolutamente crucial" (p.26). A ideia de uma grande tradição do debate político na Europa Ocidental tornou-se hoje em dia, declarou Gunnell, o *locus* para uma crítica do tipo de atitude moderna representada por Easton e companhia; seu repúdio à história do pensamento político transformou-se em um antagonismo histórico, entre um modo de pensar sobre política expressável apenas na linguagem da civilização captada nos textos clássicos de Platão até Marx, e um modo de pensar expresso na pseudociência da análise dos sistemas, ou seja do que for que a teoria "behaviourista" fosse a favor. Escritores como Strauss, Voegelin ou Arendt foram os principais exemplos de Gunnell de teóricos que abraçaram essa ideia da tradição – e é claro, pelo menos no caso de Strauss, que a existência dessa tradição e a irredutibilidade de seu conteúdo a algum conjunto diretamente objetivo e moderno de expressões era na verdade central para uma visão política.

7 Como o próprio Easton reconheceu: ver David Easton, *A Framework of Political Analysis*, Englewood Cliffs, NJ, 1965, p.19-22.

Gunnell assim explicou o movimento que Skinner, Dunn e Pocock atacaram como uma resposta à hostilidade da ciência política do pós-guerra ao escrito de histórias do pensamento político, e como uma asserção da continuada relevância de uma ciência política não quantitativa, não "behaviourista". Houve, no entanto, dois problemas com o relato de Gunnell. O primeiro foi que ele supôs que fosse esta ideia de uma "tradição" o principal objetivo de Skinner e dos outros, e consequentemente criticou suas observações sobre a metodologia como uma falha em descobrir o objetivo da crítica da modernidade e da ciência política moderna implícito nos escritos de pessoas como Strauss (p.24). De fato, como vimos, embora suas observações fossem aplicáveis a Strauss ou a Arendt, os verdadeiros objetos de sua crítica explícita foram mais comumente as figuras mundanas dos anos 1960 que escreveram sobre a história do pensamento político de um ponto de vista científico-político convencional, como Merkl e Hacker.

O segundo problema sobre o relato de Gunnel foi que ele mesmo reconheceu e documentou amplamente o fato de que o rei da escrita sobre a história do pensamento político que Easton atacava era, em si, o fruto de uma visão positivista e virtualmente "behaviourista" da política, remontando pelo menos ao início do século XX. Há vários exemplos notáveis disso, um dos melhores sendo a obra de George Catlin (um dos autores escolhidos por Skinner para ser alvo de ataque em 1969), que escreveu tanto uma história dos filósofos políticos[8] quanto também alguns trabalhos surpreendentemente positivistas sobre a possibilidade de um estudo genuinamente "científico" da política. Consequentemente, como admitiu Gunnell, "é difícil discernir nesta literatura, até o final dos anos 1940, a fonte da retratação de Easton, tanto do caráter do saber na história da teoria política quanto das intenções e preocupações que lhe deram origem" (p.21); o que deixa tanto a suposta investida "behaviourista" na história do pensamento

8 George Catlin, A History of the Political Philosophers, Londres, 1950.

político nos anos 1950, quanto a retaliadora insistência sobre uma grande tradição pelos antipositivistas, parecendo sem significado.

O erro de Gunnell, e aquele cometido por muitos autores que escrevem sobre essas questões, foi o de não levar a sério as reivindicações de "behaviouristas" como Easton de que o estudo da política tinha de envolver tanto fatos quanto valores, mas que estes pertencem a dois reinos logicamente distintos – a distinção fato-valor que remonta (em sua forma drástica) a Kant e que é uma base essencial para as ciências humanas modernas. É verdade que a maioria dos cientistas humanistas conduzia sua prática profissional cotidiana para ser a exploração do aspecto "fato" desta distinção, mas todos reconheciam em seus momentos de maior reflexão que os "valores" políticos também tinham de ser produzidos de algum modo. A combinação desse reconhecimento com uma tentativa muito débil de realmente considerar como os valores deveriam aparecer ou ser justificados é o aspecto mais notável da ciência política anglo-americana (e particularmente a americana) na primeira metade do século XX. Poderíamos descrevê-la como um kantianismo sem a teoria ética de Kant, embora os próprios participantes[9] mais frequentemente a descrevessem como um humanismo – ou seja, uma aceitação da distinção lógica entre declarações empíricas e valorativas, mas uma rejeição da dedução transcendental de moralidade, na verdade a ser encontrada no *Groundwork of the Metaphysics of Morals*.

Mais comumente esses cientistas humanistas supuseram que de algum modo mais ou menos inespecífico, "a cidadania" iria decidir.

> "A beleza está no olhar do espectador" é um aforismo que nos recorda que os julgamentos de melhor ou pior envolvem avaliações *subjetivas*. Mas isso não nega que o nariz de uma pessoa possa ser *objetivamente* mais curto que o de outra. Similarmente, há elementos de realidade válidos em uma dada situação econômica, por mais difícil que possa ser reconhecê-los e isolá-los. Não há uma teoria da economia para os republicanos e outra para os democratas, uma para os trabalhadores e outra para os empregadores, uma para os russos e outra ainda

9 George Sabine, *A History of Political Thought*, 3.ed., Londres, 1983, p.v.

> para os chineses. Em muitos princípios concernentes aos preços e ao emprego, a maior parte – não todos! – dos economistas está em quase total acordo.
>
> Essa declaração não significa que os economistas concordem rigorosamente no campo da *política*. O economista A pode ser a favor do total emprego a qualquer custo. O economista B pode não considerá-lo de importância tão vital quanto a estabilidade dos preços. Questões básicas relacionadas com os objetivos certos e errados a serem buscados não podem ser estabelecidas pela mera ciência como tais. Elas pertencem ao reino da ética e dos "julgamentos de valor". A cidadania pode finalmente decidir tais questões. O que o técnico pode fazer é apontar as alternativas factíveis e os custos reais que podem estar envolvidos nas diferentes decisões. Mas a mente ainda deve se render ao âmago que está no domínio do coração. Pois, como disse Pascal, o coração tem razões que a própria razão desconhece.[10]

Essa notável passagem ilustra aquela ideia de valores dos cientistas humanistas do início do século XX como essencialmente questões do coração mais que da razão – que não poderia haver uma base sistemática e racional para eles. Mas todos os homens os possuiriam e, como "cidadãos", os utilizariam em suas decisões. Dada esta opinião, era obviamente de alguma importância prática que a cidadania não colhesse seus valores do ar, ao acaso, uma vez que não pudesse derivá-los de uma dedução transcendente; e o principal propósito de se estudar a história do pensamento político, o que manual após manual torna claro, era prover o leitor (que, sendo em geral estudante de um colégio americano, era encarado acima de tudo como um futuro cidadão) de um conjunto de possíveis atitudes políticas que ele próprio não teria sido capaz de gerar (elas eram o trabalho de "gênios"), mas às quais poderia reagir e fazer sua escolha de uma maneira equilibrada e bem orientada.

Na verdade, é impressionante quantos desses manuais eram muito avessos a se comprometerem com qualquer reivindicação sobre a verdade ou falsidade das teorias políticas que estavam considerando: Sabine disse expressamente que, "encarada como um

10 Paul Samuelson, Economics, Englewood Cliffs, NJ, 1976, p.7-8; livro-texto em grande parte produzido nas décadas de 1950 e 1960.

conjunto, uma teoria política dificilmente poderia ser assumida como verdadeira".[11] Os autores que eles consideravam, em geral não deveriam ter realizado reflexões em uma teoria verdadeira (e nesse aspecto esses historiadores do pensamento político do início do século XX diferiam de seus contemporâneos historiadores da ciência natural), mas tendo constituído as fontes de uma tradição de pensamento político especificamente ocidental, em que o leitor era levado a participar à medida que refletia sobre a amplitude das ideias descritas no manual.[12]

É importante reconhecer que essa visão negava a existência das teorias políticas genuinamente universais ou objetivamente verdadeiras, mas reivindicava a universalidade, ou pelo menos, a relevância das questões de que os grandes textos tratavam – foi isso que constituiu sua prolongada utilidade. Devemos distinguir essa atitude daquela de escritores como Strauss ou Hans Morgenthau, que insistiam (explicitamente contra seus colegas nos departamentos de política americanos) em que eram verdades da teoria política, "não importa o tempo e o espaço".[13] Cada visão implicava que os textos isolados deviam ser estudados, pois representavam a resposta de "grandes mentes" a um conjunto de problemas perenes, tão familiares ao estudante do colégio americano dos anos 1950 quanto ao cidadão da *polis* grega; mas uma visão assumia uma abordagem mais neutra dos méritos das várias respostas, ansiosa apenas para situá-los na cultura ética ampla do Ocidente, enquanto a outra visão tinha uma resposta própria, clara aos problemas perenes. Em geral, a última abordagem tinha menos probabilidade de interessar à história da teoria política, pois possuía um critério trans-histórico de retidão moral (e Morgenthau era por isso muito crítico da disciplina).[14]

11 Sabine, *Philosophical Theory*, p.v.

12 Este parece ter sido, por exemplo, o ponto de vista de Peter Merkl – ver suas observações em *Political Continuity and Change*, Nova York, 1967, p.26-56.

13 Hans Morgenthau, *Dilemmas of Politics*, Chicago, 1958, p.39.

14 Ibidem, p.24.

Strauss, no entanto, era um caso especial, pois acreditava (o que já observei antes) que este critério estava disponível apenas às pessoas que haviam mergulhado no estudo da tradição e em seus textos.

A primeira destas duas visões era, pelos padrões de uma cultura política de longo prazo, uma abordagem curiosamente desengajada e estranha ao papel dos valores na vida política, e foi provavelmente para seu caráter insatisfatório que Easton estava chamando a atenção em seu artigo de 1951.[15] A ideia era de que um conjunto disparatado de valores seria inculcado na cidadania, através de uma educação em um conjunto particular de textos plausíveis e não muito estapafúrdios, que diferiam entre si de um modo intelectualmente estimulante. Esse conjunto disparatado poderia então ser harmonizado no interior da sociedade por algum tipo de processo institucional em que os cidadãos iriam decidir sobre os princípios pelos quais sua sociedade deveria ser governada. A maior parte dos autores dos "grandes textos", eles mesmos teriam pensado ser uma visão absurda abordar os princípios políticos, mas ela se comprovou uma clara demonstração, do interior da fortaleza das ciências humanas modernas, de que era absurdo convencer os cientistas políticos anglo-americanos. Essa demonstração foi promovida por Kenneth Arrow[16] (ironicamente no mesmo ano do artigo de Easton, 1951) com seu famoso "teorema" em que ele provou que não havia método de procedimento neutro de integração dos valores individuais em um conjunto de princípios sociais que não infringiam algumas suposições absolutamente óbvias e básicas que quase todos os cidadãos provavelmente fariam (tais como aquela de que nenhum membro da cidade deveria ser um ditador sobre o restante). A implicação da obra de Arrow era a de que aqueles que acreditavam que, de algum modo uma burocracia neutra de técnicos em ciência política poderia fazer uso de sua cidadania, para uma decisão efetiva sobre os valores

15 David Easton, "The Decline of Modern Political Theory", *Journal of Politics*, 13, p.36-58, 1951.

16 Kenneth Arrow, *Social Choice and Individual Values*, Londres, 1951.

a serem implementados no processo político, poderiam agora ser vistos como assobiando no escuro.

A obra de Arrow, que se tornou particularmente influente depois de a segunda edição revista de *Collective Choice and Individual Values* ser publicada em 1963, impressionou os mais inflexíveis dos cientistas políticos "inflexíveis" por seu rigor metodológico e os convenceu de que suas vagas suposições sobre o caráter social dos valores deveriam ser revistas. Assim fazendo, ela se harmonizou a uma visão de ajuste em meados dos anos 1960 (particularmente na América) de que a filosofia política de um tipo aparentemente tradicional deveria ser mais uma vez escrita. Creio não ser uma coincidência que o expoente mais proeminente de uma nova filosofia política, John Rawls, se considerasse e fosse amplamente considerado uma espécie de kantiano – pois o caminho mais provável para se extrair o cruel kantianismo da América, na primeira parte deste século, era pela construção de um novo e sofisticado kantianismo. Mas se a pluralidade de valores indeterminadamente estabelecidos não mais fizesse qualquer sentido no panorama ético da ciência política americana, então o papel tradicional da história do pensamento político naquela cultura estava minado. Foi isso que Dunn e Skinner sentiram no final da década de 1960, e sua polêmica contra a história tradicional do pensamento político prosseguiu com um sentido claro de que uma filosofia política moderna e sistemática era pelo menos possível. Skinner disse precisamente isto:[17]

> Tudo em que eu desejo insistir é que quando se afirma que o objetivo do estudo histórico de tais questões é que possamos aprender diretamente, a partir das respostas, será percebido que o que conta como uma resposta em geral vai parecer, em uma cultura ou período diferente, tão diferente em si que dificilmente pode ser pelo menos útil, até prosseguir pensando nas questões relevantes como sendo "as mesmas" no sentido absoluto requerido. Mais rudemente: devemos aprender a fazer a nossa parte pensando por nós mesmos.

---

17 Em Tully, *Meaning and Context*, p.66.

A "nova" história do pensamento político era portanto a contrapartida da "nova" filosofia política do mundo de língua inglesa, nos anos 1970 e 1980: transferiu a carga de educar os cidadãos para os valores políticos, para o fundo do corredor da academia e para os aposentos dos filósofos que estavam, mais uma vez, prontos para agarrá-los.

Ironicamente (na visão da teoria de Gunnell, de que Strauss, Voegelin e Arendt eram os primeiros alvos desta nova história), escritores como Strauss e seus seguidores estavam, como vimos, mais bem situados para resistir a essa abdicação do que os aliados dos positivistas como Merkl. A afirmação de que há, objetivamente, uma única filosofia política verdadeira para ser extraída mediante leituras esotéricas dos grandes textos (a afirmação mais memoravelmente associada a Strauss) não é *logicamente* impossível (nada além da reivindicação de que há uma fonte infalível de doutrina moral a ser encontrada na margem direita do Tibre). Em certo sentido, Strauss e Rawls estavam ambos tentando prover seus leitores com uma filosofia política única, válida, embora estivessem utilizando métodos muito diferentes para produzi-la. A sobrevivência institucional do straussianismo nos departamentos de ciência política norte-americanos não é por isso de modo algum surpreendente.

Deveria ser dito que o ideal de uma nova filosofia política que proveria a América moderna (e, por implicação, sociedades similarmente situadas) com um conjunto coerente de valores está parecendo muito menos plausível em 1990 que em 1970. Vinte anos de atividade filosófica impressionante serviram bastante para enfatizar a natureza disparatada dos valores modernos, apesar de alguma complacência chocante a esse respeito por parte de alguns teóricos liberais. A busca é mais uma vez, como foi antes da obra de Arrow, de uma teoria que possa acomodar o pluralismo radical dos valores (embora ninguém atualmente suponha que "a cidadania" irá ou poderia decidir a questão). Nesse contexto, não seria surpreendente se as pessoas passassem a acreditar que a reflexão em uma literatura política existente fosse o caminho para se pensar acerca dos valores políticos e trazer a variada população de uma sociedade liberal para algum equilíbrio intelectual amplo; na verdade, isto é mais ou menos o que Richard Rorty propõe (embora a literatura relevante para ele seja muito mais ampla que aquela abrangida por Sabine). Embora a retórica com que Rorty fala sobre o "ironismo" seja (apropriadamente) diferente do relativismo tímido de escritores como Sabine, não é claro que haja um abismo intelectual tão grande quanto ele poderia supor.[18]

O relato que eu estava fazendo é manifestamente sobre os teóricos de língua inglesa, e o declínio da teoria política de língua inglesa no início do século XX e seu renascimento no final dos anos 1960 desempenham nele um papel crucial. As questões em debate nas diferentes tradições intelectuais da França ou da Alemanha desempenharam (de início) um papel muito pequeno nessas discussões dos anos 60, e Skinner, Dunn e Pocock sempre foram um pouco resistentes a qualquer tentativa de vincular seu trabalho àquele de teóricos como Hirsch (que atirou contra esses debates) ou Koselleck. A principal razão disso foi que, de seu ponto de vista, o objetivo importante a ser estabelecido é a similaridade metodológica entre a história das ideias e a história de outras atividades humanas. Foi isso que estava no âmago das repetidas tentativas de Skinner de analisar as afirmações político-teóricas como "atos do discurso" e daí em diante a tratá-las do mesmo modo como mais historiadores mundanos tratavam outros tipos de "atos". A questão mais ampla de como podemos alcançar uma compreensão histórica da atividade humana em geral não foi sua preocupação central.

No continente, no entanto, essa era a questão-chave, e o fato de a história humana consistir ao mesmo tempo do ato e da elocu-

18 Ver particularmente Richard Rorty, *Contingency, Irony, and Solidarity*, Cambridge, 1989, p.80-1.

ção era em geral aceito como certo. Dilthey, por exemplo, em *The Construction of the Historical World in the Human Studies*, tornou claro que a "compreensão" e a "interpretação", principais temas da tradição hermenêutica, estão relacionadas a três tipos de "expressão": "conceitos, julgamentos e estruturas maiores de pensamento", "ações" e "expressões emotivas".[19] Sua orientação (ou, mais propriamente, a de Hegel) foi seguida por todos os participantes dos debates germânicos sobre hermenêutica. O debate metodológico inglês permaneceu, assim, oblíquo ao debate continental, pois a assimilação de Skinner da elocução para a ação poderia encontrar um lar (digamos assim) *ou* no campo de Habermas *ou* naquele de Gadamer. Na verdade, com suas referências explícitas, remontando a Collingwood, ele representava uma franca recuperação de um antigo respeito inglês pela hermenêutica germânica.

Por essa razão, como recentemente observou David Hollinger,[20] a crítica a Skinner de um ponto de vista pós-estruturalista (como as queixas derridaístas de David Harlan[21]) é falha, pois se precisamos ter uma história desconstruída das ideias, devemos, pelo mesmo indício, ter uma história desconstruída de *tudo*, e Skinner provavelmente ficaria contente com esta conclusão, assumindo a premissa como verdadeira – algo sobre o qual sua metodologia é, estritamente falando, neutra. Por outro lado, sua prática profissional e algumas de suas observações expressas sugerem que ele endossa pelo menos a possibilidade de se adquirir algum tipo de compreensão genuína do que os agentes históricos estão fazendo; ou que uma compreensão deste tipo é uma suposição de procedimento tão profunda de se ter algo a ver com os outros seres humanos (a visão *inter alia* de escritores como Davidson) que questionar sua veracidade é simplesmente

19 W. Dilthey, *Selected Writings*, Cambridge, (ed.) H. P. Rickman, 1976, p.219.

20 "The Return of the Prodigal: The Persistence of Historical Knowing", *American Historical Review*, 94, p.610-21, 1989.

21 "Intellectual History and the Return of Literature", *American Historical Review*, 94, p.581-609, 1989.

assumir o tipo de opinião radicalmente cética com a qual ninguém pode realmente conviver.[22]

Agora podemos entender por que a história do pensamento político, que realmente tem sido escrita contra esse fundamento metodológico, muitas vezes tem parecido a seus detratores como muito menos original e brilhante do que eles esperavam dos manifestos metodológicos. Qualquer evidência que um historiador razoável aceitaria como parte de uma explicação do porquê um agente histórico fazia algo será aceitável para um historiador moderno do pensamento político, e muitas vezes não haverá um método claro e simples para determinar o que conta como evidência relevante. Um bom exemplo disso é fornecido por um problema que os historiadores do pensamento político são em geral chamados a resolver – a questão de haver ou não uma diferença substancial entre as obras produzidas pelo mesmo autor em diferentes épocas da sua vida. Este é o problema do famoso *coupure épistemologique* nas considerações althusserianas de Marx; é o problema do relacionamento entre o *Príncipe*, de Maquiavel, e seus *Discursos*, entre as várias redações da teoria política de Hobbes, entre os primeiros e os últimos escritos de Locke sobre a tolerância, entre a *República* e as *Leis* de Platão etc. (como ilustra essa lista, dificilmente há um teórico político importante em relação ao qual este não seja um problema significativo).

Evidentemente, algumas leituras dos textos em questão os reconciliarão, e outras exigirão que sejam mantidos separados. A perspectiva de reconciliação pode em si parecer parte da justificativa para uma leitura particular, mas o mesmo pode ocorrer com a perspectiva da separação – por exemplo, poderia explicar porque um autor teria abordado duas vezes o mesmo material. Não há *a priori* uma suposição ou um modo (e nesse aspecto a coerência entre os textos pode

22 Quentin Skinner, "A Reply to my Critics", em Tully, *Meaning and Context*, especialmente p.238 e 246-8.

ser considerada diferente da coerência interna de um texto e, nesse caso, o ônus da prova fica por conta daqueles que consideram que um texto é internamente contraditório). Mas é difícil perceber o que seria adequado como um argumento *a posteriori*. Não é provável que nem a evidência interna nem a externa encerre o assunto. O que conta como evidência interna irá se modificar se a bondade interpretativa solicitar que pretendamos uma coerência entre as obras, enquanto a evidência externa, na ausência de uma declaração inequívoca e confiável do próprio autor sobre o relacionamento entre as obras (e eu desconheço tal declaração por parte de qualquer grande teórico), não irá modificar qualquer leitura plausível delas.

Nenhuma teoria sobre a maneira de interpretar os textos cobrirá este caso, pois o que está em jogo aqui é a verdadeira identidade de um texto. Em uma visão possível, o texto é o conjunto completo de afirmações de um autor sobre um tópico (particularmente se – como foi verdade, por exemplo, no caso de Maquiavel – as obras em questão foram em certo momento difundidas simultaneamente pelo autor), e em outra visão o texto de cada vez recebe um nome e tem repercussão separadamente. Em ainda outra visão, o texto tem cada elocução assumida separadamente. Por que uma obra escrita durante tantos anos (como *O Capital*) deveria ser considerada mais como uma unidade do que como várias peças separadas, escritas em um período de tempo mais curto (como o ensaio de Mill sobre a Liberdade e o Utilitarismo)?

O objetivo dessas observações não é pôr em dúvida a possibilidade de uma escrita inteligente e sensível da história do pensamento político, mas enfatizar que no final terá de haver algum julgamento, por parte do historiador, sobre como fazer seu relato particular e o que parece plausível como uma maneira de um ser humano se comportar nessas circunstâncias, o que não pode ser decisivamente justificado contra uma variedade de outros julgamentos diferentes. As qualidades intelectuais necessárias a um bom historiador, antes de 1969, são aquelas necessárias após 1969, e não deveria ser surpreendente que as melhores histórias do pensamento político, produzidas nas décadas de 1970 e 1980, tenham exibido muito claramente (no todo) seus comprometimentos metodológicos. O que não foi mostrado claramente, entretanto, foi a convicção de que o que estavam escrevendo era história, e não a exposição de um conjunto de valores para a cidadania do final do século XX.

História do corpo

*Roy Porter**

> Eu disse que não éramos troncos nem pedras – está muito bem. Deveria ter acrescentado que também não somos anjos, gostaria que fôssemos – mas homens revestidos de corpos e governados por nossas imaginações.
>
> Laurence Sterne, *Tristram Shandy*

Ressuscitando o corpo

Em um livro provocativo,[1] Leo Steinberg chamou a atenção para dois fatos: primeiro, em uma tradição da pintura florescente durante a Renascença, Cristo foi em geral retratado tocando, ou senão, chamando a atenção para o seu pênis. Segundo, os historiadores de arte consistentemente ignoraram essa notável forma de representação. Steinberg explica a significação doutrinária do gesto: ele foi designado para assinalar a humanidade do Filho, o fato de Ele ter sido gerado, não criado. Mas ele não está menos interessado em

---

* Assistente-sênior de História da Medicina do Instituto Wellcome, em Londres.

1 Leo Steinberg, *The Sexuality of Christ in Renaissance Art and Modern Oblivion*, Nova York, 1983.

explorar o ponto cego dos historiadores de arte. A sexualidade do corpo de Cristo tornou-se, por assim dizer, "invisível", porque os estudiosos operam tipicamente dentro de tradições interpretativas, para as quais os significados que são mentais, espirituais e ideais assumem uma automática prioridade sobre as questões puramente materiais, corpóreas e sensuais.

O ponto essencial de Steinberg aplica-se de uma forma mais ampla. Até há pouco tempo, a história do corpo tem sido, em geral, negligenciada, não sendo difícil perceber o porquê. Por um lado, os componentes clássicos, e por outro, os judaico-cristãos, de nossa herança cultural avançaram ambos para uma visão fundamentalmente dualista do homem, entendida como uma aliança muitas vezes ansiosa da mente e do corpo, da psiquê e do soma; e ambas as tradições, em seus caminhos diferentes e por razões diferentes, elevaram a mente ou a alma e denegriram o corpo.[2] Esse é um aspecto totalmente familiar da metafísica da nossa civilização, que não necessita aqui de elaboração. Ela se infiltra fundo e exerce um poder penetrante: mesmo os escritores que buscaram resgatar o corpo da negligência ou da desonra, ainda assim, em geral perpetuaram as velhas hierarquias. Assim, como sugere a minha epígrafe, em meados do século XVIII Laurence Sterne podia defender os "homens" contra a calúnia de não serem puramente espirituais ("anjos"), mas apenas até o ponto de dizer que eles estão "*revestidos* de corpos" – uma fórmula que preserva o dualismo tradicional e deixa o corpo de algum modo um tanto secundário e quase acidental.[3] Sterne não diz que os homens

2 É claro que este é um modo tolamente simplista de se colocar uma situação bastante complicada. Para as bases intelectuais dessas heranças culturais, ver Bennett Simon, *Mind and Madness in Ancient Greece*, Ithaca, 1978; E. R. Dodds, *The Greeks and the Irrational*, Berkeley e Londres, 1951; e para o Cristianismo, F. Bottomley, *Attitudes to the Body in Western Christendom*, Londres, 1979.

3 Sobre Sterne, ver Roy Porter, "Against the Spleen", em Valerie Grosvenor-Myer (ed.), *Laurence Sterne: Riddles and Mysteries*, Londres e Nova York, 1984, p.84-99; J. Rodgers, "Ideas of Life in Tristram Shandy: Contemporary Medicine", tese de Ph.D., Universidade de East Anglia, 1978.

são seus corpos, do modo que as feministas de hoje podem falar de *Our Bodies, Our Selves.*[4]

A implicação dessa última observação é que atualmente há tentativas em movimento para demolir as velhas hierarquias culturais que privilegiaram a mente sobre o corpo e, por força de analogia, sancionaram sistemas inteiros de relações de poder regulador-regulado. Esse processo desmistificador certamente está ocorrendo, sendo fácil apontar as profundas mudanças culturais na última geração que subverteram a puritana e platônica suspeição do corpo:[5] a revolução sexual e a "permissividade" em geral, o capitalismo consumista, as críticas acumuladas, tanto pela "contracultura" dos anos 1960 quanto pelo feminismo dos 1970, e assim por diante.[6] Esta revolução cultural tem sido claramente influente – como sugere o caso do livro de Tenberg – no redirecionamento da atenção dos estudiosos da mesma maneira para longe das bem estabelecidas subdisciplinas idealistas como a história das ideias, e no rumo da exploração da "cultura material", da qual faz parte a história do corpo.

Este novo empreendimento foi beneficiado por numerosos estímulos. Graças a seu materialismo intrínseco, o marxismo proporcionou uma matriz fértil, e as obras nesta tradição, como *Rabelais and His World,* de Mikhail Bakhtin, apresentaram modelos influentes do corpo encarado como um foco para a resistência e a crítica populares dos significados oficiais.[7] Com suas ambições de construir uma

4 Para uma introdução às perspectivas feministas contemporâneas, ver Susan Brownmiller, *Femininity*, Londres, 1984.

5 Uma depreciação evidentemente aumentada pelo recato tradicional, pelo bowdlerismo etc. Ver P. Fryer, *Mrs. Grundy: Studies in English Prudery*, Londres, 1963; M. Jaeger, *Before Victoria*, Londres, 1956.

6 Para interpretações críticas de tais processos como meras modificações no interior do sistema existente, na verdade como "dessublimação repressiva", ver Herbert Marcuse, *One Dimensional Man*, Londres, 1964; C. Lasch, *The Culture of Narcissism*, Nova York, 1979.

7 Ver M. Bakhtin, *Rabelais and his World*, Cambridge, Mass., 1968; A. Schmidt, *The Concept of Nature in Marx*, trad. B. Fawkes, Londres, 1971.

história total, e simpatias pelo projeto de uma história científica biologicamente fundamentada, o saber *Annaliste* promoveu pesquisa em todas as dimensões da vida material, desde o berço até o túmulo.[8] A antropologia cultural, tanto na teoria quanto na prática, proporcionou aos historiadores linguagens para a discussão dos significados simbólicos do corpo, em particular como contextualizados no interior de sistemas de mudança social;[9] e de uma maneira bem similar, a sociologia,[10] e a sociologia médica acima de tudo,[11] encorajou os historiadores a tratarem o corpo como a encruzilhada entre o ego e a sociedade. O feminismo acadêmico apontou para as questões costumeiramente negligenciadas ou reprimidas do enfoque masculino e feminino da experiência.[12] E, não menos, o desenvolvimento maciço da demografia histórica durante a última geração nos impôs as rígidas estatísticas vitais de "nascimento, cópula e morte", a serem encaradas como a chave para o entendimento de todos os aspectos de classe, cultura e consciência.[13]

---

8 Ver Peter Burke, "Revolution in Popular Culture", em Roy Porter e Mikuláš Teich (ed.), *Revolution in History*, Cambridge, 1986, p.206-25.

9 Para um exemplo de investigação, ver Peter Burke, *The Historical Anthropology of Early Modern Italy*, Cambridge, 1987; extremamente úteis são também Michael MacDonald, "Anthropological Perspectives on the History of Science and Medicine", em P. Corsi e P. Weindling (ed.), *Information Sources in the History and Medicine*, Londres, 1983, p.61-80.

10 B. S. Turner, *The Body and Society: Explorations in Social Theory*, Oxford, 1984. O livro de Turner é até agora a tentativa mais ousada de se criar uma sociologia do corpo. Há uma estimulante descrição sobre a negligência do corpo na literatura, no ensaio de Virginia Woolf "On being ill", em *Collected Essays*, Londres, 1967, p.193-203, v.IV. Para os próprios problemas de Woolf com a "incorporação", ver S. Trombley, "All that Summer She Was Mad". *Virginia Woolf and her Doctors*, Londres, 1981.

11 A melhor pesquisa e a mais atual é Bryan S. Turner, *Medical Power and Social Knowledge*, Beverly Hills e Londres, 1987.

12 Como um verbete bibliográfico, ver o ensaio de Joan Scott neste volume.

13 Arthur Imhof esteve à frente, na tentativa de relacionar a demografia histórica técnica a questões mais amplas da existência social. Ver, por exemplo, seu "Methodological Problems in Modern Urban Geography: Graphic Representations of

Entretanto, nós evidentemente não esperamos lançar com descuido todos estes ingredientes juntos em uma tigela do saber e verificar o surgimento automático de uma história do corpo como um prato pronto. A natureza e os conteúdos da história do corpo, assim como os métodos pelos quais ela deve ser pesquisada, são em si os pomos da discórdia.

Abordagens

Os estudiosos advertiram de que seria simplista demais assumir que o corpo humano existiu eternamente como um objeto natural não problemático, com necessidades e desejos universais, afetado de maneiras variadas pela cultura e pela sociedade (em uma época, "reprimido", em outra, "liberado" etc.). Tal divisão grosseira entre natureza e cultura seria obviamente inútil; e seria equivocado – e irônico! – proporcionar ao velho dualismo mente/corpo uma nova vida, tentando-se estudar a história ("biológica") do corpo independente das considerações ("culturais") da experiência e da expressão na linguagem e na ideologia.[14]

O ponto essencial está bem estabelecido. Evidentemente devemos enxergar o corpo como ele tem sido vivenciado e expresso no interior de sistemas culturais particulares, tanto privados quanto públicos, por eles mesmos alterados através dos tempos.[15] Se (para se apontar para uma questão bem berkeleyana) os corpos estão presentes para nós apenas por meio da percepção que temos deles, então a história

---

Urban Mortality 1750-1850", em Roy Porter e Andrew Wear (ed.), *Problems and Methods in the History of Medicine*, Londres, 1987, p.101-32.

14 A interpretação psicofisiológica do corpo é evidentemente por si mesma importante. Ver Jonathan Miller, *The Body in Question*, Londres, 1978. Prossegue o debate sobre a possibilidade de as perspectivas sociobiológicas poderem iluminar a pesquisa histórica.

15 W. I. Watson, "Why Isn't the Mind-Body Problem Ancient?", em Paul K. Feyerabend e Grover Maxwell (ed.), *Mind, Matter and Method*, Minneapolis, 1966, p.92-102; L. J. Rather, *Mind and Body in Eighteenth Century Medicine*, Londres, 1965.

dos corpos deve incorporar a história de suas percepções. Mas, como certamente poderia ser argumentado, ainda que seja assim, isso não significa que a história do corpo antes de tudo componha um projeto na história das ideias ou em *l'histoire des mentalités* – preocupada com as representações do corpo como distintas (digamos assim) das representações do trabalho ou do poder. Na verdade, têm sido feitas tentativas para interpretar a história do corpo essencialmente como a explicação de suas "representações" no "discurso", utilizando-se as técnicas pós-estruturalistas e "desconstrutivistas" da análise textual.[16] Acredito, no entanto, que há um perigo real em levar muito longe esse repúdio teorizado do positivismo vulgar.

Algumas das explorações mais brilhantes da anatomia do corpo têm sido os trabalhos de críticos literários e estudiosos afins, engajados na análise do discurso e na "desconstrução" textual, desprezando as "representações" alteradas do ego incorporado. Mas o abandono irresponsável do empirismo em prol da teoria e da hermenêutica tem suas próprias ciladas, em particular o risco de extrapolações descontextualizadas, derivadas do uso acrítico de matérias não representativas de evidência. Um exemplo de uma obra capturada nesta armadilha é *The Tremulous Private Body*, de Francis Barker, uma tentativa corajosa, abrangendo cinco séculos, de interpretar a história do corpo – na verdade sua "dissolução".[17] Por meio de uma leitura "desconstrutivista" do que parece uma amostra puramente casual de textos-chave selecionados da cultura erudita (*Hamlet*, *Anatomy Lesson*, de Rembrandt, *Diary*, de Pepys etc.), Barker antecipa a generalização de que o corpo, que foi um dia um objeto público, tornou-se privatizado – com efeito o local da vergonha narcisista – no interior da cultura burguesa. Na verdade, declara ele, o corpo "desapareceu" completamente como um instrumento de erotismo, sendo substituído pelo "livro". Essas são considerações poderosas

16 Ver R. Barthes, *Le Plaisir du Texte*, Paris, 1973; J. Derrida, *Writing and Difference*, Londres, 1978.

17 F. Baker, *The Tremulous Private Body*, Londres, 1984.

realmente para deduzir de poucos textos examinados em gloriosa pesquisa a consideração da textura da história no sentido amplo. Além disso, Barker tem tanta fé em seu método de leitura hermética, textual e concentrada que sistematicamente ignora as pesquisas de outros estudiosos – uma idiossincrasia que, como apontou J. R. R. Christie, entre outras coisas transforma em uma bobagem sua avaliação da pintura de Rembrandt.[18]

Outras interpretações recentes da história do corpo que se servem principalmente dos preceitos da análise textual parecem igualmente abertas à objeção. *The Female Body in Western Culture*, um volume de ensaios que se estende desde a "Gênese até Gertrude Stein", alardeia o local daquilo que o editor chama de "(Re)escrevendo o Corpo", e enfatiza o modo como o corpo deve ser encarado, não como um objeto de "carne e osso", mas como uma "construção simbólica".[19] Muito bem. Mas muitos de seus colaboradores vão adiante na suposição que sustenta o livro de Barker, de que a difícil elucidação de um pequeno *corpus* de textos clássicos proporcionará reflexões privilegiadas sobre os problemas e paradoxos da experiência de maneira geral. Essa é uma suposição dúbia, para não dizer arrogante. Assim, um ensaio como "*Speaking Silences: Women's Suicide*" deixa de examinar o que alguns novelistas nos relatam da consciência física de suas heroínas suicidas para oferecer conclusões gerais sobre a experiência do suicídio feminino na vida real, não levando em conta um corpo substancial de pesquisa empírica dos testemunhos de autênticas suicidas que na verdade contradizem os achados apresentados.[20]

18 O saber de Barker é gloriosamente derrubado em J. R. R. Christie, "Bad News for the Body", *Art History*, 9, p.263-70, 1986.

19 S. R. Suleiman (ed.), *The Female Body in Western Culture*, Cambridge, Mass., 1986, 2 (introdução do editor).

20 Margaret Higonnet, "Speaking Silences: Women's Suicide", em Suleiman (ed.), *The Female Body*, p.68-83; muitas das assertivas ali feitas sobre mulheres suicidas que são abandonadas por homens vão contra a cuidadosa análise empírica de Olive Anderson, *Suicide in Victorian and Edwardian England*, Oxford, 1987.

Um exemplo desse gênero não mais satisfatório é *The Body in Pain* (que modestamente apresenta o subtítulo de *The Making and Unmaking of the World*), de Elaine Scarry.[21] Combinando a análise filosófica com a literária, Scarry examina as representações intelectuais, artísticas e culturais da dor fisicamente localizada a partir da Bíblia, passando por Marx, até chegar aos dias atuais. O objetivo de seu texto substancial é estabelecer que é inerente à essência da dor o fato de ela ser "inexprimível". Ela nos apresenta essa conclusão não apenas como uma nova interpretação, mas como uma reflexão privilegiada em "um reino da experiência humana conhecido por todos, mas compreendido apenas por poucos". Mas o elitismo rarefeito é certamente negado pelos verdadeiros relatos de dor (que, longe de serem "inexprimíveis", são com frequência expressos com exatidão e eloquência) que as pessoas comuns no passado nos legaram em grande abundância. É claro que para alguém que aspira à mais alta exegese intelectual, a pesquisa empírica pode, como o próprio corpo, parecer grosseira e vulgar. Entretanto, para os historiadores realmente preocupados com a maneira como as pessoas reais sentem dor, uma obra como *Geschichte unter der Haut*, de Barbara Duden – análise pioneira das experiências de doença de quase duas mil mulheres na Alemanha, no início do século XIX, preservadas através dos registros médicos guardados por seu médico, Dr. Storch – oferece um avanço esclarecedor.[22]

Está certo que os estudiosos sensíveis insistam na complexidade conceitual da história do corpo. Mas é pelo menos tão importante evitar flutuar na estratosfera da análise do discurso e desconsiderar os materiais disponíveis mais cotidianos e tangíveis. E de fato precisamos não ser tão negligentes sobre as possibilidades de investigar a

21 Elaine Scarry, *The Body in Pain. The Making and Unmaking of the World*, Nova York e Londres, 1985.

22 Barbara Duden, *Geschichte unter der Haut*, Stuttgart, 1987. Duden também mostra como seu grupo de mulheres compartilhava de uma visão de seus próprios corpos como dinâmicos e poderosos, os grandes centros da criação da vida.

história do corpo, através do uso de métodos empíricos mundanos. É claro que em muitas questões nossa informação é irremediavelmente escassa. Que posições de coito as pessoas usavam no século XVI, ou no XVIII.[23] Dificilmente sabemos. O primeiro registro escrito de diários e cartas é, em grande parte, reticente – e onde é eloquente, provavelmente, não é representativo; e ainda há razões óbvias para um ceticismo saudável em relação à utilização do testemunho de fontes como gravuras pornográficas ou manuais de aconselhamento.[24] Além disso, mesmo quando temos disponíveis numerosas fontes, estas requerem uma interpretação sutil e ainda assim podem mistificar. Quando lemos em registros de admissão hospitalar que as mulheres eram comumente admitidas nas enfermarias, nos séculos XVIII e XIX, sofrendo de "histeria", quase sempre não está claro o que precisamente, se é que havia algo, estava fisicamente errado; elas podiam ter experimentado paralisia parcial, somática ou psicossomática; podiam sobretudo ter estado sobrecarregadas de trabalho ou subalimentadas (a "histeria", apesar do estereótipo comum, era uma condição comum tanto ao pobre quanto ao rico). Isso pode provar um exemplo em que o rótulo da doença serviu como pouco mais que uma senha administrativa para assegurar a admissão. Seria um empreendimento arriscado esperar que nossos registros de diagnóstico médico nos proporcionassem uma história das doenças confiável, objetiva e epidemiológica.[25]

Apesar de tais dificuldades, uma enorme quantidade de informação suficientemente confiável sobrevive para permitir a construção

23 Ver a discussão na introdução a G. S. Rousseau e Roy Porter (ed.), *Sexual Underworlds of the Enlightenment*, Manchester, 1987.

24 Para uma introdução a tais fontes, ver R. Maccubbin (ed.), *Unauthorized Sexual Behavior during the Enlightenment*, publicação especial de *Eighteenth Century Life*, maio de 1985.

25 Ver G. Risse, "Hysteria at the Edinburgh Infirmary", *Medical History*, 32, p.1-22, 1988.

de perfis seguros da estatística vital dos corpos no passado. Mais fundamentalmente há, é claro, registros de batismos e enterros para muitas partes da Europa, do início dos tempos modernos em diante, a partir dos quais os estudiosos desenvolveram técnicas para extrair indícios confiáveis dos índices de natalidade e mortalidade, fecundidade, fertilidade, crises de mortalidade relacionadas a doenças e assim por diante; a lei de assistência pública e os registros hospitalares também abrem janelas para a história da resistência e da enfermidade e para o preço pago pelo trabalho duro.[26] Mas, além disso, sobrevivem arquivos particulares que fornecem indicadores extremamente delicados.

Por exemplo, existem inúmeros livros de admissão para orfanatos e escolas, além de registros de recrutamento para o exército e a marinha, abrangendo um período de vários séculos. No meio deles, temos acesso à idade e ao peso de algumas dezenas de milhares de indivíduos. Aqueles da Inglaterra que sobrevivem foram processados para proporcionar um perfil coletivo da proporção idade/peso de meninos e rapazes, alterada no decorrer das gerações. Tendo como base a investigação controlada de tais dados físicos, podem ser feitas extrapolações sobre mudanças na ingestão alimentar, tanto qualitativa quanto quantitativa, gradientes de adaptação etc. Os aspectos físicos podem oferecer um índice mais confiável do que os salários para o estabelecimento das alterações no padrão real de vida.[27]

Da mesma forma, possuímos um registro fotográfico que documenta, agora, quase um século e meio dos aspectos físicos das pessoas. Uma vez mais, não há necessidade de ridicularizar as más interpretações que resultariam de uma ingênua confiança na veracidade das imagens visuais; é claro que a câmera mente, ou, mais precisamente, as fotografias não são instantâneos da realidade;

---

26 Ver classicamente E. A. Wrigley e R. S. Schofield, *The Population History of England 1541-1870*, Londres, 1982.

27 Roderick Floud, Kenneth Wachter e Annabell Gregory, *Height, Health and History*, Cambridge, 1990.

mas, como as pinturas, compõem artefatos culturais que transmitem complicados sinais convencionais codificados aos "leitores" de primeira linha.[28]

Mas este embargo se aplica mais a algumas fotografias que a outras. Retratos posados captam como as pessoas desejam ser lembradas, todas limpas e embonecadas em seu melhor aspecto domingueiro. Mas os fotógrafos vitorianos também gostavam de fazer "documentários" casuais de instantâneos de rua, e esses captavam as pessoas em seus movimentos e atitudes do cotidiano; como resultado, registraram tais aspectos como linguagem do corpo e espaço social de uma maneira mais informativa que qualquer texto impresso. O arquivo fotográfico revela e confirma muita coisa sobre as transformações físicas da condição humana nos tempos modernos (envelhecimento, deformidades, má nutrição etc.), e também o que Goffman chamou de "apresentação do ser" (linguagem corporal, gestos e a apropriação do espaço físico).[29] As fotografias permanecem estranhamente subexploradas como um recurso histórico.

A busca da história do corpo não é, portanto, somente uma questão de triturar as estatísticas vitais sobre o físico, nem apenas um conjunto de métodos para a decodificação das "representações". É antes um chamado para a compreensão da ação recíproca entre os dois. No mundo, quando surpreendemos o olhar superior do rico sobre o pobre, este gesto era tanto físico quanto simbólico; os "nobres" (acima de tudo, suas "altezas") eram tipicamente centímetros mais altos, uma vantagem ainda aumentada pelos trajes imponentes – vestuário e adereços – com que se permitiam adornar seus corpos.

---

28 Para os problemas de interpretação de tal evidência, ver D. M. Fox e C. Lawrence, *Photographing Medicine: Images and Power in Britain and America since 1840*, Springfield, Conn., 1988. Para interpretações valiosas, ver David Piper, *The English Face*, Londres, 1957 e *Personality and the Portrait*, Londres, 1972.

29 Ver E. Goffman, *Stigma, Notes on the Management of Spoiled Identity*, Harmondsworth, 1968; idem, *The Presentation of Self in Everyday Life*, Londres, 1959; idem, *Strategic Interaction*, Oxford, 1970; idem, *Interaction Ritual*, Londres, 1972.

Dada a abundância da evidência disponível, permanecemos incrivelmente ignorantes sobre a maneira como os indivíduos e os grupos sociais experimentavam, controlavam e projetavam seus egos incorporados. Como as pessoas interpretavam o elo misterioso entre o "ego" e suas extensões? Como administravam o corpo como um intermediário entre o ego e a sociedade? Algumas tradições intelectuais poderiam se comprovar frutíferas na promoção de tais explorações.

Os sociólogos do corpo ainda consideram a obra de Weber valiosa, pois uma das resistências estáveis de sua avaliação da ética protestante está na revelação de como o que poderia ser assumido antes como comprometimentos (questões de salvação e justificação) doutrinários abstratos ("desencarnados") tornaram-se de tal forma internalizados para terem profundas implicações no controle e na disciplina pessoal do corpo.[30] Por outro lado, a psico-história nos moldes freudianos apontou para uma cadeia de consequências completamente inversa, mostrando como as atitudes para com o mundo em geral são comumente projeções dos modos como as pessoas lidam com suas próprias funções corporais, revelando assim as lutas interiores entre a consciência – acima de tudo, o inconsciente – e sua expressão física. Mesmo que grande parte da psico-história permaneça viciada pelo dogmático reducionismo edipiano e seja extremamente especulativa, sua integração temática do interior e do exterior, do privado e do público, é altamente sugestiva.[31]

Além disso, algumas outras abordagens no interior da sociologia parecem particularmente dignas da atenção dos historiadores. A fenomenologia e a etnometodologia promoveram ambas progra-

---

30 Para a construção do Ego, ver P. M. Spacks, *Imagining a Self*, Cambridge, Mass., 1976, especialmente capítulo 5; J. N. Morris, *Versions of the Self*, Nova York, 1966; S. D. Cox, *"The Stranger Within Thee": The Concept of Self in Late Eighteenth Century Literature*, Pittsburgh, 1980; J. O. Lyons, *The Invention of the Self*, Carbondale, 1978.

31 Ver Lloyd DeMause, *The New Psychohistory*, Nova York, 1975. Devid E. Stannard, *Shrinking History: On Freud and the Failure of Psychohistory*, Nova York e Oxford, 1980 afirmou que a psico-história desapareceu.

mas para a análise de "encontros íntimos" interpessoais que (ao contrário, digamos assim, do funcionalismo parsoniano) prestam a devida atenção ao desempenho do corpo como um órgão de comunicação: conversamos com nossos corpos. E corajosas tentativas têm sido feitas para aplicar tais métodos a apresentações sistemáticas e públicas dos egos sociais em comunidades históricas específicas, como por exemplo na análise de Rhys Isaac dos estilos de vida na Virgínia colonial.[32] Mesmo assim, a frente de pesquisa atualmente está, quando muito, irregular. Poucas áreas particulares têm recebido atenção e a maioria de nós está no escuro.

No âmago deste artigo vou me dedicar a algumas áreas especiais do problema para iluminar alguns campos potencialmente frutíferos para uma história do corpo e para a avaliação das implicações da pesquisa atual.

Corpo e mente

É de importância básica uma compreensão do local subordinado, destinado ao corpo nos sistemas de valor religioso, moral e social da cultura europeia tradicional. Muito antes de Descartes, um dualismo fundamental invadiu a *mentalité* ocidental; ser humano significava ser uma mente encarnada ou, na formulação de Sir Thomas Browne, um "anfíbio". É um dualismo que muitos pensadores consideram paradoxal e mistificador devido à radical incompreensibilidade das intersecções entre a mente e a carne. Não obstante, tal dualismo tem sido uma força profundamente modeladora do uso linguístico, dos esquemas classificatórios, da ética e dos sistemas de valor. À mente e ao corpo têm sido designados atributos e conotações distintos. A mente é canonicamente superior à matéria. Ontologicamente, por isso, a mente, o desejo, a consciência ou o ego têm sido indicados como

32 Ver, por exemplo, Rhys Isaac, *The Transformation of Virginia 1700-1800*, Chapel Hill, 1981.

os guardiães e governantes do corpo, e o corpo deve ser seu criado. Mas este esquema tem um corolário crucial: quando, como um servo desobediente, o corpo se rebela, não são os punhos, pés ou dedos os ofensores necessariamente considerados culpados, mas as faculdades mais nobres cujo dever era tê-los controlado adequadamente. É um fato que cria profundas tensões para todos os sistemas de controle pessoal (por exemplo, regimes de educação ou punição).[33]

Em aspectos mais importantes, esta subordinação hierárquica do corpo à mente sistematicamente degrada o corpo; seus apetites e desejos são encarados como cegos, obstinados, anárquicos ou (no Cristianismo) radicalmente pecaminosos; pode ser encarado como a prisão da alma. Por isso o corpo facilmente ofende, cometendo o mal ou atos criminosos. Mas devido a sua verdadeira natureza (sendo imperfeito, até bestial) ele pode, paradoxalmente, ser prontamente desculpado (a fraqueza da carne). A mente (o ego, o desejo ou a alma), ao contrário, devido ao seu ofício mais nobre, é obrigada a ascender acima de tal desordem, de tal "guerra civil" interna; se implicada, a vontade, idealmente livre e nobre, parece ainda mais culpada de ofensa. A questão de precisamente como atribuir honra e vergonha, deveres e responsabilidades, respectivamente à mente e ao corpo, tem sido crucial para a avaliação do homem como um ser racional e moral no interior de sistemas de teologia, ética, política e jurisprudência, tanto teóricos quanto práticos.[34]

No século XVII, uma mulher sofre de alucinações; seu comportamento é excêntrico e bizarro. Os contemporâneos concordam que ela está doente, na verdade que ela está atacada de melancolia ou loucura. Mas que espécie de aflição é essa? Poderia ser um distúrbio da sua mente. Nesse caso, provavelmente seria encarado como alguma

---

33 Assim, todas as formas de materialismo provocam dilemas sobre a responsabilidade pessoal. Para o Iluminismo, ver Lester Crocker, *An Age of Crisis: Man and World in Eighteenth Century French Thought*, Baltimore, 1959.

34 Roger Smith, *Trial by Medicine: Insanity and Responsibility in Victorian Trials*, Edinburgh, 1981.

forma de possessão demoníaca.[35] Mas a ideia de tal invasão satânica era claramente perigosa (no caso de uma bruxa suspeita, exigiria um julgamento ou, mais geralmente, implicava danação). Houve assim uma boa razão para se antecipar um contradiagnóstico: em vez disso, a "loucura" era vista como somática em sua origem, talvez o produto de um ferimento na cabeça ou de uma enfermidade intestinal (melancolia = literalmente um excesso de "bile negra"). Evidentemente, era de qualquer modo humilhante ser diagnosticada como um problema dos intestinos (Swift, Pope e outros satíricos ridicularizaram os *soi-disant*, poetas de gênio de sua época, como não sendo realmente possuídos por aflatos, mas apenas sofrendo de flatulência); mas, ao contrário da possessão satânica, a doença somática tinha a válvula de escape de não pôr automaticamente em risco um destino espiritual, uma alma imortal. Discutindo tais questões, historiadores perspicazes da insanidade, como Michael MacDonald, demonstraram os perigos do anacronismo. O que para o século XX parecia muito bem ser um sinal de "doença mental", e por isso, parte do ramo da psiquiatria, poderia ter sido interpretado como uma "indisposição física" há três séculos; os limites do corpo são fluidos.[36]

Questões da relativa responsabilidade do corpo e da alma confundiam as tentativas de explicar e conter a enfermidade. Nos julgamentos das bruxas nos séculos XVI e XVII, era crucial determinar se os fenômenos da possessão eram devidos à doença, à fraude ou a Satã. E a tendência, fortemente defendida pela profissão médica, era cada vez mais enfatizar as causas orgânicas para aquilo que agora chamaríamos sempre de "doença mental". À vontade era assim garantido um

35 D. P. Walker, *Spiritual and Demonic Magic from Ficino to Campanella*, Londres, 1958; Keith Thomas, *Religion and the Decline of Magic, Harmondsworth*, 1978.

36 Para os contextos intelectuais e culturais dessas ideias de loucura, ver Michel Foucault, *Madness and Civilization: a History of Insanity in the Age of Reason*. Traduzido por Richard Howard, Nova York, 1965; Michael Macdonald, *Mystical Bedlam: Madness, Anxiety and Healing in Seventeenth Century England*, Cambridge, 1981; fundamental aqui é G. S. Rousseau, "Psychology", em G. S. Rousseau e Roy Porter (ed.), *The Ferment of Knowledge*, Cambridge, 1980.

álibi, e o corpo, quando doente, era mais prontamente desculpado, precisamente porque era “mais baixo” do que a mente teria sido.

Dois séculos mais tarde, as percepções das relativas responsabilidades da mente e do corpo não haviam se alterado muito. Na época vitoriana, tanto os leigos quanto os profissionais eram mais inclinados a designar diretamente como “perturbação mental” o desarranjo da consciência. Com o declínio da crença literal em Satã e no fogo do inferno e o fim dos julgamentos das bruxas – em suma, com um certo grau de secularização – arriscar-se a um tal diagnóstico não mais provocava tais espectros. Na verdade, a emergência da psicoterapia criou um novo otimismo de prognóstico: as enfermidades da mente poderiam ser tratadas e curadas (assim afirmavam os psiquiatras progressistas) mais facilmente que aquelas do corpo. É óbvio que a nova tendência a atribuir a responsabilidade da insanidade a distúrbios da consciência poderia carregar com ela formas distintas de estigma e censura (todos tinham o dever de governar sua mente). Mas uma nova simpatia se desenvolveu paralelamente. As sociedades por demais individualistas e pressionadoras (era explicado) criavam grandes expectativas e árduas responsabilidades; viver na alta sociedade gerava alta ansiedade. Assim, sob circunstâncias apropriadas, as perturbações mentais ou, como foram mais tarde chamadas, os colapsos nervosos, poderiam incluir isenção social e despertar simpatia, ou mesmo distinção. Por isso, a passagem de dois séculos testemunhou profundas mudanças nos mapeamentos da mente e do corpo e os reagrupamentos de suas relações com enormes implicações para a política e para a terapia.

Não devemos confundir essas mudanças nas explicações com o progresso positivo da ciência médica: nenhuma ruptura científica “comprovou” os respectivos papéis da mente e do corpo na ação direcionadora. Elas antes deviam ser vistas como sinais de reorientações culturais que repensavam as características da mente e do corpo. Este objetivo, que se aplica a revisões culturais mais amplas, é igualmente pertinente ao problema de interpretação de episódios particulares.

Tomemos Freud. No início de sua prática psiquiátrica, Freud concluiu que muitas de suas pacientes neuróticas haviam sido atacadas sexualmente quando crianças; isso foi o que elas lhe disseram. Por razões complicadas, algumas profissionais, algumas pessoais, Freud abandonou essa interpretação, adotando em vez disso a opinião de que os relatos das mulheres não eram acima de tudo lembranças, mas antes fantasias, enraizadas no inconsciente, sobre acontecimentos traumáticos que na verdade jamais ocorreram. Assim, desenvolvendo uma teoria de desejos reprimidos, Freud deu origem à psicanálise. Por isso ele passou de uma explicação essencialmente somática (o ataque verdadeiro) da etiologia do distúrbio mental para uma explicação localizada apenas "na mente"; e propôs um tratamento igualmente psiquiátrico, a "cura pela conversa". A grande maioria dos observadores de Ernest Jones em diante elogiou Freud por sua reflexão supostamente profunda, no direcionamento da atenção para longe da vida do corpo e para aquela da consciência. Podemos, contudo, considerar este elogio como refletindo o arraigado privilégio do intelectual sobre o físico. A interpretação da mudança das explicações de Freud é uma questão absolutamente mais complicada.[37]

Assim sendo, as relações mente/corpo não são "inatas", mas dependentes da cultura. Este relativismo é exemplificado por uma notável distinção cultural entre a experiência ocidental e a chinesa na atribuição da enfermidade, o que foi mostrado pelo historiador e antropólogo de medicina, Arthur Kleinman. Um americano do século XX sente-se "deprimido"; ele não consulta um clínico geral, mas um psicoterapeuta; é diagnosticado como sofrendo de um distúrbio psiquiátrico, algum tipo de neurose; o terapeuta investiga sua história de vida para recuperar sua felicidade. A pessoa equiva-

37 Sobre Freud, ver H. F. Ellenberger, *The Discovery of the Unconscious: the History and Evolution of Dynamic Psychiatry*, Nova York, 1971; R. W. Clark, *Freud: The Man and the Cause*, Londres, 1982; Frank J. Sulloway, *Freud: Biologist of the Mind*, Nova York, 1979 e J. M. Masson, *The Assault on Truth: Freud's Suppression of the Seduction Theory*, Nova York, 1983.

lente na China, ao contrário, atribui uma enfermidade comparável a uma desordem e a uma causa físicas. Seu médico confirma que sua doença é orgânica (pode ser chamada de "neurastenia") e prescreve remédios. Apontado como vítima de uma doença somática, é permitido ao chinês assumir o "papel do doente", e pode, por isso, merecer simpatia e atenção. Ao contrário, se ele alegasse, como seu correspondente americano, alguma forma de perturbação mental, teria sido uma admissão terrível e debilitante de defeito e desvio de caráter, o que lhe teria trazido estigma e desvantagens.[38]

Em outras palavras, como demonstra a discussão de Kleinman sobre as construções rivais somáticas e psiquiátricas da "perturbação mental", o "corpo" não pode ser tratado pelo historiador simplesmente como biológico, mas deve ser encarado como mediado por sistemas de sinais culturais. A distribuição da função e da responsabilidade entre o corpo e a mente, o corpo e a alma, difere extremamente segundo o século, a classe, as circunstâncias e a cultura, e as sociedades com frequência possuem uma pluralidade de significados concorrentes. O estabelecimento do caso individual é um tema para ser negociado.

Muita coisa tem dependido de tais atribuições, como por exemplo a questão prática da culpabilidade legal. Os historiadores de medicina forense, como Roger Smith, elucidaram os dilemas. Um tiro de um homem mata outro. É o proprietário daquele corpo que deve ser o responsável? Sim, se sua "mente" dirigiu o tiro, ou seja, se houve *mens rea*, uma intenção culpada; não, teria achado um tribunal dos séculos XVIII ou XIX, se ele estivesse fora de sua mente, talvez até fora de si, em consequência de enfermidade somática.

38 Arthur Kleinman, *Social Origins of Distress and Disease. Depression, Neurasthenia and Pain in Modern China*, New Haven, 1986. Ver também Carney Landis e Fred Mettler, *Varieties of Psychopathological Experience*, Nova York, 1964. Para uma discussão mais ampla do "papel do doente", ver D. Mechanic, "The Concept of Illness Behaviour", *Journal of Chronic Disease*, 15, p.189-94, 1962.

Se, contudo, a responsabilidade for mantida, como a reparação deve ser exigida? Durante os últimos dois séculos, ela foi dirigida principalmente contra o corpo, por meio de punição corporal ou capital. Mais uma vez, no entanto, mudaram os sistemas de valor intervenientes; especialmente a partir do final do século XVIII, os reformadores penais declararam que era "mais nobre" ou mais "humano" não punir o corpo, mas corrigir ou reformar a mente: nos termos de Mably, "a punição deve antes atingir a alma que o corpo". Como Michel Foucault e Michael Ignatieff particularmente enfatizaram, a intenção terapêutica que sustenta o sistema penal moderno ainda determina outro exemplo da condição variável do corpo – aquela que, poupando o corpo, serve apenas para reiterar sua inferioridade.[39]

Tomemos outro exemplo. Um homem é morto, não por um tiro de outro, mas devido a um micro-organismo difundido por um portador. O portador deve ser considerado moral ou criminalmente responsável pelo risco, ou pelo desastre que seu corpo provocou? Essa questão tem-se comprovado extremamente complicada, central à política de regulamentação das populações de alta densidade por burocracias médicas, desde as epidemias de peste bubônica na Idade Média. O que é notável, entretanto, como foi enfatizado pelos historiadores recentes de saúde pública, é como os sistemas jurídico-políticos do Ocidente têm considerado pouco os indivíduos responsáveis pela destruição da saúde descarregada por seus corpos. Apesar da emergência de sociedades de bem-estar cada vez mais "policiadas" durante os dois últimos séculos, as questões de saúde têm sido deixadas surpreendentemente a cargo de relacionamentos contratuais privados e confidenciais entre o indivíduo e seu médico. (*Erewhon*, a Utopia de Samuel Butler, em que é um crime ficar doente – embora a criminalidade seja desculpada como uma doença – proporciona um espantoso contraste.) Apesar da

39 Ver M. Foucault, *Discipline and Punish: The Birth of the Prison*, Harmondsworth, 1979; M. Ignatieff, *A Just Measure of Pain*, Londres, 1978.

"medicalização da vida", as compulsões de saúde têm sido poucas. Por exemplo, a vacinação contra varíola legalmente constrangedora foi brevemente introduzida na Inglaterra vitoriana, mas, encontrando feroz oposição, a legislação foi derrubada; o mesmo ocorreu para o tratamento compulsório das doenças venéreas.[40] Essa solução certamente incorpora um sentido da propriedade inalienável e individual do corpo, solidamente adiantada nas formulações secularizantes da filosofia política liberal do século XVII em diante. As políticas e as banalidades no cumprimento da lei, na filosofia política e na administração social frequentemente só serão inteiramente compreendidas se seu enraizamento nas doutrinas sobre a propriedade e a privacidade do corpo forem antes entendidas.[41]

Policiando o corpo

Há um estereótipo cultural profundamente estabelecido – arrebatador em Rabelais,[42] insultuoso no interior da teologia cristã – que retrata o corpo como um chefe rebelde, senhor do desregramento, símbolo do excesso de comida, bebida, sexo e violência – incorporação do princípio que Freud mais tarde intelectualizou como o "id". Os historiadores recentemente exploraram as tentativas de grupos sociais dominantes para restringir, reprimir e reformar a mutilação do corpo. Essas estratégias obviamente assumiram formas distintas.

Os estudiosos focalizaram sua atenção primeiramente sobre as reformas que são autoinfligidas, implementando aspirações para um melhor autocontrole, associadas à educação e à disciplina familiar. Manuais para comportamento adequado, tanto religioso quanto civil,

40 W. M. Frazer, *History of English Public Health 1834-1939*, Londres, 1950, p.70-2, 106-12; P. McHugh, *Prostitution and Victorian Social Reform*, Londres, 1981 e J. Walkowitz, *Prostitution and Victorian Society, Cambridge*, 1980.

41 As dimensões pública e privada são exploradas em R. Sennett, *The Fall of Public Man*, Cambridge, 1976.

42 M. Bakhtin, *Rabelais and his World*, Cambridge, Mass., 1968.

espalhando as máquinas de impressão do século XVI, compuseram grandes estoques sobre a submissão e a obediência do corpo, e sobre o cultivo das boas maneiras, da decência e do decoro. Foucault declarou que a crescente preocupação com a boa saúde e a vida longa, originadas no Iluminismo, proporcionam mais um sintoma.[43] Vigarello acentuou a importância de cultivar internamente o corpo anárquico, através da higiene, da limpeza e do vestuário, e Norbert Elias em particular estudou "o processo civilizador" visível no desenvolvimento dos controles do corpo (corpos limpos, hábitos limpos, conversa limpa, mentes limpas). Além disso, a pesquisa de Schama sobre a pureza e a disciplina do corpo entre os calvinistas holandeses ilumina a eficácia (tanto social quanto psicológica) de tais estratégias na criação de um *cordon sanitaire* contra as ameaças morais e religiosas – tanto o papismo quanto a profanação – consideradas sujas, perigosas e contagiosas.[44]

Falar em decência, delicadeza e recato automaticamente sugere os vitorianos, mas o vitorianismo antecedeu muito aqueles que portam seu nome. Thomas Bowdler era um georgiano, foi Wesley que colocou a limpeza próxima à divindade, e o comportamento adequado do corpo em uma sociedade educada nunca foi tão divulgado quanto na época de Addison, Steele e Mandeville. Em obras como *The Virgin Unmask'd,* Mandeville explorou de forma maçante os significados ambivalentes da repressão corporal, em que ocultar o corpo poderia ser mais excitante do que revelá-lo.[45]

O autocontrole físico prosseguiu intimamente ligado ao desejo de policiar os corpos alheios, assim como de assegurar uma melhor

---

43 Ver M. Foucault, *A History of Sexuality,* v.1. *Introduction,* Londres, 1978; J.-L. Flandrin, *Un Temps pour embrasser*, Paris, 1983.

44 Ver em geral N. Elias, *The Civilizing Process,* Oxford, 1983 e mais especificamente S. Schama, "The Unruly Realm: Appetite and Restraint in Seventeenth-Century Holland", *Daedalus,* 108, p.103-23, 1979.

45 Para uma opinião do início do período georgiano, ver Fenella Childs, "Prescriptions for Manners in Eighteenth Century Courtesy Literature", tese de Ph.D., Oxford, 1984.

ordem social e moral-religiosa. Sobretudo os historiadores do início da França moderna, como Muchembled, Flandrin e Delumeau, enfatizaram especialmente as tentativas das autoridades religiosas e civis de regulamentarem os corpos das pessoas comuns através da persuasão, da prescrição e, finalmente, da coerção física.[46] Muchembled acima de tudo declarou que na tradicional cultura camponesa quase pagã o corpo desfrutava de uma elevada posição como um instrumento potente, e que suas partes e produtos – sangue, fezes, o pênis e o útero – possuíam poderes mágicos. Embora vulnerável à fome, à doença e à morte, o corpo era também a energia dionisíaca subjacente à devassidão e aos excessos orgíacos. Essa contracultura carnavalesca do corpo ficou, no entanto, cada vez mais sujeita à vigilância sistemática e à repressão efetiva através dos instrumentos dos julgamentos das bruxas, das cortes eclesiásticas e da confissão intensificada pela Contrarreforma, além de incutir uma nova moralidade sexual, subordinada ao casamento e à legitimidade.

O início da Inglaterra moderna também testemunhou movimentos paralelos, conduzidos pelos puritanos, pela reforma religiosa da moral e dos costumes.[47] Eles podem ter alcançado algum sucesso. Os demógrafos históricos demonstraram que os personagens da bastardia eram em número muitíssimo menor na época de Stuart do que se tornaram posteriormente no ambiente mais secular da primeira nação industrial, sugerindo talvez que a disciplina moral fosse efetiva.[48] A Inglaterra georgiana testemunhou mais ataques a uma cultura corporal anárquica, com a regulamentação dos esportes sanguinários e das lutas profissionais, uma nova desaprovação dos

---

46 Jacques Donzelot, *The Policing of Families*, trad. Robert Hurley, Nova York, 1979; Jean-Louis Flandrin, "Amour et marriage", *Dix-huitième Siècle*, 12, p.163-76, 1980. Ver também M. Bakhtin, *Rabelais and His World*, trad. H. Iswolsky, Cambridge, Mass., 1968 e J. Starobinski, "The Body's Moment", em *Montaigne: Essays in Reading*, Yale French Studies, n.64, p.273-305, 1983.

47 K. Wrightson, *English Society 1580-1680*, Londres, 1982; E. J. Bristow, *Vice and Vigilance: Purity Movements in Britain since 1700*, Dublin, 1977.

48 P. Laslett (ed.), *Bastardy and its Comparative History*, Londres, 1980.

duelos e as tentativas dos empregadores capitalistas de insistirem no trabalho regular e na disciplina de horário em sua força de trabalho.[49]

Os corpos plebeus estavam tradicionalmente no extremo receptor da coerção física: o chicote, o pelourinho, a forca. Mas, como Foucault particularmente enfatizou, os corpos das pessoas também se tornaram sujeitos a uma nova tecnologia política do corpo e, esperava-se, eram por ela regenerados – as rotinas do fundo da fábrica, os exercícios da escola, a fadiga das paradas, as punições do reformatório. Desde a infância e o treinamento esfincteriano no seio familiar, passando pela escola, até o exército e o recinto da fábrica, o Estado trabalhava para produzir súditos dóceis e uma força de trabalho obediente através da disciplina sistemática dos corpos das pessoas.[50] Só recentemente os historiadores do presente século sugeriram que a lógica do capitalismo relaxou um pouco esta severa ênfase chamada "protestante" sobre o corpo disciplinado e sobre um "asceticismo tão mundano"; o imperativo recentemente havia mudado da "mão" produtiva e disciplinada tipo máquina, para o corpo como consumidor, cheio de deficiências e de necessidades, cujos desejos devem ser inflamados e encorajados.[51]

Focalizar a atenção sobre o problema do corpo – seus perigos e suas disciplinas, seu potencial para a profanação, mas também seus poderes produtivos – ajuda a compreender os numerosos desenvolvimentos disparatados, tão frequentemente estudados no

49 R. Malcolmson, *Popular Recreations in English Society 1700-1850*, Cambridge, 1973.

50 As obras mais importantes de Foucault são *Madness and Civilization: a History of Insanity in the Age of Reason*, Londres, 1967; *The Order of Things: an Archaeology of the Human Sciences*, Londres, 1970; *The Archaeology of Knowledge*, Londres, 1972; *The Birth of the Clinic: an Archaeology of Medical Perception*, Londres, 1973; *Discipline and Punish: the Birth of the Prison*, Harmondsworth, 1979; *The History of Sexuality*. v.I. Introduction, Londres, 1978. Ver também C. Gordon (ed.), *M. Foucault: Power/Knowledge*, Brighton, 1980, especialmente o ensaio "Body/Power", p.55-62.

51 M. Featherstone, "The Body in Consumer Culture", *Theory, Culture & Society*, 1, p.18-33, 1982.

isolamento e anacronicamente através das sinalizações das disciplinas modernas. Como declarou Catherine Gallagher, interpretamos mal Malthus se, por exemplo, o consideramos simplesmente como o pai da demografia moderna.[52] Na verdade, ele propôs um enigma, dramaticamente novo com respeito ao bem-estar moral dos organismos políticos. Tradicionalmente o corpo saudável era a garantia do Estado saudável. Ele produzia, ele reproduzia. Mas, segundo a contrassugestão de Malthus, o corpo saudável, devido a seus altos poderes reprodutivos, podia realmente se comprovar inimigo do Estado. Assim, o corpo privado e o corpo público podiam estar em desacordo. Ou, como enfatizou E. P. Thompson, deixamos escapar metade da importância da disputa pela disciplina de horário nas fábricas, se a encaramos apenas em termos de racionalidade econômica e de heróicos capitães de indústria; antes de tudo, ela era parte de uma tentativa muito mais ampla de governar as pessoas através do controle de seus corpos.[53]

Similarmente, uma história da educação, que se concentra exclusivamente em atingir habilidades como a leitura e a escrita, deixará escapar uma das principais funções da escola para crianças pobres, de caridade ou elementar do passado: incutir a obediência física ou a educação como um processo para domesticar as crianças.[54] Da mesma forma, seria limitado estabelecer os objetivos dos sanitaristas e dos higienistas apenas em termos de miasmas e drenagens: suas preocupações não eram menores com respeito à sujeira moral e à

52 Para uma discussão das preocupações mais amplas de Malthus, ver Patricia James, *Population Malthus: His Life and Times*, Londres, 1979, capítulo 2, parte 4; e R. M. Young, "Malthus and the Evolutionists: The Common Context of Biological and Social Theory", *Past and Present*, 43, 1969, p.109-45.

53 E. P. Thompson, "Time, Work-Discipline and Industrial Capitalism", *Past and Present*, 37, p.56-97, 1967.

54 Sobre as dimensões mais amplas da educação, ver B. Haley, *The Healthy Body and Victorian Culture*, Cambridge, Mass., 1978.

regulamentação do contágio e da contaminação sexual.[55] Do mesmo modo, os rituais da medicina à beira do leito ou no hospital não podem ser inteiramente explicados pelos achados da ciência médica. Questões mais amplas de tabus e decoros corporais também ditam a natureza e os limites dos exames diagnósticos, do tratamento cirúrgico e da emergência de novas especialidades intervencionistas e sensíveis ao gênero como a obstetrícia humana.[56]

Estas questões mais amplas mostram porque as políticas do corpo exigem atenção por direito próprio; tais questões são muitas vezes negligenciadas se seguimos a demografia histórica, a história da educação, a história da medicina e assim por diante, através de uma visão fechada, isolada e estreita.

Permanece obscuro, entretanto, até que ponto é exato um retrato apresentado por historiadores como Muchenbled, que encaravam as culturas populares do corpo como sendo triunfalmente suprimidas em nome do Estado soberano e terapêutico e dos ditames da racionalidade capitalista. As aspirações podem bem ter superado muito as realizações. A cultura de elite não parece ter subjugado tanto a cultura popular como dela se separado, desenvolvendo sua própria linguagem corporal, seus rituais e seus refinamentos distintos, desmaterializados e expressivos.[57] Os costumes sexuais do folclore popular (por exemplo, a tradição da relação sexual pré-conjugal seguida do casamento por gravidez) e a magia médica popular comprovaram-se imensamente elásticos diante da doutrinação e da infiltração vinda de cima.

---

55 Virginia Smith, "Physical Puritanism and Sanitary Science: Material and Immaterial Beliefs in Popular Physiology 1650-1840", em W. F. Bynum e Roy Porter (ed.), *Medical Fringe and Medical Orthodoxy 1750-1850*, Londres, 1986, p.174-97.

56 Ver R. L. Engle e B. J. Davis, "Medical Diagnosis, Present, Past and Future", *Archives of Internal Medicine*, 112, p.512-43, 1963.

57 Para tais divisões, ver P. Burke, *Popular Culture in Early Modern Europe*, Londres, 1978; H. C. Payne, "Elite versus Popular Mentality in the Eighteenth Century", *Studies in Eighteenth Century Culture*, 8, p.201-37, 1979.

Igualmente, as políticas de controle do comportamento corporal à beira dos riscos colocados pela doença epidêmica e pelas "sexualidades perigosas" eram imensamente complexas. Na Inglaterra, as aspirações do movimento de saúde e higiene pública do início do período vitoriano, associadas ao utilitarismo e a Edwin Chadwick, foram diretas e estatais. Nenhuma aliança desse tipo entre o governo central e a drenagem de esgotos pode ser encontrada, entretanto, em Paris. Mas mesmo na Inglaterra, o empreendimento do policiamento dos corpos pela medicina estatal rapidamente sossobrou, naufragado nas rochas dos corredores de políticos concorrentes, inclusive grupos de puristas e feministas, furiosos diante das tentativas dos legisladores do sexo masculino de controlar os corpos das mulheres, através do duplo padrão. Por toda parte, a ideia superficialmente atraente de que o crescimento do poder do Estado tem sido dirigido para a subordinação social do corpo passa a ser ingênua e nada convincente.[58]

O sexo, o gênero e o corpo

Se a sociedade europeia através de *la longue durée* foi um patriarcado, e ainda carrega pelo menos suas cicatrizes, até que ponto o patriarcado em si foi um sintoma ou uma consequência direta da diferenciação entre os corpos masculino e feminino – uma diferença, digamos assim, não simplesmente biológica, mas constituída no interior das realidades sociais? Será que a razão para a tradicional subordinação das mulheres aos homens foi primária e essencialmente *física* – devido às gestações sem fim que os maridos egoístas forçaram sobre elas, na época anterior à contracepção efetiva, algemaram-nas às crianças e à vida doméstica, ao envelhecimento prematuro, à exaustão e frequentemente à morte por doenças do parto; e que além disso as confinavam em uma cultura de gueto ape-

58 A melhor e mais recente introdução está em Frank Mort, *Dangerous Sexualities: Medico-Politics in England since 1830*, Londres, 1987.

nas para mulheres, manchada de sangue menstrual e das impurezas do parto? Assim declarou Edward Shorter em sua *History of Women's Bodies*,[59] concluindo que as mulheres finalmente, durante o último século, se emanciparam de suas cadeias biológicas primárias pelo advento da gravidez segura, da contracepção e do aborto legalizado, que, proporcionando-lhes o controle sobre sua própria fertilidade, pavimentaram o caminho para a "família moderna", para a "família igualitária" e até para a sociedade pós-família.

O que não se pode duvidar é que os tradicionais médicos, teólogos e filósofos do sexo masculino atribuíam a subordinação das mulheres à sua condição biológica, inferior dentro do esquema da Criação. De acordo com Aristóteles e seus seguidores, as mulheres eram machos defeituosos ou monstruosos, seres nos quais a genitália (designada para ser do lado exterior do corpo), por falta de calor ou de força, falhou na extrusão. Com sua natureza mais fria e mais fraca, e sua genitália contida internamente, as mulheres eram essencialmente equipadas para a criação de filhos, não para uma vida racional e ativa dentro do fórum cívico. As mulheres eram criaturas privadas, os homens eram públicos.[60]

Thomas Laqueur declarou que essa conceituação médica da natureza das mulheres foi corroída e substituída por volta do final do século XVIII.[61] O sexo feminino deixou de ser visto literalmente como uma versão inferior do masculino, tornando-se, em vez disso, encarado como essencialmente diferente mas complementar. Os fisiologistas haviam acabado de afirmar que o aparato reprodutivo sexual feminino era radicalmente distinto daquele dos homens, opinião confirmada pela descoberta das funções dos ovários e da

59 E. Shorter, *The Making of the Modern Family*, Londres, 1976.

60 J. Morsink, *Aristotle on the Generation of Animals*, Washington, 1982.

61 T. Laqueur, "Orgasm, Generation and the Politcs of Reproductive Biology", em C. Gallagher e T. Laqueur (ed.), *The Making of the Modern Body*, Berkeley e Los Angeles, 1987, p.1-41. Comparar com Pierre Darmon, *Le Mythe de La procréation à l'age baroque*, Paris, 1977.

natureza do ciclo menstrual. Isso, por sua vez, indicava que não havia nenhuma boa razão biológica por que as mulheres devessem ser exclusivamente seres ativamente sexuais (isto é, eróticos): ao contrário do dogma médico clássico, não era necessário qualquer estímulo sexual para as mulheres conceberem: elas tinham apenas de servir como receptáculos de sêmen. Havia nascido a passiva e dessexualizada mulher "vitoriana" (embora, *pace* Laqueur, deva ser destacado que Peter Gay e outros historiadores declararam que as mulheres vitorianas não eram absolutamente "vitorianas" naquele sentido; seria um grande erro confundir com a realidade algumas prescrições para o comportamento feminino adequado).[62]

Laqueur busca relacionar esta "composição do corpo moderno" à mudança de lugar das mulheres na sociedade. Dessexualizada, a esposa tornou-se o anjo da casa, dócil, frágil, desapaixonada; e por isso seu relato encaixa bem com a recente análise da emergência de "esferas separadas" para os papéis domésticos masculino e feminino.[63] Declarando que a ciência não emerge de uma simples lógica da descoberta, mas proporciona uma forma articulada a pressões socioideológicas, Laqueur nega que a nova imagem do gênero fosse produto de pesquisa científica autônoma. Mas surge assim um enigma "ovo-galinha". Aceitamos (como indica o argumento de Laqueur e muitos estudiosos feministas sugerem) que as forças culturais – isto é, a ideologia patriarcal, traduzida em poder institucional – foram os primeiros responsáveis pelo encerramento das mulheres em casas de boneca? Se assim for, torna-se urgente demonstrar por que se pensava que os anos imediatamente anteriores e posteriores a 1800 fossem essenciais para a transformação da posição social das mulheres.

Ou antes deveríamos, seguindo Shorter, subscrever um relato mais "materialista", em que os grilhões *biológicos* (gestações múltiplas

62 P. Gay, *The Bourgeo is Experience, Victoria to Freud.* v.1. *A Sentimental Education,* v.2. *The Tender Passion,* Nova York, 1984, 1986.

63 Leonore Davidoff e Catherine Hall, *Family Fortunes. Men and Women of the English Middle Class 1780-1850,* Londres, 1987.

etc.) principalmente explicam a prolongada servidão das mulheres, e se acredita que os achados biomédicos (contracepção, aborto etc.) fizeram mais pela emancipação das mulheres do que a agitação das feministas? Mas se (com Shorter) aceitarmos o dínamo biomédico da história, como podemos explicar por que o fantasma do patriarcado continua a mandar, mesmo hoje, uma vez que a emancipação biológica foi (supostamente) alcançada?

Talvez a resposta seja a de que não precisamos nos empalar nos chifres de uma falsa dicotomia: a ideia de que as explicações para a identidade do gênero podem ser simplesmente socioculturais ou simplesmente biocientíficas. Uma via de escape é na verdade assinalada por relatos, de Foucault e de outros, sobre a transformação do discurso sobre o sexo durante o século XIX.[64] Foucault destacou corretamente que a noção popular de que o sexo, supostamente tão abertamente discutido durante o "livre" século XVIII,[65] foi silenciado no furtivo século XIX é absolutamente falsa. Nenhum século viu uma discussão do sexo tão extensiva, quase obsessiva. Mas o foco da atenção mudou.

Os tratamentos iniciais, como aquele encontrado no manual popular *Aristotle's Masterpiece*, consideravam o encontro sexual essencialmente como a ação de corpos, de acordo com as urgências e os apetites da natureza, primeiramente designada para assegurar a perpetuação das espécies.[66] O discurso sexual do século XIX, pelo contrário, presta uma extraordinária atenção às desordens, à anormalidade e aos desvios sexuais. Acima de tudo, elaborou uma psicopatologia de perversões

---

64 M. Foucault, *The History of Sexuality*, v.1. *Introduction*, Londres, 1978.

65 Para a reivindicação do Iluminismo de que o erótico é o saudável, ver J. Hagstrum, *Sex and Sensibility: Erotic Ideal and Erotic Love from Milton to Mozart*, Londres, 1980; Roy Porter, "Mixed Feelings: the Enlightenment and Sexuality in Britain", em P. G. Boucé (ed.), *Sexuality in Eighteenth Century Britain*, Manchester, 1982, p.1-27.

66 Roy Porter, "Spreading Carnal Knowledge or Selling Dirt Cheap? Nicolas Venette's Tableau De L'Amour Conjugal in Eighteenth Century England", *Journal of European Studies*, 14, p.233-55, 1984; P. G. Boucé, "Aspects of sexual tolerance and intolerance in eighteenth-century England", *British Journal of Eighteenth-Century Studies*, 3, p.180, 1980.

sexuais, vinculando essas a práticas como a masturbação e a condições como a histeria. O sexo foi visto, portanto, à luz da psiquiatria, no "espaço" de uma nova construção teórica – a "sexualidade".[67]

Essa análise ilumina e ajuda a resolver o dilema levantado pelas análises divergentes de Shorter e Laqueur. Pois poderia parecer que, ao nos aplicarmos para a mudança das concepções das mulheres no século XIX, nossa atenção não deveria estar focalizada literalmente na história biomédica de seus corpos, nem principalmente sobre as pressões em mutação no casamento e na família, mas antes no desenvolvimento de uma nova metafísica do feminino. Isto encontra uma matriz em uma psicofisiologia da maternidade, e estava intimamente associado ao que Elaine Showalter corretamente nomeou de "o padecimento da fêmea" (que era, no caso extremo, o padecimento de ser fêmea).[68] Este novo discurso, finalmente enclausurado na teoria psicanalítica freudiana, na verdade recuperou o velho biologismo ("anatomia é destino"), mas o mascarou em uma nova roupagem fantasiosa (a inveja do pênis estava, acima de tudo, apenas na mente). No caso do próprio Freud, aspirava-se à liberação das mulheres (embora não a partir dos homens, mas de suas próprias neuroses).[69] É por isso que, apesar do tom eupéptico, a emancipação "biológica" teve uma importância um pouco inconsistente para as mulheres deste século, em vista da emergência de outras disciplinas – as variedades da psicanálise que oferecem novas racionalizações para a inferioridade (neuroses) das mulheres.[70]

---

67 Para uma dimensão desta nova psiquiatria sexual, ver E. H. Hare, "Masturbatory Insanity: The History of an Idea", *Journal of Mental Science*, 108, p.1-25, 1962.

68 Elaine Showalter, *The Female Malady*, Nova York, 1985.

69 Foi feita uma tentativa de unir a psicanálise com o feminismo em Juliet Mitchel, *Psychoanalysis and Feminism*, Nova York, 1974. Para um conjunto de opiniões muito mais céticas, ver Charles Bernheimer e Claire Kahane (ed.), *In Dora's Case: Freud, Hysteria, Feminism*, Nova York, 1985.

70 Para perspectivas gerais úteis sobre a historiografia do sexo, ver Jeffrey Weaks, *Sex, Politics and Society*, Londres, 1981; Michael Ignatieff, "Homo Sexualis", *London Review of Books*, p.8-9, março de 1982.

Uma agenda

Acabei de examinar três áreas-chave em que o nosso conhecimento do corpo, tanto na realidade quanto nas representações, é crucial para interpretações mais amplas da mudança social. Em cada uma delas, o debate historiográfico já é intenso. À guisa de coda para esta pesquisa superficial, quero apontar sete outros ramos da história do corpo que merecem íntima atenção, mencionando nas referências as obras notáveis já publicadas.

1. O Corpo como uma Condição Humana. As religiões, as filosofias e as literaturas do mundo fazem uma apreciação em coro sobre a condição humana, sobre o nascimento, a cópula e a morte.[71] Mas com que especificidade e direcionamento as doutrinas religiosas predominantes ou as têmperas artísticas de determinadas épocas se relacionam (refletem? compensam?) com as experiências reais da vida encarnada?[72] Por exemplo, será que a cultura obcecada com a morte que Huizinga chamou de "o declínio da Idade Média" foi uma reação reflexa às realidades das epidemias de peste bubônica que assolaram a Europa no século XIV? Ou, seguindo Camporesi, podíamos considerar melhor os elementos macabros do final do Cristianismo medieval – o fascínio por Cristo pregado na cruz, os corpos incorruptíveis dos santos e assim por diante – como uma expressão de um amor vibrante pela vida e uma absorção do espírito pela carne? Ou, tomando-se um período posterior, será que existe um elo genuíno – como sugere Imhof – entre a recente garantia de uma existência temporal mais segura e prolongada e, por outro lado, uma crença decadente na imortalidade pessoal? Usando-se a

71 Para atitudes em relação à morte, ver J. McManners, *Death and the Enlightenment*, Oxford, 1981. P. Ariès, *The Hour of our Death*, Harmondsworth, 1981; e W. F. Bynum, "Health, Disease and Medical Care", em G. S. Rousseau e Roy Porter, *The Ferment of Knowledge*, Cambridge, 1980, p.211-54.

72 Ver a discussão em J. Broadbent, "The Image of God, or Two Yards of Skin", em J. Benthall e T. Polhemus (ed.), *The Body as a Medium of Expression*, Londres, 1975, p.305-26.

formulação de Imhof, a expectativa de vida, que foi um dia infinita, está agora reduzida a cerca de setenta anos.[73]

2. *A Forma do Corpo.* Na arte, na escrita criativa, na ciência e na medicina, mas não menos em provérbios,[74] frases feitas e metáforas, o corpo assume uma forma visual, ou visualizada. Magro ou gordo, bonito ou feio; o espelho do universo, o modelo dos animais, a quintessência do pó – cada quadro conta a sua história e incorpora um sistema de valor. Poucos historiadores até agora prestaram muita atenção à linguagem (como aquela contida, por exemplo, nas metáforas de vida e morte) como um veículo para mensagens ocultas sobre o corpo. Ainda menos historiadores gerais, em oposição aos historiadores especialistas de arte, ponderaram profundamente sobre a significação das imagens visuais verdadeiras dos corpos (em retratos, em efígies fúnebres – "anatomias" – ou mesmo em álbuns de instantâneos) como evidência histórica. Muito frequentemente os historiadores utilizam a evidência visual antes como meras "ilustrações" do que como coisas a serem explicadas. Uma melhor integração das fontes escritas e visuais é uma remota prioridade.[75]

3. *A Anatomia do Corpo.* Os corpos são objetos para a contemplação externa; eles enfrentam o mundo de fora. Mas são também subjetivos, integrais ao ego interno. Estranhamente, contudo, a maior parte dos relatos da história do ego,[76] do caráter e da psicologia pessoal tem muito pouco a dizer sobre como as pessoas têm compreendido seus próprios corpos e com eles se relacionado. Precisamos saber muito mais sobre o modo como os indivíduos, em particular, e as

---

73 P. Camporesi, *The Incorruptible Flesh: Bodily Mutation and Mortification in Religion and Folklore*, trad. de T. Croft-Murray, Cambridge, 1988.

74 Para os provérbios, ver F. Loux, *Sagesses du corps*, Paris, 1978.

75 Sobre o importante campo da fisiognomia, ver G. Tyler, *Physiognomy in the European Novel*, Princeton, 1982; M. Shortland, *The Body in Question. Some Perceptions, Problems and Perspectives of the Body in Relation to Character c.1750-1850*, Tese de Ph.D., Universidade de Leeds, 1985.

76 Ver nota 30.

culturas, em geral, atribuíram significado a seus membros e órgãos, suas constituições, seu corpo. Qual é a topografia emocional e existencial da pele e dos ossos? O que as pessoas queriam dizer quando falavam, literal e figuradamente, de seu sangue,[77] sua cabeça ou seu coração, suas entranhas, seus espíritos e seus humores? Como esses órgãos e funções incorporavam emoções, experiências e desejos? Como se inter-relacionavam os significados privados e os públicos, as conotações subjetivas e as médicas? Quando alguém se sentia velho ou jovem (ou na verdade jovem de coração), e o que significava a sucessão de tais idades e períodos? E como as pessoas pensavam em seus corpos, seus incômodos e suas dores, quando ficavam doentes? O corpo é o sistema de comunicações primário, mas os historiadores prestaram pouca atenção a seus códigos e chaves (os antropólogos podem ter muito a nos ensinar aqui).[78]

4. *Corpo, Mente e Alma*. Eu aludi anteriormente ao fato de que os territórios da mente e do corpo não são fixos – menos ainda fixos pela biologia –, mas possuem limites sujeitos à negociação com sistemas particulares de valores, julgamentos e deveres. Este sentido do ego, uma totalidade dividida em capacidades e funções distintas, um corpo espiritualizado e uma mente encarnada, com frequência mutuamente em desacordo, obviamente tem sido central às teorias éticas, aos códigos de jurisprudência, aos programas pedagógicos e, mais geralmente, às ideias do lugar do homem na natureza. Na verdade, pode-se dizer que as relações mente/corpo, e ainda mais as relações corpo/alma, não apenas constituem um problema *interior* à

---

77 Richard M. Titmuss, *The Gift Relationship: From Human Blood to Social Policy*, Nova York, 1971; e mais geralmente sobre a ressonância metafórica do corpo, C. G. Helman, "'Feed a Cold, Starve a Fever': Folk Models of Infection in an English Suburban Community, and their Relation to Medical Treatment", *Culture, Medicine and Psychiatry*, II, p.107-37, 1978; idem, Culture, Health and Illness, Bristol, 1984; J. B. Loudon (ed.), *Social Anthropology and Medicine*, Londres, 1976.

78 J. Lane, "The Doctor Scolds Me: The Diaries and Correspondence of Patients in Eighteenth-Century England", em Roy Porter (ed.), *Patients and practitioners*, p.207-47.

ética e à teologia, mas *geram* o verdadeiro ímpeto, com o mistério por trás delas, para suas profundas especulações. Os elos e as divisões entre a mente e o corpo, a experiência e as lesões, claramente não são menos centrais à história das doenças e dos remédios, como testemunham as condições "psicossomáticas" como a histeria[79] e a hipocondria.[80] Devemos nos lembrar de que as filosofias e as visões do mundo do homem e de sua natureza são em geral atributos de uma metafísica frequentemente não mencionada do corpo humano.[81]

5. *Sexo e Gênero*. Graças às estudiosas feministas, a constituição e a reconstituição do sexo e do gênero formam uma das muito poucas áreas de análise do corpo – de modo específico o corpo feminino, imediatamente atraente, mas profanado, desejável, mas perigoso – que tem sido pesquisada minuciosamente. É absolutamente impossível discutir aqui a variedade dos tópicos cobertos nesta área, ou mesmo relacioná-la nas referências.[82] Uma conclusão importante que parece estar emergindo é digna de nota; o fato de nenhuma atitude isolada e uniforme em relação à política do corpo feminino *vis-à-vis* a sociedade

---

79 Para a histeria, ver I. Veith, *Hysteria, the History of a Disease*, Chicago, 1963.

80 Para a hipocondria, ver C. Moore, *Backgrounds of English Literature 1700-1760*, Minneapolis, 1953; O. Doughty, "The English Malady of the Eighteenth Century", *Review of English Studies*, 2, p.257-69, 1926; E. Fischer-Homberger, "Hypochondriasis of the Eighteenth Century – Neurosis of the present Century", *Bulletin of the History of Medicine*, 46, p.391-401, 1972; Roy Porter, "The Rage of Party: a Glorious Revolution in English Psychiatry?" *Medical History*, 27, p.35-50, 1983.

81 L. J. Rather, *Mind and Body in Eighteenth Century Medicine*, Londres, 1965; W. I. Matson, "Why Isn't the Mind-Body Problem Ancient?", em P. K. Feyerabend e G. Maxwell (ed.), *Mind, Matter, and Method*, Minneapolis, 1966.

82 Ver Carroll Smith-Rosenberg e Charles Rosenberg, "The Female Animal: Medical and Biological Views of Woman and Her Role in Nineteenth-Century America", em Judith W. Leavitt (ed.), *Women and Health in America*, Madison, 1984, p.12-27; Nancy F. Cott, "Passionlessness: an Interpretation of Victorian Sexual Ideology, 1790-1850", ibidem, p.57-89; Carl N. Degler, "What Ought to Be and What Was: Women's Sexuality in the Nineteenth Century", ibidem, p.40-56; L. J. Jordanova, "Natural Facts: a Historical Perspective on Science and Sexuality", em *Nature, Culture and Gender*, ed. Caroline MacCormack e Marilyn Strathern, Cambridge, 1980, p.42-69.

existente ou uma sociedade reformada ter sido adotada pela opinião feminista. As escritoras discordavam. Por exemplo, muitas mulheres militantes buscavam a emancipação sexual; outras achavam que o avanço está na emancipação do sexo. Muitas feministas declararam--se pela identidade essencial entre os homens e as mulheres, unidos pelo atributo comum da razão; outras, pela identidade construída sobre os aspectos singulares do corpo feminino (por exemplo, sua capacidade para engravidar). A ideia de um "movimento" feminista único, progressivo, precisa ser finalmente descartada.

O que permanece lamentavelmente ignorado é a história do machismo e da masculinidade (muito tipicamente assumida como normal e por isso, normativa e não problemática). Há alguns sinais de que isto está finalmente mudando.[83]

6. *O Corpo e o Corpo Político*. Os historiadores do pensamento político e da literatura investigaram muito a metáfora do corpo político e seus conceitos associados e derivados, como *Os Dois Corpos do Rei* – embora com frequência tenham realizado isso de modo um tanto impaciente, ansiosos para ver essas metáforas há muito obsoletas retiradas do palco por uma linguagem mais filosoficamente rigorosa da política do século XVII em diante.[84] O que tem recebido bem menos atenção são as maneiras pelas quais a autoridade política tem realmente tratado o corpo individual. Os elevados objetivos

83 Ver Brian Easlea, *Science and Sexual Oppression*, Londres, 1981; Jeffrey Weeks, *Sex, Politics and Society*, Londres, 1981; Lesley Hall, "'Somehow Very Distasteful': Doctors, Men and Sexual Problems Between the Wars", *Journey of Contemporary History*, 20, p.553-74, 1985; idem, "From Self Preservation to Love Without Fear: Medical and Lay Writers of Sex Advice from William Acton to Eustace Chesser", *Society for the Social History of Medicine Bulletin*, 39, p.20-3, 1986.

84 W. Greenleaf, *Order, Empiricism and Politics*, Oxford, 1964; Otto Gierke, *Political Theories of the Middle Age*, trad. com introdução de F. W. Maitland, Cambridge, 1958; Paul Archambault, "The Analogy of the 'Body' in Renaissance Political Literature", *Bibliothèque d'Humanisme et Renaissance*, 29, p.21-63, 1967; Ernst Kantorowicz, *The King's Two Bodies*, Princeton, 1957; G. J. Schochet, *Patriarchalism in Political Thought*, Oxford, 1975.

retóricos da política, os direitos do homem, são comumente expressos em termos abstratos, intelectualistas (liberdade de expressão, liberdade de consciência). Mas atrás desses estão suposições sobre liberdades e imunidades físicas fundamentais, não apenas o *habeas corpus* em si. Mas permanecemos incrivelmente ignorantes quanto às circunstâncias e às racionalizações, sob as quais os Estados dominaram ou arregimentaram o corpo no recrutamento militar, na época da peste[85] e, na verdade, na escravidão. Há um enorme campo de ação para os historiadores políticos e os cientistas políticos serem mais sensíveis às realidades do poder, produzidas pelo exercício da autoridade do Estado sobre os corpos de seus súditos.[86]

7. *O Corpo, a Civilização e seus Descontentes*. A História é um processo de civilização inacabado – uma luta, nos dizem os antropólogos, para afirmar a distinção do homem da Natureza. Mas a escrita da história da civilização concentrou-se muito tempo nos artefatos da cultura erudita. Há uma necessidade de um tipo diferente de história da aculturação. Chegamos nus ao mundo, mas logo somos adornados não apenas com roupas, mas com a roupagem metafórica dos códigos morais, dos tabus, das proibições e dos sistemas de valores que unem a disciplina aos desejos, a polidez ao policiamento. As histórias do vestuário, da limpeza, da alimentação, dos cosméticos também foram deixadas por muito tempo a cargo de especialistas

---

85 Sobre o policiamento médico, ver R. Palmer, "The Church , Leprosy and Plague in Medieval and Early Modern Europe", em Shiels, *Church and Healing*, p.79-100; A. W. Russell (ed.), *The Town and State Physician in Europe from the Middle Ages to the Enlightenment* (Wolfenbuttel, 1981); D. Armstrong, *Political Anatomy of the Body: Medical Knowledge in Britain in the Twentieth Century*, Cambridge, 1983.

86 Sobre as mulheres e o poder médico, ver Roy Porter, "A Touch of Danger: The Man-midwife as Sexual Predator", em G. S. Rousseau e Roy Porter (ed.), *Sexual Underworlds of the Enlightenment*, Manchester, 1987; J. N. Clarke, "Sexism, Feminism and Medicalism: A Decade Review of Literature on Gender and Illness", *Sociology of Health and Illness*, 5, p.62-82, 1983; I. K. Zola, "Medicine as an Institution of Social Control", *Sociological Review*, 20, p.487-504, 1972; B. B. Schnorrenberg, "Is Childbirth any Place for a Woman? The Decline of Midwifery in Eighteenth Century England", *Studies in Eighteenth Century Culture*, 10, p.393-408, 1981.

relativamente desinteressados das questões mais amplas, das funções servidas por tais objetos e atividades na transformação dos indivíduos e das sociedades em cultura.[87]

O objetivo deste artigo não foi propor uma nova indústria doméstica, dedicada a tecer uma gigantesca tapeçaria da história do corpo. Foi produzir uma recordação de como o corpo é uma presença suprimida – muito frequentemente ignorada ou esquecida – em muitos outros ramos, mais prestigiosos, do saber. Uma consciência mais alerta de sua existência minaria as pretensões idealistas duradouras, endossadas por aqueles a quem Nietzsche caracterizava como os "Desprezadores do Corpo", e ajudaria a sua ressurreição.

87 Para algumas perspectivas mais amplas sobre a alimentação, ver P. Pullar, *Consuming Passions: Being an Historic Inquiry into Certain English Appetites*, Boston, Mass., 1970; B. S. Turner, "The Government of the Body: Medical Regimens and the Rationalization of Diet", *British Journal of Sociology*, 33, p.254-69, 1982; idem, "The Discourse of Diet", *Theory, Culture and Society*, 1, p.23-32, 1982. Sobre a ornamentação do corpo, ver R. Brain, *The Decorated Body* (Londres, 1979). Há comentários esclarecedores em John O'Neill, *Five Bodies: the Human Shape of Modern Society*, Ithaca, 1985.

A história dos acontecimentos e o renascimento da narrativa

*Peter Burke**

Narrativa *versus* estrutura

A historiografia, como a história, parece se repetir – com variações.[1] Muito antes do nosso tempo, na época do Iluminismo, já se atacava a hipótese de que a história escrita deveria ser uma narrativa dos acontecimentos. Os críticos incluíam Voltaire e o teórico social escocês John Millar, que escreveu sobre a "superfície dos acontecimentos que prende a atenção do historiador comum". Desse ponto de vista, a chamada "Revolução Copérnica", liderada na historiografia por Leopold von Ranke no início do século XIX, parece muito mais uma contrarrevolução, no sentido de que trouxe os acontecimentos de volta ao centro do palco.[2]

---

* Docente de História Cultural da Universidade de Cambridge e membro do Emmanuel College.

1 Este artigo originou-se de uma conferência e a presente versão deve muito aos comentários de vários ouvintes, de Cambridge a Campinas, de Tel Aviv a Tóquio. Meus agradecimentos pessoais a Carlo Ginzburg, Michael Holly, Ian Kershaw, Dominick LaCapra e Mark Phillips.

2 Tento apoiar este argumento em "Ranke The Reactionary", *Syracuse Scholar*, 9, p.25-30, 1988.

Um segundo ataque à história dos acontecimentos ocorreu no início do século XX. Na Grã Bretanha, Lewis Namier e R. H. Tawney, que concordavam em algo mais, sugeriram quase ao mesmo tempo que o historiador, em vez de narrar os acontecimentos, deveria analisar as estruturas. Na França, a rejeição do que era pejorativamente chamado de "história dos acontecimentos" (*histoire événementielle*), em prol da história das estruturas, era uma prancha importante na plataforma da chamada "escola dos *Annales*", de Lucien Febvre a Fernand Braudel, que, da mesma forma que Millar, encaravam os acontecimentos como a superfície do oceano da história, significativos apenas por aquilo que podiam revelar das correntes mais profundas.[3] Se a história popular permanecesse fiel à tradição da narrativa, a história acadêmica tornar-se-ia cada vez mais preocupada com os problemas e com as estruturas. O filósofo francês Paul Ricoeur certamente tem razão quando fala do "eclipse" da narrativa histórica em nosso tempo.[4]

Ricoeur prossegue declarando que toda a história escrita, incluindo a chamada história "estrutural" associada a Braudel, necessariamente assume algum tipo de forma narrativa. De um modo similar, Jean-François Lyotard descreveu algumas interpretações da história, especialmente aquela dos marxistas, como "grandes narrativas".[5] O problema de tais caracterizações, pelo menos para mim, é que elas diluem o conceito da narrativa até que ela corra o risco de se tornar indistinguível da descrição e da análise.

Entretanto, não vou tratar desse assunto aqui, preferindo concentrar-me na questão mais concreta das diferenças, no que poderia ser

3 F. Braudel, *The Mediterranean*, 2.ed. rev., trad. S. Reynolds, Londres, 1972-3, prefácio.

4 P. Ricoeur, *Time and Narrative*, trad. de K. McLaughlin e D. Dellauer, 3v., Chicago, 1984-8, 1, p.138 s.

5 J.-F. Lyotard, *La condition post-moderne*, Paris, 1979; *The Post-Modern Condition*, trad. de C. Bennington e B. Macrumi, Manchester, 1984.

chamado de o grau de narrativa, entre algumas obras contemporâneas de história e outras. De alguns anos para cá tem havido sinais de que a narrativa histórica, em um sentido bem estrito, está realizando outro retorno. Mesmo alguns historiadores associados aos *Annales* estão se movimentando nessa direção – Georges Duby, por exemplo, que publicou um estudo da batalha de Bouvines, e Emmanuel Le Roy Ladurie, cujo *Carnival* trata dos acontecimentos que ocorrem na pequena cidade de Romans durante 1579 e 1580.[6] A atitude explícita desses dois historiadores não está muito distante daquela de Braudel. Duby e Le Roy Ladurie não focalizam os acontecimentos particulares por si sós, mas pelo que revelam sobre a cultura em que ocorreram. Do mesmo modo, o fato de dedicarem livros inteiros a acontecimentos particulares sugere uma certa distância da posição de Braudel, e seja como for, Le Roy Ladurie já discutiu alhures a importância do que ele chama de "acontecimento criador" (*événement matrice*), que destrói as estruturas tradicionais e as substitui por novas.[7]

A nova tendência, que começou a afetar outras disciplinas, especialmente a antropologia social, foi discutida pelo historiador britânico Lawrence Stone em um artigo sobre "*The Revival of Narrative*", que atraiu muita atenção.[8] Stone dizia não estar fazendo mais do que "tentar mapear as mudanças observadas de maneira histórica" em vez de realizar julgamentos de valor. A esse respeito, algumas obras históricas mais conhecidas, que surgiram nos anos 1980, confirmaram suas observações. *Citizens,* de Simon Schama, por exemplo, é um

6 G. Duby, *The Legend of Bouvines,* trad. de C. Tihanyi, Cambridge, 1990; E. Le Roy Ladurie, *Carnival,* trad. de M. Fenney, Londres, 1980.

7 E. Le Roy Ladurie, "Event and Long-Term in Social History", trad. de B. e S. Reynolds em seu *Territory of the Historian,* Hassocks, 1979, p.111-32.

8 L. Stone, "The Revival of Narrative", *Past and Present,* 85, p.3-24, 1979; cf. E. J. Hobsbawm, "Some Comments", *Past and Present,* 85, p.3-8, 1980. Cf. J. Boon, *The Anthropological Romance of Bali,* Cambridge, 1977 e E. M. Bruner, "Ethnography as Narrative", em *The Anthropology of Experience,* ed. V. Turner e E. Brune, Urbana e Chicago, 1986, capítulo 6.

estudo da Revolução Francesa, publicado em 1989 que descreve a si mesmo como um retorno "à forma das crônicas do século XIX".[9]

Do mesmo modo, é difícil não perceber a tristeza de Stone diante do que ele chama de "a mudança [...] do modo analítico para o descritivo" da escrita da história. O título de seu artigo, assim como seus argumentos, têm sido influentes. Ele tem contribuído para transformar a narrativa histórica em um tema de debate.[10]

Mais exatamente, a narrativa histórica tornou-se o tema de pelo menos dois debates que têm ocorrido independentemente, apesar da relevância de um para o outro. Vincular os dois é o objetivo principal deste capítulo.[11] Em primeiro lugar, há a conhecida e longa campanha de oposição àqueles que afirmam, como Braudel, que os historiadores deveriam considerar as estruturas mais seriamente que os acontecimentos, e aqueles que continuam a acreditar que a função do historiador é contar uma história. Nesta campanha, ambos os lados estão agora entrincheirados em suas posições, mas cada um deles tem feito algumas observações importantes à custa do outro.[12]

De um lado, os historiadores estruturais mostraram que a narrativa tradicional passa por cima de aspectos importantes do passado, que ela simplesmente é incapaz de conciliar, desde a estrutura econômica e social até à experiência e os modos de pensar das pessoas comuns.[13] Em outras palavras, a narrativa não é mais inocente na historiografia do que o é na ficção. No caso de uma narrativa de acontecimentos políticos, é difícil evitar enfatizar os atos e as decisões dos líderes, que

---

9 S. Schama, *Citizens*, Nova York, 1989, p.xv.

10 Cf. B. Bailyn, "The Challenge of Modern Historiography", *American Historical Review*, 87, p.1-24, 1982.

11 Cf. Ricoeur; M. Phillips, "On Historiography and Narrative", *University of Toronto Quarterly*, 53, p.149-65, 1983-4; e H. Kellner, *Language and Historical Representation*, Madison, 1989, esp. capítulo 12.

12 Para uma discussão de pontos de vista diferentes, ver *Theorie und Erzählung in der Geschichte*, ed. J. Kocka e T. Nipperdey, Munique, 1979.

13 A última questão está bem observada em E. Auerbach, *Mimesis*, trad. W. R. Trask, Princeton, 1953, capítulos 2 e 3 (discutindo Tacitus e Ammianus Marcellinus).

proporcionam uma linha clara à história, à custa dos fatores que escaparam ao seu controle. No caso das entidades coletivas – a Alemanha, a Igreja, o Partido Conservador, o Povo etc. –, o historiador narrativo é forçado a escolher entre omiti-los completamente ou personificá-los, e eu concordaria com Huizinga em que a personificação é uma figura de retórica que os historiadores deveriam tentar evitar.[14] Ela obscurece as distinções entre os líderes e os seguidores, além de encorajar os leitores sem grande imaginação a suporem o consenso de grupos que estavam frequentemente em conflito.

No caso da história militar em particular, John Keegan observou que a narrativa tradicional da batalha está levando a conclusões erradas, com seu "alto foco sobre a liderança" e sua "redução dos soldados a peões", e necessita ser abandonada.[15] A dificuldade de fazer isso pode ser ilustrada pelo caso do conhecido estudo de Cornelius Ryan sobre o Dia-D.[16] Ryan pôs-se a escrever sobre a guerra do soldado, em vez daquela do general. Sua história é uma extensão de seu trabalho como correspondente de guerra: suas fontes são sobretudo orais. Seu livro transmite muito bem o "sentimento" da batalha de ambos os lados. É vivo e dramático – na verdade, como um drama clássico, é organizado em torno de três "unidades": de lugar (a Normandia), de tempo (6 de junho de 1944) e de ação. Por outro lado, o livro é fragmentado em discretos episódios. As experiências dos diferentes participantes não têm coerência. A única maneira de torná-las coerentes parece ser impor um esquema provindo de "cima" e assim retornar à guerra dos generais de que o autor estava tentando escapar. O livro de Ryan ilustra o problema mais claramente que a maioria, mas o problema não é apenas dele. Esse tipo de tendência pode ser inerente à organização da narrativa.

---

14 J. Huizinga, "Two Wrestlers with the Angel" em seu *Men and Ideas*, trad. de J. S. Holmes e H. van Marle, Londres, 1960. Contrastar a defesa da personificação em Kellner (esp. capítulo 5 sobre Michelet).

15 J. Keegan, *The Face of Battle*, 1976; Harmondsworth, 1978 ed. p.61 s.

16 C. Ryan, *The Longest Day*, Londres, 1959.

Por outro lado, os defensores da narrativa observaram que a análise das estruturas é estática e, assim, em certo sentido, não histórica. Ao se tomar o maio famoso exemplo de história estrutural de nosso tempo, embora o *Mediterranean* (1949) de Braudel encontre espaço tanto para os acontecimentos quanto para as estruturas, frequentemente tem sido observado que o autor pouco faz para sugerir que aquilo que une poderia estar entre as três escalas de tempo que ele utiliza: o longo, o médio e o curto prazo. Seja como for, o *Mediterranean* de Braudel não é um exemplo extremo de história estrutural.[17] Apesar de suas observações no prefácio sobre a superficialidade dos acontecimentos, ele prosseguiu dedicando-lhes várias centenas de páginas na terceira parte de seu estudo. Os seguidores de Braudel, entretanto, têm-se inclinado a reduzir seu projeto (e não apenas no sentido geográfico) enquanto o imitam. O atual formato clássico de um estudo regional à maneira dos *Annales* inclui uma divisão em duas partes, *estrutura* e *conjuntura* (em outras palavras, tendências gerais), com pouco espaço para os acontecimentos no estrito senso.

Os historiadores desses dois campos, estrutural e narrativo, diferem não apenas na escolha do que consideram significativo no passado, mas também em seus modos preferidos de explicação histórica. Os historiadores da narrativa tradicional tendem – e isto não é exatamente contingente – a exprimir suas explicações em termos de caráter e intenção individuais; explicações do tipo "as ordens chegaram tarde de Madri porque Felipe II não conseguia decidir o que fazer", em outras palavras, como diriam os filósofos: "a janela quebrou porque Brown atirou nela uma pedra". Os historiadores estruturais, por outro lado, preferem explicações que tomam a forma: "a janela quebrou porque o vidro era frágil" ou (citando o famoso exemplo de Braudel) "as ordens chegaram tarde de Madri porque os navios do século XVI demoravam várias semanas para cruzar

17 Ricoeur (1983) vai adiante para afirmar que é uma narrativa histórica com um "quase enredo", p.298 ss.

o Mediterrâneo". Como observa Stone, o chamado renascimento da narrativa tem muito a ver com uma crescente desconfiança do segundo modo de explicação histórica, frequentemente criticado como reducionista e determinista. Mais uma vez, o recente livro de Schama oferece um bom exemplo da tendência. O autor explica que "escolheu para apresentar estes argumentos na forma de uma narrativa", tendo em vista que a Revolução Francesa foi "muito mais o produto da atuação humana do que de condicionamento estrutural".[18]

Esta prolongada guerra de trincheiras entre os historiadores narrativos e os estruturais foi longe demais. Alguma ideia do preço do conflito, a perda do entendimento histórico potencial que ele envolve, pode ser sentida ao se compararem dois estudos da Índia do século XIX, que foram publicados em 1978 e focalizam o que se costumava chamar de *Motim Indiano* de 1857, agora conhecido como a *Grande Rebelião*.[19] Christopher Hibbert produziu uma narrativa tradicional, uma história dividida em partes em grande estilo, com capítulos intitulados "Motim em Meerut", "O Motim se Espalha", "O Cerco de Lucknow", "O Ataque", e assim por diante. Seu livro é colorido, na verdade prende a atenção, mas é também superficial, no sentido de não dar ao leitor muita ideia de por que os acontecimentos ocorreram (talvez por ser escrito do ponto de vista dos britânicos, que foram tomados de surpresa). Por outro lado, Eric Stokes apresenta uma cuidadosa análise da geografia e da sociologia da revolta, suas variações regionais e seus contextos locais, mas se exime de uma síntese final. Lendo os dois livros, um imediatamente após o outro, pode-se ficar assombrado, como eu fiquei, pelo fantasma de um potencial terceiro livro que pudesse integrar a narrativa e a análise e relacionar mais intimamente os acontecimentos locais às mudanças estruturais na sociedade.

---

18 Schama, 1989, p.xv.

19 C. Hibbert, *The Great Mutiny*, Londres, 1978; E. Stokes, *The Peasant and the Raj*, Cambridge, 1978.

Chegou o momento de investigar a possibilidade de encontrar um modo de escapar a este confronto entre narradores e analistas. Um bom começo poderia ser criticar ambos os lados, por uma suposição falsa do que eles têm em comum, a suposição de que distinguir os acontecimentos das estruturas seja uma questão fácil. Tendemos a utilizar o termo "acontecimento" de uma maneira muito vaga, referindo-nos não somente a eventos que duraram poucas horas, como a batalha de Waterloo, mas também a ocorrências como a Revolução Francesa, um processo desenrolado durante vários anos. Pode ser útil empregar os termos "acontecimento" e "estrutura" para se referir aos dois extremos de todo um espectro de possibilidades, mas não deveríamos esquecer a existência do centro do espectro. As razões para a chegada tardia das ordens de Madri não necessitam estar limitadas à estrutura das comunicações no Mediterrâneo ou ao fato de Felipe II não conseguir se decidir em uma determinada ocasião. O rei pode ter sido cronicamente indeciso, e a estrutura do governo, por conselho, poderia ter retardado mais ainda o processo de tomada de decisão.

Devido a essa imprecisão de definição, deveríamos fazer o que Mark Phillips sugeriu e "pensar nas variedades de modos de narrativa e de não narrativa, existentes ao longo de uma série contínua".[20] Também não deveríamos nos esquecer de questionar a relação entre acontecimentos e estruturas. Trabalhando nesta área central, pode ser possível ir além das duas posições opostas para alcançar uma síntese.

Narrativa tradicional *versus* narrativa moderna

Visando a esta síntese, as opiniões expressas no segundo debate podem proporcionar uma contribuição útil. Este segundo debate teve início nos Estados Unidos nos anos 1960, e ainda não foi levado tão a sério quanto merece pelos historiadores de outras partes do mun-

20 Phillips, "On Historiography", 1983-4, p. 157.

do, talvez por parecer "meramente" literário. Não está preocupado com a questão de escrever ou não escrever a narrativa, mas com o problema do tipo de narrativa a ser escrita. O historiador de cinema Siegfried Kracauer parece ter sido o primeiro a sugerir que a ficção moderna, mais especialmente a "decomposição da continuidade temporal" em Joyce, Proust e Virginia Woolf, oferece um desafio e uma oportunidade aos narradores históricos.[21] Um exemplo ainda mais nítido dessa decomposição, incidentalmente, é *Eyeless in Gaza* (1936), de Aldous Huxley, novela composta de curtos verbetes datados para o período de 1902-34, em uma ordem que, embora lógica, é determinadamente não cronológica.

Hayden White atraiu mais atenção que Kracauer, quando acusou a profissão histórica de negligenciar as reflexões literárias de sua própria época (incluindo um sentido de descontinuidade entre os acontecimentos no mundo exterior e sua representação sob a forma narrativa) e de continuar a viver no século XIX, a época áurea do "realismo" literário.[22] Em uma tônica similar, Lionel Gossman queixou-se de que "não é fácil, para nós hoje em dia, perceber quem é, como escritor, o Joyce ou o Kafka da historiografia moderna".[23] Talvez. Mesmo assim, o historiador Golo Mann parece ter aprendido algo da prática narrativa de seu pai novelista. Não é inteiramente fantasioso comparar-se a interpretação de Golo Mann dos pensamentos do idoso Wallenstein com o célebre capítulo de *Lotte in Weimar* que evoca o fluxo de consciência de Goethe, aparentemente uma tentativa de superar Joyce. Em seu estudo, que ele chama de "uma novela excessivamente verdadeira", Golo Mann segue as regras da

---

21 S. Kracauer, *History: the Last Things before the Last*, Nova York, 1969, p.178 s.

22 H. V. White, "The Burden of History", *History and Theory*, 5, 1966, republicado em seu *Tropics of Discourse*, Baltimore, 1983, p.27-50. Para uma defesa filosófica da continuidade entre as narrativas e os acontecimentos que eles relatam, ver D. Carr, "Narrative and the Real World: an Argument for Continuity", *History and Theory*, 25, p.117-31, 1986.

23 L. Gossman, "History and Literature" em *The Writing of History*, ed. R. H. Canary e H. Kozicki, Madison, 1978, p.3-39.

evidência histórica e deixa claro que está apresentando uma reconstrução hipotética. Ao contrário da maioria dos romancistas, ele não pretende ler a mente de seu herói, apenas suas cartas.[24]

Em contraste com White e Gossman, não estou afirmando que os historiadores sejam obrigados a se engajar em experiências literárias, simplesmente por viverem no século XX, ou a imitar determinados escritores, devido suas técnicas serem revolucionárias. O objetivo de buscarmos uma nova forma literária é certamente a consciência de que as velhas formas são inadequadas aos nossos propósitos.

Algumas inovações são provavelmente mais bem evitadas pelos historiadores. Neste grupo eu incluiria a invenção do fluxo de consciência, por mais útil que pudesse ser, pelas mesmas razões que levaram os historiadores a rejeitar o famoso expediente clássico do discurso inventado. Outras experiências, no entanto, inspiradas por uma variedade bem maior de escritores modernos do que já tem sido mencionado, podem apresentar soluções para problemas com que os historiadores há muito vêm lutando – três problemas em particular.

Em primeiro lugar, poderia ser possível tornar as guerras civis e outros conflitos mais inteligíveis, seguindo-se o modelo dos romancistas que contam suas histórias, partindo de mais de um ponto de vista. É estranho que esse expediente, tão eficaz nas mãos de Huxley, William Faulkner em *The Sound and the Fury* (1931), e Lawrence Durrel em *The Alexandria Quartet* (1957-60) – sem mencionar as novelas epistolares do século XVIII – não tenha sido levado muito a sério pelos historiadores, embora pudesse ser útil modificá-lo para lidar com pontos de vista coletivos e também individuais. Tal expediente permitiria uma interpretação do conflito em termos de um conflito de interpretações. Para permitir que as "vozes variadas e opostas" da morte sejam novamente ouvidas, o historiador

24 G. Mann, *Wallenstein*, Frankfurt, 1971, p.984 s.: 993 ss.; T. Mann, *Lotte in Weimar*, 1939, capítulo 7. Cf. G. Mann, "Plädoyer für die historische Erzählung", em Kocka e Nipperdey, 1979, p.40-56, especialmente sua declaração de que a narrativa histórica não exclui o conhecimento da teoria.

necessita, como o romancista, praticar a heteroglossia (ver anteriormente, p.15).[25]

Bastante curiosamente, quando este ensaio estava prestes a ir para o prelo, foi publicado um trabalho histórico desse tipo. Richard Price apresenta seu estudo do Suriname do século XVIII na forma de uma narrativa com quatro "vozes" (simbolizadas por quatro padrões tipográficos); aquela dos escravos negros (transmitida por seus descendentes, os Saramakas); a dos administradores holandeses; a dos missionários moravianos; e, finalmente, aquela do próprio historiador.[26] O objetivo do exercício é precisamente mostrar, e também estabelecer, as diferenças de pontos de vista entre o passado e o presente, a Igreja e o Estado, o negro e o branco, os desentendimentos e a luta para impor definições particulares da situação. Será difícil imitar este *tour de force* de reconstrução histórica, mas Price merece inspirar toda uma estante de estudos.

Em segundo lugar, cada vez mais historiadores estão começando a perceber que seu trabalho não reproduz "o que realmente aconteceu", tanto quanto o representa de um ponto de vista particular. Para comunicar essa consciência aos leitores de história, as formas tradicionais de narrativa são inadequadas. Os narradores históricos necessitam encontrar um modo de se tornarem visíveis em sua narrativa, não de autoindulgência, mas advertindo o leitor de que eles não são oniscientes ou imparciais e que outras interpretações, além das suas, são possíveis.[27] Em uma peça notável de autocrítica,

---

25 Cf. G. Wilson, "Plots and Motives in Japan's Miji Restoration", *Comparative Studies in Society and History*, 25, p.407-27, 1983, que faz uso da terminologia de Hayden White, mas está essencialmente vinculada à multiplicidade dos pontos de vista dos atores. N. Hampson, *The Life and Opinions of Maximilian Robespierre*, Londres, 1976, apresenta um diálogo entre diversas interpretações modernas da Revolução Francesa.

26 R. Price, *Alabi's World*, Baltimore, 1990.

27 O problema já foi discutido por Thierry e Michelet. Ver G. Pomata, "Overt and Covert Narrators in Nineteenth-Century Historiography", *History Workshop*, 27, p.1-17, 1989.

Golo Mann declarou que um historiador necessita "tentar fazer duas coisas simultaneamente, nadar com a corrente dos acontecimentos" e "analisar esses acontecimentos da posição de um observador posterior, mais bem informado", combinando os dois métodos "para produzir uma aparência de homogeneidade, sem que a narrativa fique de lado".[28]

Aqui mais uma vez o novo livro de Price apresenta uma possível solução para o problema, rotulando sua própria contribuição como uma "voz" entre outras. Soluções alternativas também são dignas de consideração. Os teóricos literários têm, ultimamente, discutido o expediente ficcional do "narrador nada confiável de primeira pessoa".[29] Tal expediente pode ser de algum uso também para os historiadores, contanto que a não confiabilidade seja explicitada. Mais uma vez, Hayden White sugeriu que as narrativas históricas sigam quatro planos básicos: comédia, tragédia, sátira e romance. Ranke, por exemplo, escolheu (consciente ou inconscientemente) escrever história "com enredos de comédia", em outras palavras, seguindo um "movimento ternário [...] a partir de uma condição de paz aparente, através da revelação do conflito, até a resolução do conflito no estabelecimento de uma ordem social genuinamente pacífica".[30] Se o modo como a narrativa termina ajuda a determinar a interpretação do leitor, então pode ser valioso seguir o exemplo de alguns romancistas, como John Fowles, e proporcionar finais alternativos. Uma história narrativa da Primeira Guerra Mundial, por exemplo, vai nos dar uma impressão se a narrativa terminar em Versailles em 1919, outra, se a narrativa se estender até 1933 ou 1939. Assim

---

28 Prefácio para a tradução inglesa de seu *Wallenstein*, de autoria de C. Kessler, Londres 1976. Mann confessa que "a primeira abordagem prevalece" em seu próprio livro. Outro bom exemplo do que Mann defende pode ser encontrado em T. H. Breen, *Imagining the Past: East Hampton Histories*, Reading, Mass., 1989.

29 W. Riggan, *Picaros, Madmen, Naifs and Clowns: the Unreliable First-Person Narrator*, Norman, 1981.

30 H. White, *Metahistory*, Baltimore, 1973, p.176 s.

sendo, fechos alternativos tornam a obra mais "aberta" no sentido de encorajar os leitores a chegarem às suas próprias conclusões.[31]

Em terceiro lugar – e este é o tema principal deste capítulo – um novo tipo de narrativa poderia, melhor que as antigas, fazer frente às demandas dos historiadores estruturais, ao mesmo tempo em que apresenta um sentido melhor do fluxo do tempo do que em geral o fazem suas análises.

Densificando a narrativa

Há alguns anos, o antropólogo Clifford Geertz inventou a expressão "descrição densa" para uma técnica que interpreta uma cultura alienígena por meio da descrição precisa e concreta de práticas ou acontecimentos particulares – em seu caso, a descrição das brigas de galo em Bali (cf. Giovanni Levi, p.134).[32] Assim como a descrição, a narrativa poderia ser caracterizada como mais ou menos "fluida" ou "densa". No final fluido do espectro, temos a observação crua em um volume dos anais como a Crônica Anglo-Saxônica de que "Neste ano Ceolwulf foi destituído de seu reinado". No outro extremo, encontramos narrativas (raríssimas até agora) que foram deliberadamente construídas para suportar um volume pesado de interpretações.

O problema que eu gostaria de discutir aqui é aquele de se fazer uma narrativa densa o bastante para lidar não apenas com a sequência dos acontecimentos e das intenções conscientes dos atores nesses acontecimentos, mas também com as estruturas – instituições, modos

---

31 Cf. M. Torgovnick, *Closure in the Novel*, Princeton, 1981, e U. Eco, "The Poetics of the Open Work" em seu *The Role of the Reader*, Londres, 1981, capítulo 1. Um movimento na direção de uma narrativa histórica mais aberta é prevista por Phillips, "On Historiography", p.153.

32 C. Geertz, "Thick Description: Towards an Interpretative Theory of Culture", e "Deep Play: Notes on the Balinese Cockfight", em *The Interpretation of Cultures*, Nova York, 1973.

de pensar etc. – e se elas atuam como um freio ou um acelerador para os acontecimentos. Como seria uma narrativa desse tipo?

Estas questões, embora vinculadas à retórica, não são em si retóricas. É possível discuti-las tendo como base textos e narrativas produzidos por romancistas ou por historiadores. Não é difícil encontrar romances históricos que abordem esses problemas. Poderíamos começar com *War and Peace*, pois pode-se dizer que Tolstoi compartilhou a opinião de Braudel sobre a futilidade dos acontecimentos, mas de fato muitos romances famosos estão vinculados a importantes mudanças estruturais em uma determinada sociedade, encarando-as em termos do seu impacto nas vidas de alguns indivíduos. Um exemplo de destaque externo à cultura ocidental é *Before the Dawn* (1932-6), de Shimakazi Toson.[33] A palavra "despertar" – no título, "dawn" – é a modernização (industrialização, ocidentalização) do Japão, e o livro lida com os anos imediatamente anteriores e subsequentes à restauração imperial de 1868, quando não estava de modo algum claro que caminho o país iria seguir. O romance mostra em brilhantes detalhes como "os efeitos da abertura do Japão para o mundo estavam se fazendo sentir nas vidas de cada indivíduo".[34] Para fazer isso, o autor escolheu um indivíduo, Aoyama Hanzo, que é o vigia de um posto dos correios em uma aldeia da principal rodovia entre Quioto e Tóquio. Seu trabalho mantém Hanzo em contato com os acontecimentos, mas ele não se limita a observá-los. É membro do movimento de Instrução Nacional, empenhado em uma solução autenticamente japonesa para os problemas do Japão. O enredo do romance é em grande extensão a narrativa do impacto da mudança social em um indivíduo e em sua família, ponto enfatizado pela interrupção de Toson de sua narrativa, de tempos em tempos, para relatar os principais acontecimentos da história japonesa de 1853 a 1886.

33 Shimazaki Toson, *Before the Dawn*, Honolulu, 1987.

34 Ibidem, p.621.

É provável que os historiadores possam aprender algo a partir das técnicas narrativas de romancistas como Tolstoi e Shimazaki Toson, mas não o bastante para resolver todos os seus problemas literários. Pois os historiadores não são livres para inventar seus personagens, ou mesmo as palavras e os pensamentos de seus personagens, além de ser improvável que sejam capazes de condensar os problemas de uma época na narrativa sobre uma família, como frequentemente o fizeram os romancistas. Poder-se-ia esperar que o chamado "romance de não ficção" pudesse ter tido algo a oferecer aos historiadores, desde *In Cold Blood* (1965), de Truman Capote, até *Schindler's Ark* (1982), de Thomas Keneally, que declaram "usar a textura e os expedientes de um romance para contar uma história verdadeira". Entretanto, esses autores não enfrentaram o problema das estruturas. Parece que os historiadores teriam de desenvolver suas próprias "técnicas ficcionais" para suas "obras factuais".[35]

Felizmente, os autores de algumas obras recentes de história também têm refletido sobre problemas como estes e seus estudos esboçam uma resposta, ou mais exatamente várias respostas, das quais pode ser útil destacarem-se quatro. Um dos modelos está bem a caminho de se transformar em moda, enquanto os outros três são representados por pouco mais de um livro cada um.

A primeira resposta poderia ser descrita como "micronarrativa" (ao longo das linhas do novo termo "micro-história"). É a narração de uma história sobre as pessoas comuns no local em que estão instaladas. Em um certo sentido, essa técnica é lugar-comum entre os romancistas históricos, e isso desde o tempo de Scott e Manzoni, cujo *Betrothed* (1827) foi atacado na época (da forma que a história vista

---

35 W. R. Siebenschuh, *Fictional Techniques and Factional Works*, 1983, discute como isso foi feito no passado, com referência especial à vida de Johnson, de autoria de Boswell. Cf. R. W. Rader, "Literary Form in Factual Narrative: the Example of Boswell's Johnson", em *Essays in Eighteenth-Century Biography*, ed. P. B. Daghlian, Bloomington, 1968, p.3-42.

de baixo e a micro-história foram atacadas mais recentemente), por escolher como seu tema "a crônica miserável de uma aldeia obscura".[36]

Foi apenas muito recentemente, no entanto, que os historiadores adotaram a micronarrativa. Exemplos recentes bem-conhecidos incluem a narrativa de Carlo Cipolla sobre o impacto da peste de 1630 na cidade de Prato, na Toscana, e a história de Natalie Davis, de *Martin Guerre*, um filho pródigo do século XVI que retornou a sua casa, no sul da França, para descobrir que seu lugar na fazenda – e também na cama de sua esposa – havia sido tomado por um intruso que afirmava ser o próprio Martin.[37]

A redução na escala não densifica em si a narrativa. A questão é que os historiadores sociais voltaram-se para a narrativa como um meio de esclarecer as estruturas – as atitudes em relação à peste e às instituições para combatê-la, no caso de Carlo Cipolla, a estrutura da família camponesa do sul da França, no caso de Natalie Davis, e assim por diante. Mais exatamente, o que Natalie Davis queria fazer era descrever não tanto as próprias estruturas, mas "as esperanças e os sentimentos dos camponeses; os modos como sentiam a relação entre marido e mulher, pais e filhos; os modos como experimentavam as restrições e as possibilidades em suas vidas".[38] O livro pode ser lido simplesmente como uma boa história e uma evocação viva de alguns indivíduos do passado, mas a autora faz deliberadas e repetidas referências aos valores da sociedade. Discutindo, por exemplo, porque a esposa de Martin, Bertrande, reconheceu o intruso como seu marido, Davis comenta sobre a posição das mulheres na sociedade rural francesa e sobre seu senso de honra, reconstruindo as restrições no interior das quais elas maquinavam.

---

36 Citado em *Letteratura Italiana*, ed. A. Asor Rosa, 5, Turim, 1986, p.224.

37 C. Cipolla, *Cristofano and the Plague*, Londres, 1973; N. Z. Davis, *The Return of Martin Guerre*, Cambridge, Mass., 1973.

38 Davis, Martin Guerre, p.1.

Por outro lado, os comentários são deliberadamente discretos. Como explica a autora, "Eu [...] escolhi previamente meus argumentos [...] tanto pela ordenação da narrativa, escolha de detalhes, voz e metáfora literária, quanto pela análise temática". O objetivo era aquele de "implantar esta história nos valores e nos hábitos da vida e das normas de uma aldeia francesa no século XVI, e utilizá-los para ajudar a compreender os elementos centrais na história e usar a história para comentá-los de volta".[39] A história de Martin pode ser encarada como um "drama social", no sentido em que os antropólogos utilizam o termo; um acontecimento que revela conflitos latentes e assim esclarece as estruturas sociais.[40]

A micronarrativa parece ter vindo para ficar; cada vez mais historiadores estão se voltando para essa forma. Mesmo assim, seria um erro encará-la como uma panaceia. Ela não apresenta uma solução para todos os problemas delineados anteriormente e gera problemas próprios, especialmente aquele de ligar a micro-história à macro-história, os detalhes locais às tendências gerais. É por enfrentar diretamente esse problema importante que considero *Gate of Heavenly Peace*, de Spence, um livro exemplar.

Jonathan Spence é um historiador da China que há muito tempo tem se interessado pelas experiências sob forma literária. Um de seus primeiros livros foi uma biografia do imperador K'ang-Hsi, ou antes um retrato do imperador – na verdade, um tipo de autorretrato, uma tentativa de explorar a mente de K'ang-Hsi fazendo uma espécie de mosaico ou montagem de suas observações pessoais, encontradas dispersas entre os documentos oficiais, dispondo-as sob títulos como "filhos", "governando" ou "envelhecendo". O efeito não é diferente de umas *Memoirs of Hadrian* chinesas. É difícil pensar em um estudo que melhor mereça a descrição de história vista de cima do que o

39 N. Z. Davis, "On the Lame", *American Historical Review*, 93, p.575, 573, 1988.

40 Sobre este conceito, V. Turner, *Dramas, Fields and Metaphors*, Ithaca, 1974, capítulo 1.

autorretrato de um imperador, mas Spence seguiu-o com um ensaio comovente em história vista de baixo. *The Death of Woman Wang* é uma peça de micro-história, ao estilo de Cipolla ou Davis, com quatro histórias contadas, ou imagens descritas, para revelar as condições na província de Shantung nos anos conturbados do final do século XVII. Mais recentemente, em *The Memory Palace of Matteo Ricci,* Spence organizou seu relato do famoso missionário jesuíta na China, em torno de várias imagens visuais, à custa de sequência cronológica, produzindo um efeito reminiscente do *Eyeless in Gaza,* de Huxley.

The Gate of Heavenly Peace, por outro lado, parece mais uma peça de história convencional, um relato das origens e do desenvolvimento da Revolução Chinesa de 1895 a 1980.[41] Mais uma vez, contudo, se afirma o interesse do autor pela biografia e pelos instantâneos históricos e seu livro é construído em torno de um pequeno número de indivíduos, especialmente o estudioso Kang Youwei, o soldado e acadêmico Shen Congwen e os escritores Lu Xun e Ding Ling. Esses indivíduos não desempenham um papel importante nos acontecimentos da revolução. Desse ponto de vista, podem ser comparados com o que o crítico húngaro Georg Lukács chamou de "herói medíocre" nas novelas de Sir Walter Scott; um herói cuja vulgaridade permite que o leitor enxergue mais claramente a vida e os conflitos sociais da época.[42] No caso de Spence, os protagonistas foram selecionados porque, como sugere o autor, eles "descreveram suas esperanças e tristezas com particular sensibilidade" e também porque as experiências pessoais "ajudam a definir a natureza dos tempos através dos quais eles viveram". São encarados mais como passivos que como ativos. Na verdade, o autor fala das "intrusões dos acontecimentos externos" sobre seus personagens.[43] Sua preocupação com indiví-

41 J. Spence, *Emperor of China*, Londres, 1974; *The Death of Woman Wang*, Londres, 1978; *The Gate of Heavenly Peace*, Londres, 1982; *The Memory Palace of Matteo Ricci*, Londres, 1985.

42 G. Lukács, *The Historical Novel*, trad. de H. e S. Mitchell, Londres, 1962, p.30 s.

43 Spence, 1982, p.xiii.

duos diferentes implica um interesse em pontos de vista múltiplos ou uma multivocalidade, mas – em contraste com o livro de Price, discutido anteriormente – esta multivocalidade permanece abaixo da superfície da história.

Apresentar a história da China dessa maneira suscita problemas. A passagem de um indivíduo para outro corre o risco de confundir o leitor, assim como também as mudanças para trás e para diante, entre o que poderia ser chamado de tempo "público", o tempo dos acontecimentos como a Grande Marcha ou a Revolução de 1949, e o tempo "privado" dos principais personagens. Por outro lado, Spence comunica de um modo vivo e comovente a experiência de vida (ou, na verdade, de deixar de viver) durante esses anos turbulentos. Entre suas passagens mais memoráveis está seu relato da opinião de uma criança sobre a revolução de 1919, como é lembrada por Shen Congwen; a reação de Lu Xun ao massacre dos estudantes em uma passeata em Beijing em 1926; e os ataques oficiais sobre Ding Ling em 1957, em seguida à supressão do Movimento das "Cem Flores".

Pode haver outras maneiras de relacionar mais intimamente a estrutura aos acontecimentos do que em geral fazem os historiadores. Um método possível é escrever a história de frente para trás, como fez B. H. Sumner em sua *Survey of Russian History* (organizada por tópicos) ou Norman Davies em sua história recente da Polônia, *Heart of Europe* (1984), narrativa que focaliza o que o autor chama de "o passado na presente Polônia".[44] Começa com "O Legado da Humilhação: a Polônia a partir da Segunda Guerra Mundial" e move-se para trás através de "O Legado da Derrota", "O Legado do Desencanto" (1914-39), "O Legado do Domínio Espiritual" (1795-1918), e assim por diante. Em cada ocasião o autor sugere que é impossível compreender os acontecimentos narrados em um capítulo sem conhecer o que o precedeu.

---

44 N. Davies, *Heart of Europe: a Short History of Poland*, Oxford, 1984.

Esta forma de organização tem suas dificuldades, mais obviamente o problema de que embora os capítulos sejam dispostos em ordem inversa, cada capítulo tem de ser lido para diante. A grande vantagem da experiência, por outro lado, é permitir, ou mesmo forçar o leitor a sentir a pressão do passado sobre os indivíduos e os grupos (a pressão das estruturas ou dos acontecimentos que congelaram ou, como diria Ricoeur, se "sedimentaram" em estruturas). Davies não explora esta vantagem tanto quanto poderia. Não faz qualquer esforço sério para relacionar cada capítulo com aquele que vem "depois". É difícil imaginar sua abordagem de andar para trás, tornando-se adaptável ao estilo da micro-história. Mesmo assim, esta é uma forma de narrativa digna de ser seriamente considerada.

Um quarto tipo de análise da relação entre estruturas e acontecimentos pode ser encontrado na obra de um antropólogo social americano, embora ela vá completar o ciclo que nos trará de volta aos *Annales*. O antropólogo Marshall Sahlins, que trabalha no Havaí e nas Ilhas Fuji, é extremamente interessado no pensamento moderno francês (de Saussure a Braudel, de Bourdieu a Lévi-Strauss), mas considera mais seriamente os acontecimentos do que qualquer um desses pensadores.[45] Em seus estudos dos encontros entre as culturas no Pacífico, Sahlins faz duas observações diferentes, mas complementares.

Em primeiro lugar, sugere que os acontecimentos (especialmente a chegada de Cook no Havaí em 1778) "portam traços culturais distintos", que são "regulados pela cultura", no sentido de que os conceitos e as categorias de uma cultura particular determinam os modos pelos quais seus membros percebem e interpretam seja o que for que aconteça em sua época. Os havaianos, por exemplo, perceberam o Capitão Cook como uma manifestação de seu deus Lono, porque ele era obviamente poderoso e porque chegou na época do

45 M. Sahlins, *Historical Metaphors and Mythical Realities*, Ann Arbor, 1981 e *Islands of History*, Chicago, 1985. Cf. P. Burke, "Les îles anthropologiques et le territoire de l'historien", em *Philosophie et histoire*, ed. C. Descamps, Paris, 1987, p.49-66.

ano associada aos aparecimentos do deus. O acontecimento pode por isso ser estudado (como sugeriu Braudel) como uma espécie de papel heliográfico que revela as estruturas da cultura.

Entretanto, Sahlins também declara (ao contrário de Braudel) que há um relacionamento dialético entre os acontecimentos e as estruturas. As categorias são postas em perigo cada vez que são utilizadas para interpretar o mundo em mutação. No processo de incorporação dos acontecimentos, "a cultura é reordenada". O fim do sistema dos *tabus*, por exemplo, foi uma das consequências estruturais do contato com os britânicos. Assim também o aumento do comércio intercontinental. É verdade em mais de um sentido que Cook não deixou o Havaí como o havia encontrado. Sahlins contou uma história com uma moral, ou talvez com duas morais. A moral para os "estruturalistas" é aquela em que eles deveriam reconhecer o poder dos acontecimentos, seu lugar no processo da "estruturação". Os defensores da narrativa, por outro lado, são encorajados a examinar a relação entre os acontecimentos e a cultura em que eles ocorrem. Sahlins foi além da famosa justaposição dos acontecimentos e das estruturas de Braudel. Na verdade, ele virtualmente resolveu, ou dissolveu, a oposição binária entre essas duas categorias.

Resumindo, tenho tentado argumentar que historiadores como Tawney e Namier, Febvre e Braudel, foram justificados em sua rebelião contra uma forma tradicional da narrativa histórica que era mal-adaptada à história estrutural que eles consideravam importante. A escrita da história foi imensamente enriquecida pela expansão de seu tema, e também pelo ideal da "história total". Entretanto, muitos estudiosos atualmente consideram que a escrita da história também tem sido empobrecida pelo abandono da narrativa, estando em andamento uma busca de novas formas de narrativa que serão adequadas às novas histórias, que os historiadores gostariam de contar. Estas novas formas incluem a micronarrativa, a narrativa de frente para trás e as histórias que se movimentam para frente e para trás, entre os mundos público e privado, ou apresentam os mesmos acontecimentos a partir de pontos de vista múltiplos.

Se os historiadores estão procurando modelos de narrativas que justaponham as estruturas da vida comum pelos acontecimentos extraordinários, e a visão de baixo pela visão de cima, podem muito bem ser aconselhados a voltar à ficção do século XX, incluindo o cinema (os filmes de Kurosawa, por exemplo, ou de Pontecorvo ou de Jancsó). Pode ser importante que uma das discussões mais interessantes da narrativa histórica seja a obra de um historiador do cinema (a obra de Kracauer, já citada). O expediente de pontos de vista múltiplos é central ao *Rashomon,* de Kurosawa.[46] Está implícita em *The Red and the White,* de Jancsó, uma narrativa da guerra civil russa em que os dois lados se revezam para capturar a mesma aldeia.

Quanto a Pontecorvo, poderia ser dito que ele transformou o próprio processo histórico em si no tema de seus filmes, em vez de simplesmente contar uma história sobre indivíduos em trajes históricos.[47] É interessante observar que Jonatham Spence usa a linguagem de "montagem" e que *The Return of Martin Guerre* apareceu mais ou menos na mesma época, como uma história e como um filme, depois de Natalie Davis e Daniel Vigne terem trabalhado juntos no tema.[48] Visões retrospectivas, cortes e a alternância entre cena e história: essas são técnicas cinemáticas (ou na verdade literárias) que podem ser utilizadas de uma maneira superficial, antes para ofuscar do que para iluminar, mas podem também ajudar os historiadores em sua difícil tarefa de revelar o relacionamento entre os acontecimentos e as estruturas e apresentar pontos de vista múltiplos. Desenvolvimentos desse tipo, se continuarem, podem reivindicar ser vistos, não apenas como mero "renascimento" da narrativa, como denominou Stone, mas como uma forma de regeneração.

---

46 A história original de Akutagawa não adotava este expediente.

47 G. Pontecorvo, *La battaglia di Algeri,* 1966; Queimada, 1969.

48 N. Z. Davis, J.-C. Carrière, D. Vigne, *Le retour de Martin Guerre,* Paris, 1982.

Índice remissivo

SOBRE O LIVRO

Formato: 14 x 21 cm
Mancha: 24,6 x 39,0 paicas
Tipologia: Goudy Old Style 10/14
Papel: Offset 75 g/m^2 (miolo)
Cartão Supremo 250 g/m^2 (capa)
368 páginas

EQUIPE DE REALIZAÇÃO

Edição de Texto
Patrícia Sponton (Preparação de original)
Tatiana Pavanelli Valsi (Revisão)
Olivia Frade Zambone (Assistência editorial)

Editoração Eletrônica
Vicente Pimenta (Diagramação)

Impressão e acabamento:

impress
gráfica e editora